グローバル化・変革主体・NGO

世界におけるNGOの行動と理論

美根慶樹❖編
大橋正明・高橋華生子・金 敬黙・長 有紀枝・遠藤 貢❖著

新評論

本書を東日本大震災によって亡くなられた方々
そして被災した皆さまに捧げます

東日本大震災と日本のＮＧＯ

二〇一一年三月一一日、千年に一度とも言われる大地震と大津波、そして福島第一原発での大量の放射能漏れ事故が発生しました。この前代未聞の悲しい出来事の中で命を落とされた方々のご冥福をお祈り申し上げますとともに、被害にあわれ筆舌に尽くしがたい状況におかれている皆様に衷心よりお見舞い申し上げます。

被災地を復興し、安心して暮らせる環境を取り戻すには幾多の困難を克服していかなければならないでしょうが、私たちは日本に住む同じ人間として、皆様の艱難辛苦が少しでも小さく、少しでも軽くなることを切望しており、そのために政府は前例や規則にとらわれることなく最適の措置を可能な限り積極的かつ迅速に取ることを強く期待しています。

日本の国際協力ＮＧＯの数十団体は、即座に緊急救援活動を開始しました。そして震災から二か月を経た現在も、その多くが復旧・復興に向けた活動を継続しています。当初は、とくに緊急人道支援に携わる資金規模が大きなＮＧＯ、緊急援助のための資金助成や連携・調整を目的としたジャパン・プラットフォーム（ＪＰＦ）に加盟するＮＧＯや緊急援助のための資金を内部保留していたＮＧＯが中心となり、緊急支援物資の提供や子ども支援などを行うことになりました。このような迅速、かつ一定規模の活動をＮＧＯが行うのは、日本ではこれまでになかったことであります。

今回の大震災におけるＮＧＯの支援活動の中で、私たち自身の問題として、今後のために注視したいと思った点を二つ挙げます。

一つは支援活動におけるスピードと継続性です。一般に、国内の災害救援に携わる非営利の団体・組織（社会福祉協議会や共同募金会、日本ＮＰＯセンター等）は、災害後にまず各地の社会福祉協議会が設置する災害ボランティアセンターの強化を図り、次にそれを受け皿にして、復旧段階における個人ボランティアの活用、その後の息の長い復興段階における支援を主柱に活動体制を作っていきます。これに対して国際協力ＮＧＯは今回、震災直後の緊急段階より、各地の自治体等の災害対策本部と連携して逸早く緊急人道支援活動を開始しました。これまで多くの国際協力ＮＧＯは途上国で緊急救援の経験を積んできましたが、この経験が今回のような迅速な行動を可能にしたと思われます。国際協力ＮＧＯが持つスピードと国内で活動してきた非営利の救援組織が持つ継続性、今後は両者がこうしたそれぞれの特色を活かしながら、国内における協働関係を早急に作り上げていく必要性があります。

もう一つは、今後の復旧・復興段階におけるＮＧＯの活動姿勢です。ＮＧＯは途上国での協力活動が主目的なので、短期間で支援活動を終了せざるをえない事情が確かにあります。しかし、一方では、この度の震災によって、比較的長期に被災地の人たちと連携していく団体も少なくないと予想されます。途上国の支援に携わるＮＧＯの多くは、その経験と反省から、地元の人たちによる自治やエンパワーメントがいかに大事かを学んできました。今回の被災地においてもすでに、災害ボランティアセンターや地元の非営利団体、そして地元の地縁組織がそのための枠組みを作りはじめています。闇雲な大量援助を短期間に行うだけと批判されることがあるＮＧＯですが、今後は国内活動においても、地元の人びと、団体、グループ、施設にしっかりと寄り添いながら、各地で始まっている地道な活動を支援していくことが期待されています。

日本のＮＧＯ活動に新たな一ページが開かれようとしています。それは、ＮＧＯによる本格的かつ継続的な「国内」支援という、これまでにない新たな流れです。

私たちはこれからも、「人びとと共にあるＮＧＯ」のありうべき姿を追求して参ります。

執筆者一同

二〇一一年五月一一日

グローバル化・変革主体・NGO／**目次**

グローバル化・変革主体・ＮＧＯ

――世界におけるＮＧＯの行動と理論

序論　国家の限界——五つの視点

美根　慶樹

国際関係を論じるのに非国家主体の役割に言及するようになったのはいつ頃からか。おそらく、ある特定の時点からではなく、漸進的にそういう傾向が強くなってきたのであろう。

一九七八年に刊行された日本国際政治学会編集の季刊誌『非国家的行為体と国際関係』は興味深い。このようなテーマの特集号が発刊されたこと自体に、その頃すでに非国家主体が国際関係において重要な存在となっていたことが示されているからであり、その「序論　非国家的行為体と国際関係」を書いた馬場伸也は「今日、国家を中心としたパワー・ポリティックスの理論だけで国際関係を分析し得ないことは、もはや誰れの目にも明らかである」と指摘していた。

しかし、「非国家主体」でなく「非国家的行為体」と表現したことを見ると、当時は非国家主体の国際関係における役割に関心が持たれるようになってから日が浅く、それに関係する用語もまだ定着していなかったように思われる。

この学会誌が取り上げた対象にもそのような特徴が表れていた。もちろん、掲載論文はいずれも「非国家的行為体」に関するものであったが、今日「非国家主体」として第一に思い浮かべるＮＧＯを論じたものは少なかった。

具体的なテーマを見ると、中南米の「アプラ、つまり、アメリカ革命人民同盟（ＡＰＲＡ　Alianza Popular Revolucionaria Americana）」「パレスチナ解放機構（ＰＬＯ）」「ケベック州」「欧州共同体（ＥＣ）」などは形式的には国家ではないが国家に準ずる機能を持つ主体として捉えられていた。一方、同誌に収録された平野健一郎論文の対象である「連歌師宗祇」（よく旅をして、中央からの伝言を地方に届ける役割も果たした）は国家に準ずるものとして観念されていなかったが、個人の行動が持つ二面性に着目した分析であり、いわゆるＮＧＯのように特定の目的のために行動するものとは異なっていたように思われる。このように見てくると、この学会誌が「非国家的行為体」として取り上げたもののうちＮＧＯらしい主体は「反原発運動」くらいであるが、これも今日の概念整理では組織体としてのＮＧＯと区別される「社会運動」である。現在はその頃からかなり違ってきており、同じトピックで特集を組むとすれば間違いなくＮＧＯが非国家主体の代表者として扱われるであろう。

ＮＧＯと言っても大きく二つの種類に分けなければならない。たとえば、旅行愛好会の場合は、旅行好きで、時間的・経済的余裕のある人たちが団体で行動すれば楽しみが増すので集まる。世の中にはこのような同好会的な団体は無数にあり、一国の内部だけでなく、国境を越えて成立している場合も少なくない。生け花の国際組織 Ikebana International などは典型的な例であり、そのような組織が作られたのは国内の場合と同様、技術の向上、親睦などいろいろな側面があるだろうが、要するに、会員はともに花を生け、観賞することに利益を見出しているのである。このような同好会的な団体の数が増え、またその規模が大きくなると、人の国際的移動の増大としての意味や、国際的な民間人の親善関係の強化などの意味はあろうが、国際関係に影響を及ぼすとは通常考えられない。

一方、国や民族の違いを超えて他人のために行動しているＮＧＯがある。こちらが本研究の主たる対象であって、この種のＮＧＯは国際政治においても次第に大きな役割を果たすようになっている。「情けは人の為ならず」なる金言をもてあそび、「他人のために」と言っても結局は自分のためではないかというようながった見方もあるかもしれないが、「他人のために」とはどう意味か、言葉で説明するまでもなく自明であろう。失業して住むところがなくなった人に救援の手を差し伸べているNGOや、世界各地で難民を助けているNGOを見ればそのような意地悪い見方はできないはずである。

私はかつて、ユーゴスラビア連邦共和国（現在はセルビア共和国とモンテネグロ共和国に分かれている）駐箚大使であった。そこでNGOの方々と親しく接する機会があり、多くの若い日本のスタッフが現地で難民のための奉仕活動や復興に尽力していることを知って驚き、また、同じ日本から来た者としてうれしく思ったものである。それは、「国益」とか「日本（人）の誇り」などといったものとは一線を画す、いわば「隣人愛」というものに近い。ある若い女性は、セルビア共和国第二の都市ニーシュで活動していた。第二の都市と言っても日本に暮らす普通の人たちにとっては食べるにも住むにも非常に苦労するところである。電力が乏しいので町は暗い。資金がないので老朽化した建物をきれいにできない。かつてセルビアとトルコが戦った最前線でもあり、戦死者の遺骨がうず高く積み上げられて記念塔になっており、現在でもその辺りは陰鬱とした雰囲気が残っている。ともかく、精神的によほどしっかりしていないと活動などできない環境である。

その数年後、私はアフガニスタン復興支援担当大使としてカブールに初めて行き、そこの状況が聞きしに勝る酷さであることをあらためて思い知らされた。しかし、そこにも日本のNGOスタッフが数名いる（国際協力機構＝JICAから派遣されている人は別として）と聞いたので、ある日、カブールのレストラン（と言っても大変なところであるが）でランチに招待し、お話を聞くことにした。すると現れた一人がニーシュにいた人ではないか。私がいかに驚き、また、感心したか、ご想像いただけるであろうか。その人は普段カブールでなく、タリバーンによって破壊された大仏で有名なバーミヤンで活動しているということであった。アフガニスタンでは、女性は病気になっても夫の許可がなければ一人で病院へ行くことはできず、また、産婆さんがお産に駆け付けようにもまず夫の許可がなければ出掛けられないという古い陋習が残っており、外国人であっても若い女性が社会的な活動をするには数々の障害がある。

NGO活動は伝統的に欧米で盛んであり、わが国のNGOは欧米にならって活動を始めたのかもしれないが、日本で「他人のために」行動することが軽視されていたのではない。「他人のために集団で行動する」ことと、そもそも「他人のために行動する」ことは別問題であり、後者の問題に関しては、日本は、それに韓国や中国も欧米に決して引けを取らないのではないか。例はいくらもあろう。幕末に日本を訪れた西洋人も日本人は親切であると言っていた。具体的な表現は国民ごとに、あるいは民族ごとに違っている部分があるかもしれないが、「他人のために行動する」ことの大切さは人間として身につけてきた普遍的倫理である。東京のJR大久保駅で韓国人留学生と日本人男性がプラットフォームから線路に落ちた人を助けようとして自らの命を犠牲にしたのは単に「親切にする」という程度をはるかに超える高邁な人道的精神の発露であり、純粋な「他人のための行動」であった。

公務員は「公僕」と言われるが、その意味である「公衆に奉仕するしもべ」として胸を張れる人は少ないだろう。戦後の混乱の中で日本の再建に取り組んだ官僚にはそのような人もいたであろうが、現在はまるで違ってきており、既得権益を維持するのに汲々としているのではないか。官僚には、困難な問題が起こった時に比較的冷静に対処する資質、国家・社会が不安定化するのを最小限に食い止める力、過去の行政との一貫性を保つ組織性などは備わっている。そのような諸特性は混乱の世では公務員が積極的に活動するのを可能にするが、平穏な世では受け身の姿勢を取らせる原因にもなる。意欲的に物事に取り組むのと正反対の「組織防衛」が必要だと聞くのは悲しいことである。

政府は法律に基づいて行動し、法律は政府がなすべきことを権利・義務関係で表現している。つまり政府は権利・義務として行政を行っているのであり、したがってまた、政府の行動が適切か否か、あるいはその善し悪しは基本的には権利・義務の次元で評価される。行政には継続性、統一性、公平性などが求められるが、それらは法律で定められた政府のなすべきことから導き出される横断的な行動規範である。

他人のために意欲を燃やして行政を実行することが期待されていないのではない。国家公務員倫理法の第一条には「国家公務員が国民全体の奉仕者である」と明記されているが、これは、情けないことに、公務員の不祥事があまりにも多く、奉仕者であるという認識が希薄であると問題になったので一九九九年に制定された法律であり、この法律をもって、公務員に奉仕者としての意識が備わっているとは到底言えない。公務員倫理法第一条は「国家公務員は国民全体の奉仕者でなければならない」と規定すべきだったのではないか。

官製のいわゆる「公益法人」となるとＮＧＯとはまさに対照的である。天下り先となっている公益法人の職員はもはや現役の官僚ではなく、その士気は官僚にも及ばない。しかし、政府から血税である補助金を得ている。「公益」という性格も認めてもらっているが、これとＮＧＯを比べてもらいたい。ＮＧＯは予算手当てに苦しみながらも意欲に燃えて他人のために活動している。これこそ公益のためである。官製法人には公益のために活動しているという建前はあるが、あまりにも意欲に欠けるものが多いのではないか。

他人のために意欲的に活動するＮＧＯには国家との関係や国際社会において顕著な特徴がある。

ＮＧＯのような非国家主体が活発に活動する社会は「市民社会（civil society）」と呼ばれている。civil は citizen の形容詞であるが、現在「市民社会」としてすぐ思い浮かべるのは「市民」というよりむしろＮＧＯであり、ＮＧＯが「市民社会」を代表している感さえある。

そもそも「市民」とは何か。一つの重要な側面は「官」と対比される「民」である。ヨーロッパでは歴史的に自治の傾向がかなり強く、都市は皇帝、あるいは封建領主からの独立性を獲得していわゆる「自由都市」になることを望み、それを実現した都市も少なくなかった。農村でも、すべての農民が領主に隷属していたのではなく、スイスのウィルヘルム・テル伝説も領主と戦ってそのくびきから脱する村の話である。

一方、日本の歴史においては自治を追求する傾向はほとんどなかった。それには歴史的、社会的、文化的な原因があったのだろう。たとえば政治はお上が行うものという意識である。政治を行う主体は王侯貴族から武士の手に渡ったことはあったが、いずれも「官」であり、一般の民が主体になることは基本的にはなかった。堺のようにかなり高度の自治が行われていたのは数少ない例外であり、またそれは一時的なことであった。かつての「講」などにも自治の傾向があったようであるが、それは、非常に限られた範囲で、また、限られた目的のために成立していたことであり、自分たちの手で統治を行っていたのではなかった。

民主政治の基本にはこのような「民」による強い自治傾向があり、それを実現していたのが直接民主制であった。政治を行う主体が市民であり、中世ヨーロッパの都市においては市民と単なる滞在者とは区別され、市民だけが政治に参加でき、よそ者は排除された。直接民主制と言えば、スイスのランツゲマインデ（村民集会）や国民投票が有名であるが、都市における直接民主制としての市民政治もヨーロッパ各地で行われていた。政治を行う主体は、農村では村民であり、都市では市民であった。

しかし、社会の規模が拡大すると、実情を最もよく知っている人、最も関係の深い人が直接政治を行うという古くからの政治手法をそのままの形で維持するのは困難になってきた。スイスの直接民主制としてよく引用される国民投票は直接的に意思の表明を行い決定に参加する典型であるが、これについても政党の関与が多くなっている。

現在の間接民主制においては、市民はもはや自らの手で自分たちの利益を守り、実現することはせず、現在の統治体制の中で定められている一定の仕組み・方法に頼りつつ、自分にとって最も都合のよい生活を営んでいる。つまり、市民はかつて政治を直接行う主体であったが、今は間接的な形で政治に関わるようになっており、さらに政治の対象としての性格が強まってきている面もある。

国家が近代化し、政治が間接的民主政治により行われるようになるに伴い政治に関する諸制度が整備されてきた。個人の直接的判断（たとえば住民集会）で決定されるのではなく、法律や規則に従って決定される新しい傾向である。しかし、古い制度を改善したり、新しい制度を作ってもすべてのニーズに対応できるわけではないので、ＮＧ

Ｏの活動が必要とされる状況が生まれている。すなわち、かつては市民が自分たちで守り、実現していた利益を、部分的であろうが、ＮＧＯが擁護し、実現しているということである。

　市民とは何かもあらためて問われなければならない。政治の主体という本来の姿からはすでにかなり変化しているが、民主政治の変化と平行して市民の概念も時代に応じて新しい意味が付与されるようになっており、現在、「市民」は国家への帰属の観念から捉えられ、「市民権」は「国籍」と同じ意味で使われる場合がある。さらに、「市民」と「文民」の区別も不明確になっている。このようなことを含め、現在の民主政治とそれを支える諸制度が複雑になっていることは間違いないが、それらが本当に役に立っているか常に問われなければならない。

　政治とＮＧＯの活動は密接な関係にあり、民主政治はＮＧＯの活動を可能にし、また、それを助けるが、逆にＮＧＯが民主政治を助ける面もある。「市民社会」が強調されるのも当然であるが、その関係は国ごとに一律ではない。第二次大戦後民主政治は各国に拡大し、それ以外の政治制度は存在意義をもはや持たなくなったことが指摘されているが、現実には間接的民主政治と言ってもさまざまである。さらに地域的な要因によって左右される面もある。

　一方、ＮＧＯは国家との関係で見るだけでは済まされない現実が生まれている。「市民社会」が強調される政治状況においてはＮＧＯ以外の非国家主体も重要な役割を果たすようになっているからである。その代表的なものがメディアと企業であり、それぞれに政府ともＮＧＯとも異なる特有の行動原理がある。民主政治を見ていく上でこれらの非国家主体も無視できないことはもちろんであるが、さらに、これら非国家主体間での相互作用もある。ＮＧＯについて言えば、その活動が成功するか否かはこのような他の非国家主体との関係をうまく活用できるかにかかっている面もある。

　冷戦が終了し、グローバル化が急速に進む時代になって国際社会での非国家主体の存在と活動に大きな関心が払われるようになり、国際関係の見方にも変化が生じてきた。とくに顕著なのは、いわゆる「グローバル・ガバナンス」の概念を中心に国際社会を見ていくことであり、「世界には国家だけではなく、それと並ぶ形で非国家主体が存在し、それぞれ役割を果たしている。世界政府が存在しない今日、それに代わってこれら複数の主体が地球的リーダーシップを発揮し、統治しなければならない」などと考えられるようになってきたことである。

このような世界観の中で国家の役割はＮＧＯとの関係において見直され、古い主権国家からなる国際社会において国家が持っていた能力や正統性はグローバル・ガバナンスにおいて「分散」し、また、国家とＮＧＯの間には「協治」あるいは「共治」と言うべき協力関係が生じてきた。新しい概念を使っての国際関係理論の修正・再構築の始まりである。

民主政治において政府と行動原理を異にするＮＧＯは、国際的にも国家と違った行動を取る。国家と国家の関係においては、対立や協力も、駆け引きも、善や悪もすべてありうる。これらの諸状況が同時に存在するわけではないが、歴史を見るとすべて現実に存在したことである。最近は「平和」な状態が多くなり国家間協力が比較的多くなっているが、対立がなくなったわけではないし、その他の状況も現に存在している。これは何も不思議なことではなく、主権国家からなる国際社会とはもともとそういうものであろう。

しかるに、どの国家もそのように自然状態であるだけでは国際社会の「平和」と「安定」を維持することはできないので、多国間で協力する仕組みを作りはじめた。最初が国際連盟で、それを改良した国際連合（国連）はその第二世代である。しかし主権国家からなる国際社会の限界を乗り越えようとする試みはほとんど実現せず、国家の限界はそのまま国際社会の限界となっている。各国が国際的な協力に優先度を置けないからである。いわゆる国連軍は「国際の平和と安全の維持」のため、一定の要件が満たされる場合に主権国家に対して強制力を持つ組織として活動することが国連憲章で想定されているが、実際には各国にそのような国連軍を受け入れる用意はなく、まだ一度も実現していない。どの国も主権国家としての権利や自由を実質的に制約するようなことにはなかなか合意しない。

国際社会が共通の目標に向かって協力できない、あるいは協力の度合いを高められないのは、国家同士が信頼できないからであり、その信頼度は高くなったり、低くなったりする。ある国が軍備を強化すれば他国から信頼される度合は当然低くなる。歴史的には信頼関係がないためにいろいろなことが起こった。たとえば、町や村は自分たちの居住しているところの周囲に高い塀をめぐらせ敵の襲来に備えてきた。そのようなことは古今東西を問わず起こったことである。現在はそのように露骨な形で不信感を表明することはほとんどなくなっているが、心理的城壁は多かれ少なかれ存続している。争いを起こす可能性と能力を備えている国家と国家が信頼関係を強めるのは容易なことでなく、フランスとドイツは一千年以上かかった。日本と中国、あるいは日本と韓国の間ではどの程度信頼関係が樹立されているか。まだまだという感がある。

一方、国家とは別の原理で行動するNGOは、国家のように信頼感の欠如によって行動を妨げられることがなく、国際関係の形成においても比較的自由に行動する。人道目的、貧困対策、難民救済などいずれの分野であれ、それぞれが目指す目標に向かって直線的に行動でき、実際にもそうしている。また、共通の目標に向かって協力することも多い。

もっとも、同じ目標に向かって努力している各国のNGOが常に協力関係を築くとは限らず、競合して、特定国のNGOであることを示す旗印を掲げることもある。それは国益に直結するナショナリズムとは一線を画す、同じ目標に向かっての競争であり、スポーツで競うのに近いと思われるが、最近はそれだけでは済まない面、たとえば、南北間の違いが南北のNGO同士の間で問題になることが出てきている。

それはともかく、対人地雷の全面禁止運動においてNGOは、対人地雷が非人道的であり全面的に禁止すべきであると訴え、各国に協力が重要であることを認識させた。この運動が成功するまでは、各国は非人道的兵器を規制するのは必要だが、防衛力を弱めるようなことはできないし、他の方法で規制の目的を達成できるのであれば全面禁止にする必要はない、などと抵抗し実際の規制強化にはなかなか踏み切れなかった。国家としてはそれも当然の対応であっただろう。全面禁止条約の成立のために最大の貢献を行ったカナダも交渉の初期段階では全面禁止を方針としておらず、ＮＧＯに背中を押されて決断した。ＮＧＯは国家に存在する限界を打ち破るのに手を貸したのである。対人地雷に引き続き、クラスター弾も禁止されることになった。この二つの進展に世界のＮＧＯが行った貢献は測りしれない。

「他人のために」行動するＮＧＯは国家と国家が信頼関係を築くのを促進したり、助けたりする。戦後孤立しがちであった日本が国際社会の一員として復帰するにあたっては、サンフランシスコ平和条約もさることながら、道徳再武装運動（ＭＲＡ）という欧米のＮＧＯも大きな役割を果たした。このことは日本で広く認識されているとは言い難いが、関係者の間ではよく知られている。第二次世界大戦後日本やドイツに対する連合国国民の感情は非常に厳しく、これらの国民が国際的な活動を行うのに種々の不都合があった。そのような状況の中で、日本人が戦後は平和に徹していることをアピールする機会を与えてくれたのはこの運動である。この運動だけではないが、このような場を通じて欧米の世論が日本を再び受け入れる気持ちを強くしていったことは国家間の努力とともに忘れることはできない。それだけでなく、ＮＧＯが国家に対しても自己の行動原理によって貢献し、国家がそれによって裨益したことは、ＮＧＯと国家の行動原理が状況いかんで関係を持ちうることを示しているという意味でも注目すべきである。

各国が非人道的な武器の放棄に合意したことは一種の国際的共同事業と言える。一方ＮＧＯは各国が共同事業を行うよう促すのみならず、国家と一緒になって共同事業を行うこともあり、また、それは増えている。たとえば、国際会議の代表団の中へＮＧＯを入れることがある。実際欧米諸国にはこの傾向が強い。日本の場合はＮＧＯを加えることはまだ少ないだろうが、学者や専門家を代表団に加えることはよくある。いずれにしても、法律に基づく権利・義務関係として行動するという政府の伝統的な行動原理とＮＧＯ的な行動原理が一定程度接近する、あるいは前者が後者を取り入れることが起こっているのではないか。

政府代表団にNGOを加えるというのはやや特殊な場合かもしれないが、国家がNGOの意見を考慮して行動することは欧米ではもとより、日本の場合でもしばしばあり、かなり一般的な現象となっている。このことは、交渉している相手国にとっても重要であり、対象となる事柄にもよるが、NGOの影響を考慮しておかないと相手国の対応を見誤る恐れがある。相手国がどのような態度に出てくるか、これは交渉において常に重要な問題であり、これを見誤ると交渉の目的を達成できないのは当然である。したがって、NGOの動きを、単に国家に助言を行うものと見るべきでない。このようなことが国際捕鯨とそれに対する反対運動についても起こっているのではないか。

国際社会が法的に平等な主権国家から構成されているとみなされ、国家が主権という高い壁で囲まれるようになるに伴い、国家の内部では言語的、民族的、文化的、歴史的、さらには政治的事情を異にする諸グループの間で政治的同化が進められてきた。近代の国民国家の形成であり、日本も例外でなかった。現在、一部には未解決のグループを抱えている国もあるが、大多数の国においてはほぼそれに成功し、それとともに国民の間の信頼感も醸成されてきた。

スイスでは、ナポレオン時代が終わった後、一九世紀の中葉に連邦国家となった。これを構成する四つの民族は共通の利害で結ばれていたが、信頼関係があったわけではなく、スイス人という意識は希薄であった。そこで、いろんな分野で「スイス何々協会」のような全スイス的団体を作り、スイス人意識の涵養に努めた。これは効き目があったと言われている。

国家間の関係改善は各国で近代国家が形成されるより遅れていたが、二度の世界大戦を経てまがりなりにも一定程度進展し、その信頼関係もある程度構築されてきた。こうした国家間の関係改善がヨーロッパなどでは一部で顕著に進展していることはドイツとフランスについて前述した。スイスで起こったことがヨーロッパ規模に拡大したとも言えるであろう。

冷戦の終了と相前後して加速してきたグローバル化は、主権国家から構成されるという国際社会の基本的性格を変えつつある。市場が世界的規模で拡大し、その恩恵に預る側と預れない側との格差が国家間のみならず、国内においても大きく開くようになった。市場によって人びとの生活が大きく左右されると、主権国家もこれに大きな影響を受けるようになる。経済面、社会面での変化は急速で、かつ大幅である。そのような分野では国家が異なるということの意味は希薄になり、たとえば、甲国家に居住すること、あるいはその国民であることと、乙国家に居住すること、あるいはその国民であることの違いはあまり意味を持たなくなるといった現象が急速に進みつつある。

かつてはそのような超国家的活動や生活はごく限られた人たちに独占されていた現象であり、典型的な例がヨーロッパの王侯貴族であった。人・モノ・カネ・情報が国境を越えて自由に往き来するグローバル化の現代には、そのような超国家的現象がはるかに大規模かつ広範に起こっている。そして、グローバル化の功罪が問われる時代の中で、かつては王侯貴族の特権層間にのみ存在していた信頼関係が、今では異なる国籍、地方、文化、伝統を持つ人びとの間にも育まれ、深まりつつある。国家間の枠を越え、人と人とが直接結びあうこのような信頼関係のグローバル化は、国際関係の形にも強い影響を及ぼしているのではないか。

特筆すべきは、そのような変化が生み出されていく中でNGOや企業が、変化を触発・促進するなど大きな存在として影響力を及ぼしてきたことである。具体的な様相はさまざまであり、生活面でのグローバル化においては企業による影響が大きく、異民族間で人権・人道問題への関心が高まることにおいてはNGOによる影響が大であっただろう。

世界は今でも国家から成り立っているように見えるし、どの国家にも属さない部分は南極だけが例外で、他にはない。しかし、「世界は主権国家から成り立っており、人についてもいずれかの国に属している」と国家の枠組みを通してすべてを見るのはあまりにも古くさい発想である。国際関係において非国家主体が役割を持つことが重視されるに伴い、そのような考えはすでに後退し、修正させられている。

では、そうした今日の世界を私たちはどのように認識すればよいのか。まだ確たる答えは出ていないように思われる。いわゆるグローバル・ガバナンスに基礎を置く考えは新しい観点で世界を見ようとしているが、たとえば、国家、NGO、企業などが並立し、それぞれの役割を果たす場になっていると見るか、行動原理も行動の意味も異なるそれらの主体が異なる次元、異なる性質の関係を重層的に折り重ねる場になっていると見るべきか、これも大きな問題である。すなわち、一方では、NGOをはじめとする非国家主体の国際社会における役割が増大していることについて漏らさず注目しなければならないのと同時に、もう一方では、そのような状況が生じている世界をどのように捉えるかが問われているわけである。

以上、序論であることを口実にきわめて単純化した形でNGOについて論じてきた。しかし、今日のNGOは開発、平和・人権、環境、緊急人道支援など幅広い分野で活動し、その数は世界的にも国内的にもかなりの量にのぼる。そうなると一言でNGOと言ってもその実態は千差万別であるし、活動も複雑になり、その手法も課題もさまざまである。また、NGOのいわば対極にある政府との関係も、さらには、同じ非国家主体である他の主体との関係もきわめて複雑である。本書においてはNGOを軸として見た場合の複雑な世界を次の五つの視点から分析し、その行動と国家および国際社会との関係を体系的に説明することを試みた。

大橋正明の第一章「日本におけるNGO活動の実態と類型」は、大きく成長し、複雑になったわが国のNGOの歩みと最新の状況を概観しながら、その課題、とくに国家との関係における課題をNGOの目線から描き出している。

高橋華生子の第二章「民主政治とNGO」は、NGOと政治の双方の状況と両者の間の関係を分析するという視点に立ちつつ、とくに、東南アジアで見られる諸形態の政治とNGOの関係を比較考慮することにより、民主政治とNGOとの関係を浮き彫りにしている。

金敬黙の第三章「NGOと外的環境」は、同じ非国家主体でありながらNGOの活動にとって環境となっているメディアとの関係を論じ、その関連でのNGOの課題を明らかにしている。民主政治の主要なアクターである政府、NGO、およびメディアの三者のうち、前二者の関係は比較的よく論じられ、後二者間の関係はそれに比べ注目度が低いが、金はこの点に光を当て、後二者の間にも明確な相互作用が働いていることを論じていく。

長有紀枝の第四章「国際法とNGO」はNGOが国際法形成に果たす役割を、とくに対人地雷禁止条約制定をケースとして論じている。著者は禁止運動に携わるNGOの一員であったことからNGOが取った戦略を熟知しているが、ここではこの運動がいかにダイナミックに展開されてきたか、またこの関連で生じてきたNGOの課題とは何かについて焦点が当てられる。

遠藤貢の第五章「国際関係とNGO」は、役割を増大させてきたNGOの行動と国際社会に対するその影響を国際政治の原点にまで立ち返って分析し、再構成しており、グローバル化の進む世界における、NGOを軸とした新しい国際政治論を展開している。この章は第一章から第四章までの論考すべてに関わっており、また本書の締めくくりともなっている。

NGOが関わる世界は複雑であり、五つの視点から語れる範囲には限界があるが、読者がこの世界をよりよく理解して下さるための一助となることを願っている。

第一章

日本における
ＮＧＯ活動の実態と類型

大橋 正明

2010年８月27日に外務省で開催されたNGO－外務省定期協議会。
（JANIC 提供）

一　ＮＧＯとは何か――ＮＰＯ、公益法人、ボランティア、市民社会組織（ＣＳＯ）、コミュニティ組織（ＣＢＯ）、社会運動等との比較を通じて

本章におけるＮＧＯの定義と位置づけ

ＮＧＯ（Non-Governmental Organizations）。一般に非政府組織と訳されるこの言葉は今では日常的に使われる単語だが、多様な定義が存在している。このため正確を期するためには、使用する度ごとに、かつ国や地域ごとに、その定義を示しておく必要がある。

ＮＧＯという単語は、国際連合（国連）の用語がその源である。多くの政府の連合体である国連ではその発足時より、国連と協力関係にある非政府の主体、とくに民間の非営利団体のことをＮＧＯと呼んできた。しかし国連に登録されたＮＧＯ[1]には、宗教団体、社会運動団体、労働団体、経済・業界団体、民族・地域団体、専門家集団など実に広範かつ多様な団体が含まれている。一部の団体は自ら「国連ＮＧＯ」の名を掲げて活動しているが、日本で一般的にイメージされているＮＧＯ像とはかけ離れている団体が多数含まれているので、看板としては注意を要する。

では日本の一般の人びとが持つＮＧＯのイメージあるいは定義とは、どんなものであろうか？『現代用語の基礎知識二〇〇九年版』[2]によれば、ＮＧＯは「非政府団体」「民間援助団体」などと訳され、「市民の海外協力団体」を意味するとされる。また日本で最大のＮＧＯネットワーク「国際協力ＮＧＯセンター（ＪＡＮＩＣ）」では、Ｎ

ＧＯを「開発途上国において国際協力活動を行っているプロフェッショナルな民間団体」と定義している。[3] つまり、とくに途上国が直面する諸課題に向けて協力活動を行う国際的な民間団体、というものである。

本章で言うＮＧＯ（日本に本拠地を置くＮＧＯ）は、このＪＡＮＩＣの定義をもう少し広げたものである。すなわち、「非政府・非営利の立場に立って市民が主導する自発的な組織で、かつ国際的な課題に対して他益あるいは公益的な活動を行う組織」、これをＮＧＯと呼ぶ。換言すると、①非政府性、②非営利性、③自発性、④組織性、⑤他益・公益性、⑥国際性（途上国とは限らない）の六つが、[4] 本章で扱うＮＧＯにとっては不可欠な要素となる。また、この定義に語られる「国際的な課題」とは、具体的には開発途上国の貧困削減や低開発からの脱出、環境や自然資源の管理、民族・宗教・性別などに基づく人権侵害や差別の解消、武力紛争・自然災害などによる難民や被災者の救済、平和や軍縮の実現などを指す。

もう少し、詳しくこれら六つの要素を説明しておこう。①非政府性と③自発性とは、自らの意思を持つボランタリーな人びとが政府や民間企業とは異なる立場に立って、組織の意思決定や活動を共同で行うことであり、本書で扱うＮＧＯにとってはきわめて基本的な要素となる。②非営利性とは、「モノやサービスを無償提供すること」や「活動者が報酬を貰わないこと」としばしば誤解されるが、ここでは、決算で剰余が生じた場合にこれを出資者に還元したり関係者に分配したりせず、活動の一層の強化や改善に振り向けることをいう。続く④組織性とは、一過的に誰かを助けるといった活動ではなく、規約を持ち事務所を構え、一つの、あるいは複数の課題に継続的に取り組んでいくことを意味する。いわゆるボランティアグループとは、この点で異なる。⑤他益性あるいは公益性とは、組織の構成員ではない他者、具体的にはより弱い立場に追いやられている人びとのために、先に挙げた課題の分野で活動することを指しているが、ここでは⑥の国際性と合わせて、主に低所得国における諸問題に関わる活動を意味する。

本章第三節以降では、対象とする日本のＮＧＯを、開発協力ＮＧＯ、環境ＮＧＯ、平和・人権ＮＧＯの三つに分けて、団体数としては最も多い開発協力NGOを中心にそれぞれの現状と課題を分析する。そして、とくに注目すべきものとして、開発協力分野の国際NGOとしては資金規模が最大のワールド・ビジョン・ジャパンの活動と、日本ではこの一〇年ほどの間に急速に拡大した国際緊急支援分野のNGO、なかでもジャパン・プラットフォーム（JPF）の活動を、それぞれ別個の節で取り上げる。なお、開発協力、環境、平和・人権という三つの区分は、二〇〇八年のG8（主要国首脳会議）サミット（北海道・洞爺湖サミット）開催に合わせて結成されたアドボカシー（政策提言活動）のための時限組織「二〇〇八年G8サミットNGOフォーラム」（活動分野を横断する日本初のNGO連合で、一四一団体が加盟（五五頁参照））による分け方に準じたものである。

NGOとNPO

一九九八年の「特定非営利活動促進法（いわゆるNPO法）」の施行によって特定非営利活動法人（NPO法人）を名乗る団体が続々と誕生するに伴い、急速にその存在が日本社会で知られるようになった。そして、それ以降、「NGOやNPOとは何か？　この二つはどこがどう異なるのか」という質問をよく受けるようになった。NGOと同様に、NPO（Non-Profit Organizations＝非営利組織）にも普遍的な定義は存在していないので、これに的確に答えるのも容易でない。

本章の回答は、先に「NGOにとって不可欠な要素」の一つとして取り上げた「国際性」を、「国内性」に置き換えたものがNPOである。つまりNPOとは、他益・公益性を前提に、国内あるいはより限定された地域の諸問題や福祉などに取り組む、非政府・非営利の立場に立つ自発的な組織を指す。

しかしこの立場には立たず、NGOとNPOは同じもので、非政府性を強調する際にはNGO、非営利性を強調する際にはNPOと呼ぶ、とする考え方もある。(5) 実際NPOという単語はアメリカから一九九八年前後に日本に輸入されたもので、世界的にはNGOとNPOを区別せず、NGOと一括して呼ぶ場合が多い。実際、日本ではNG

ＯとＮＰＯを使い分けている筆者自身も、アジアやアフリカの支援地で活動している時には、現地ＮＰＯとは言わず、現地ＮＧＯと表現している。お隣の韓国でも、国内外の課題に関わる市民団体はすべてＮＧＯと呼ばれている。
　とはいえ、日本では、ＮＧＯとＮＰＯはいくつかの点で大きく異なっている。その一つは資金規模である。全体的に見ると、ＮＧＯの方がＮＰＯより資金規模が大きい。**表1**に示した両者のデータは、サンプル数や年次に違いがあるほか、ＮＰＯのデータには一部のＮＧＯのデータが混在していたり、ＮＧＯのデータは国際協力分野のみに限定されていたりするので正確ではないが、大よその傾向を示している。これによると、年間資金規模一〇〇〇万円未満で比較した場合、ＮＧＯが四六％であるのに対してＮＰＯは七七％である。逆に一億円以上では、ＮＧＯが一五％であるのに対してＮＰＯはわずか一％である。つまり、ＮＧＯも全体としては資金規模の小さい団体が多くを占めてはいるが、ＮＰＯの場合はとくにその四分の三以上が一〇〇〇万円以下で、組織として安定を見せる一億円以上のところはごくわずかしか存在していないことがわかる。ＮＧＯは国際的な活動によって多くの資金を必要とするので、ＮＰＯに比べればそのための支援を集めやすいということなのだろう。もっとも、ＮＰＯの中にも、最近は指定者管理制度（公の施設の管理運営を営利および非営利の団体に代行させる制度）などを通じて公設の施設等を委託で運営・管理するところが増えているので、今後ＮＰＯの資金規模はもう少し拡大する可能性が高い。

表1　NGOとNPOの資金規模比

年間資金規模	NGO		NPO	
500万円未満	32%	46%	64%	77%
500万～1000万円未満	14%		13%	
1000万～3000万円未満	21%		15%	
1000万～3000万円未満	8%		4%	
5000～1億円未満	10%		3%	
1億円以上	15%		1%	

出典：NGOの比率は、JINIC『NGOデータブック2006』収録の開発協力NGO275団体の2004年度の数字をもとに、またNPOの比率は日本NPOセンター「NPOヒロバ」ホームページ（2010年2月19日検索）に掲載された7558団体の数字をもとに筆者作成。

　ＮＧＯとＮＰＯのもう一つの大きな違いは、後者には全国で三〇〇近い中間支援団体（支援センター）[6]が存在するのに対して、前者には同様の支援団体がごくわずかしか存在しないことだ。ＮＰＯは地域密着で活動するために、地方自治体をバックとする支援団体も少なくない。

ちなみに、日本で国際的な課題に関わる民間団体がNGOと呼ばれるのは、YMCA（日本では一八八〇年設立）やYWCA（日本では一九〇五年設立）といった団体が古くからNGOという呼称を使い国際協力や国際交流活動を盛んに行ってきたからだ（山岡　一九九七　六 - 七頁）。一方で、NPOという単語がメディアに登場してくるのは一九九〇年代の半ばに入ってからである（山内　一九九九、一五 - 一六頁）。

繰り返すが、本章では、NGOは国際的課題を、NPOは国内的課題を扱う団体と定義し、前者のみを考察の対象とする。しかしNGOとNPOの間には大きなグレーゾーンが存在する。たとえば、南（途上国）の貧困や環境破壊の根本原因は、北（先進国）の過剰消費や国際経済の仕組みにあると言われる。だとすると、北の一員である日本の支援組織は、自分たちの消費生活や世界経済の変革について国内的に働きかけていくことも重要になる。さらに最近では、日本国内でも貧困問題が深刻化している。緊急人道支援、復興支援においても、この度の東日本大震災（二〇一一年三月一一日）はまさに私たち自身の足元の出来事、しかも長期的かつ複合的な課題となっている。NGOやNPOが扱う課題を、国際的か国内的かで区別することの根拠が薄弱であることはもはや明白であろう。したがって、本章の第二節までの記述の大半は、NGOとNPOを一緒に扱うこととする。

NGO・NPOとボランティア

団塊の世代が次々と定年退職を迎えている近年の日本では、その受皿としてのボランティア活動やNGO・NPO活動に対する関心が高まっている。NGO・NPOとボランティアはどんな関係にあるのだろうか。

日本でボランティアと言うと、無償で奉仕活動を行う人、しかもその分野の専門家ではないアマチュアを指す場合が大半である。しかし、ボランティアとは本来、義勇軍への志願兵や困難な仕事を引き受ける志願者など、自らの意思で奉仕活動に携わる人を指す。この場合多くは報酬を受け取り、兵士として、あるいは仕事人として専門的な訓練を受ける。つまりボランティアとは、一義的には無償の奉仕者ではなく、プロとして自発的に奉仕活動を行う人を指す。

一方、NGO・NPOとは、世界や身近な社会をより良くしたいという自発的な意思を共有する人たちが形成する組織を指す。逆に言えば、そうした自発的な意思を、より大きな規模で、より効果的に、しかも継続的に実現しようとする仕組みがNGO・NPOである。この定義に従えば、役員や会員としてNGO・NPOを創設し維持している人たちも真正なボランティアである。しかし、先に述べた日本的なボランティア観に影響されて、そのような認識は薄い。

もちろん、NGOやNPOの多くが無償ボランティアの活動によって支えられていることは周知の通りである。一般にNGOやNPOの多くは資金や人材が不足している。NGOやNPOが雇用できる有給スタッフは限られ、十分な活動を継続的に行うには無償の奉仕者を頼らざるをえない。このためもあって、NGOやNPOの多くは無償ボランティアの活動によって支えられている。

こうした無償ボランティアが活躍する場は、NGOやNPOに限らない。地元の地域や学校、社会福祉施設、病院、観光地、自然公園、博物館など多様である。日本赤十字社は、地域や学校などを単位にボランティアグループを組織し、多様な活動を展開している。また、特定の技能や意向を持って施設などを回るボランティアグループも、多数存在している。さらに、政治団体や宗教団体などに所属し、無償の奉仕的活動を行っている人も少なくない。

まとめれば、自発的意思に基づいて行動する個人がボランティアであり、その意思のもとで共通する思いや夢の実現のために作られた組織がNGO・NPOである。

NGO・NPO、市民社会、市民社会組織（CSO）

NGOやNPOは、しばしば市民社会組織（CSO　Civil Society Organizations）とも呼ばれる。この「市民」や「市民社会」とは、何を意味しているのだろうか。

古代ポリスの構成員や中世都市の構成員は、市民と呼ばれていた。しかし近代的な意味での市民とは、一七、一八世紀にフランスやイギリスなどで誕生した、平等な自由権や所有権など基本的人権を持ち、かつ主権の担い手として国政に参加する人びとを指す。また、一九八〇年代の社会主義体制下の東欧では抑圧的支配に対する果敢な抵抗運動が繰り広げられ、自発的に形成された市民団体の果たす大きな役割が注目された。

こうした流れを経て今日では、「市民」とは自立性、公共性、能動性を持った人びとを指し、「市民社会」とはそうした人びとが形成する、国家権力からも市場経済からも距離を置いた自律的な公共領域と見なされる場合が多い。市民社会の牽引役として一般的にイメージされるのは、ジャーナリストや弁護士、芸術家、文筆家、教員、研究者等からなる知識人たちである。そしてNGOやNPOも、この市民社会を構成する一員として市民社会組織（CSO）と呼ばれている。

権力を持つ側が「市民」という言葉を嫌った典型的な事例は、「特定非営利活動促進法（NPO法）」（後述）の名称に関する変遷に見られる。この法案が国会議員によって提出された当初の名称は「市民活動推進法」であった。審議の過程で一部の保守系議員が「市民」という言葉を好まなかったので、妥協して現在の名称になったと言われている。

しかし、NGOやNPOは多様で自由な存在であり、市民社会組織としての要素の解釈にも幅がある。このためNGOやNPOの中には、ブラックジャーナリズムや悪徳弁護士などと同様に、一般的な意味での「市民社会的な組織」であることが疑われる団体も、残念ながら存在する。

NGO・NPOとコミュニティ組織（CBO）

NGOやNPOとしばしば混同されるのが、共済組合や労働組合、生活協同組合や農業協同組合、学生の自治会や同窓会、マンション管理組合や町内会、などである。これらの組織も確かに非政府・非営利だが、組織構成員同士の共通利益を守るために活動することが主な目的なので、ＮＧＯやＮＰＯのような他益団体とは区別され、共益団体などと呼ばれる。もちろん、両者をはっきりと区別することが困難なケースも多数存在する。

開発協力の現場では、共益団体の一種とされる地縁組織はコミュニティ組織（ＣＢＯ　Community-Based Organizations）と呼ばれ、しばしば注目される。「北」すなわち先進国のＮＧＯが地元のスラムや農村地域で社会開発プロジェクト等を実施する際には、既存の住民組織を通じて、あるいは新たな住民グループの組織化を支援する中で活動することが多いからだ。なおＣＢＯは地縁関係だけでなく、エスニシティやカースト、職業などの共通性を拠り所に組織されているものもあれば、被災者や被害者などによって形成される当事者団体として組織されているものもある。

地域住民の参加を得て車いす、松葉杖を手渡す（バングラデシュ）。（シャプラニール＝市民による海外協力の会提供）

ところで、日本のＮＧＯと同様、「南」すなわち途上国のＮＧＯも一般には都市の高学歴者によって組織されている。また、これら現地ＮＧＯは、外国の政府開発援助（ＯＤＡ　Official Development Aid）の資金などを使って開発プロジェクトを実施する自国政府機関と同様、外部からの資金提供によってプロジェクトを実施することが多い。それゆえ現地のＮＧＯも、地元のＣＢＯや貧しい人びとにとってはアウトサイダーだ。私たち外国人からみると、現地ＮＧＯもＣＢＯも同じ「現地の人びとの組織」だが、この二つははっきりと区別して認識しておく必要がある。外部の資金提供者にプロジェクトのニーズの存在やプロジェクトの効果をより良く見せるために、現地ＮＧＯがＣＢＯや地域住民を利用し、住民との間に緊張関係を作り出している場合も少なくないからだ。ネパールのユニークな知識人グループ「マールティン・チョウターリー」のリーダーであるタマンも、南のＮＧＯは単にインテリによって組織されているだけでなく、現地の有力カースト、支配的な民族や宗教集団、男性などの影響下にあり、南のＮＧＯへの安易な外国支援が不公平につながっていく危険性を指摘している（Tamang）。

ちなみにＣＢＯの代わりに、草の根組織（ＧＲＯ　Grass-Root Organizations）や民衆組織（ＰＯ　People's Organizations）という呼称が使われる場合もある。ただし、ＰＯはＣＢＯやＧＲＯに比べて地縁性などの共通性を強調しないので、この言葉は、限られた人びとが形成するイデオロギー団体と区別され、より幅広い人びとの集まり、といった意味合いで使われることが多い。

ＮＧＯと社会運動——インドと韓国との比較を通じて

では、社会問題の解決や社会変革を目指す社会運動（あるいは市民運動）と、これと同様の目的を有するＮＧＯ・ＮＰＯとの関係は、どのように位置づけられるだろうか。両者の間の差は、運動（movement）と組織（organization）の違いと括ることもできるが、これでは実態が見えない。大きな社会運動では、その内部に法的根拠としてＮＧＯやＮＰＯが形成・維持されている場合もあれば、運動の過程でＮＧＯやＮＰＯが新たに参加してくる場合もある。逆にＮＧＯやＮＰＯが、新たな社会運動を作り出していく場合もある。さらには、両者が対立し、緊張関係を作っている場合も見られる。

この関係において対照的な二か国、韓国とインドの状況を簡単に述べておこう（なお両国ではＮＰＯという用語や概念は存在せず、ＮＧＯだけが使われている）。

日本の植民地支配から解放後、長らく開発と反共を旗印にして人権抑圧的な独裁政権が続いた韓国では、学生や市民による長きにわたる果敢な運動が民主主義をもたらした。一九八七年の民主化宣言以降、民主化運動の活動家の多くがＮＧＯに参画し、今日でも多彩な活動を展開している。またさまざまな社会運動も盛んだ。このためだけではないにせよ、韓国では社会運動とＮＧＯの間には、大きな違いや明確な緊張関係は存在しない。ちなみに独裁政権に抗した社会運動家が、その後ＮＧＯを創設あるいは牽引する傾向は、フィリッピンやタイなどでも見られた現象である。

インドでも、強固な民族運動を経て一九四七年に独立を達成した後、韓国の民主化後と同様に多数のＮＧＯが生まれたり、大規模な社会運動がたびたび展開されてきた。(7) しかし、両者の関係は決して良好とは言えない面がある。かつてのインドは停滞と貧困で知られていた。しかし一九八〇年代以降、インドのＮＧＯは豊富な外国援助や自国政府からの多種多様な補助金を得て、次第に安定したプロジェクト実施型の組織運営に特化していく。

主流化を遂げるＮＧＯのこのような変化と対照的に、社会運動は予測困難な社会や政治の変化に対応して生まれる広範な要求や異議申し立てに応えるものなので、常に資金的にも組織的にも不安定な状況の中で、体制から抑圧されながら苦闘を続けてきた。このため社会運動家から見るＮＧＯは、貧しい民衆のためと言いながら、エアコンで冷やされた大都会の事務所で作成されたプロジェクト計画に基づき、保証された給与を貰いつつ、ドナー（資金提供者）の顔色を見ながら活動する、現場のリアリティーから遠くかけ離れた存在だ。また、一部ＮＧＯの有力者の間では、自分たちの雇用と権益を守る手段としてＮＧＯを利用する傾向が強まっており、腐敗からも自由ではない。これはネパールのＮＧＯにも見られる傾向である。

こうしたことから、インドでのＮＧＯと社会運動の関係には、相互扶助的なものもある一方で、溝を深める要因が横たわっている場合も少なくない。換言すると、それは、ＮＧＯが開発体制の内部に取り込まれていくことに対する、社会運動側からの反発と言えよう。

これら韓国とインド両国の対比で言えば、日本におけるＮＧＯと社会運動の関係は、インドよりも韓国に近い状況にある。つまり、社会運動とＮＧＯの間には、大きな違いや明確な緊張関係は存在しないということである。独立運動や民主化運動がなかった日本では、ＮＧＯや社会運動の基盤となる市民社会が比較的脆弱であり、互いに分かれるほどにはその層が厚くないこと、また両国ほど社会運動が盛んではないことなどが、その背景にあると思われる。しかしＮＧＯやＮＰＯに対する公的資金の提供が今後さらに進むにつれて、インドで見られる関係に変化する可能性は否定できない。

政府系ＮＧＯや宗教・政治団体系ＮＧＯ

政府の補助金や委託金を主な収入源とする財団法人や社団法人、あるいは特殊法人の中にも、政府機関ではないという意味でＮＧＯと称する団体がある。この種の団体は、いわゆる政府系ＮＧＯ（ＧＯＮＧＯ　Govermmental NGO、あるいはＯＤＡＮＧＯ）と呼ばれ、南の国、とくに社会主義系の国に少なくない。これらの団体は市民の自発性に欠くので、本章が定義するＮＧＯには当てはまらないが、非政府組織という意味ではＮＧＯである。

また、宗教団体や政治団体が母体となって結成されたＮＧＯやＮＰＯもある。これらの団体の多くは、その母体が持つ人道主義的な部分に依拠して、熱心に活動する場合が多い。しかし悪質なものには、何も知らない人びとをその母体のイデオロギー集団に勧誘したり、そのために資金を募るので、社会問題化する場合もある。こうした状況に対してはＮＧＯやＮＰＯ自身が対応策を打ち出すべきであるが、定義の多様性から現実的ではなく、現状では一般の人びとの理解や認識の高まりを外部から促すことが主な対策となっている。

ＮＧＯの数

日本にＮＧＯはいくつあるのか、という質問をよく受ける。これまで述べてきたように、ＮＧＯの定義が容易でないので、正確に数えることは不可能である。しかし手がかりとして、ここではこれまで使われてきたデータや本章執筆の過程で行った調査をもとに、一定の参照点を示しておこう。

今までこうした質問には、おおよそ四〇〇団体と答えることが多かった。この数字はＪＡＮＩＣのホームページ

「国際協力NGOダイレクトリー二〇〇八」[8]に登録された、開発・環境・人権・平和・緊急支援等の分野で国境を越えて活動している二八五団体（二〇〇七年度現在）に、それから漏れている団体を適宜考慮して加えたものである。「国際協力NGOダイレクトリー」に登録されるための主な条件は以下の通りなので、小規模な団体、新しい団体、リーダー主導で運営されている団体は少ない。

①国際協力を主目的とし、次のいずれかを団体の主たる事業としている組織。

②途上地域や途上国を主な活動対象国としている組織（「教育・提言型」「ネットワーク型」団体は除く）。

③市民主導で民主的に運営され、情報公開を行い、一定以上の規模と実績を持つ組織。

また、このダイレクトリーでは、別個のダイレクトリー[9]を持つ環境系の組織や、任意団体の多い運動性の強い平和・人権系の組織についての情報は十分把握できていないし、国際協力を大規模にやっていても他の事業を主たる目的としている団体についてはあえて対象外としている。

今回本章を執筆するにあたってあらためて環境と平和・人権系のNGOの数の調査を行ったところ、環境分野のNGOについては、二〇〇九年にJANICが実施した「国際環境NGO実勢調査二〇〇九」[10]において、上記JANICの登録基準に見合うと思われる団体を三五ほど選定していることが判った。

こうした調査のない平和・人権系のNGOは、推定がますます困難だが、日本NPOセンターが運営するホームページ「NPOヒロバ」[11]に登録されている三万八五二四のNPO法人について「人権・平和」と「海外で主な活動」の両条件で検索したところ、抽出されたのはわずか一二団体であった。また、第七節でも触れるように、人権問題で外務省宛の申し入れ書に賛同した団体は五二、国連宛のNGO文書に署名した団体は八三である。市民外交センターの上村英明代表との論議では、任意団体の多さを考慮すると、人権系のNGOの数は一〇〇団体程度ということで一致した。

これら全体を集計し、重複を勘案すると、やはり当初の四〇〇団体から多く見ても五〇〇団体程度というところが、国際協力に主に関わり、かつ実績と信頼のある日本のNGOの数としては妥当という結論に落ち着く。

二　NGO・NPOを取り巻く法制度と税制度

NGO、NPO法人、公益法人

日本の国際協力NGOの多くは、一九九八年にNPO法ができるまで、その大半が法人格を持たない任意団体であった。それまでは、民法三四条に基づいた公益法人（社団法人・財団法人）となるためには数億円の資金と主務官庁の許可が必須だったため、規模の大きな一部のNGOやNPOだけしかそうした法人格を有しえなかった。

NPO法は、一九九五年の阪神・淡路大震災後の救援や復興活動におけるボランティアの活躍が追い風となって成立した法律で、その後修正も加わる。現在のNPO法では、法が指定する一七種の特定非営利活動[12]を行う団体なら、資金は不要で、名前と住所を明らかにすることができる一〇名以上の社員（会員）がいて、事務所を定め、規約（定款）を添えて所定の手続きを行えば、四か月以内に認証され、法人格がほぼ自動的に取得できる。つまりそれまでの公益法人に比べると、はるかに容易に法人格が取得できるようになっている。日本で認証されているNPO法人の数は、二〇一一年一月末の時点で、約四万二〇〇〇団体である。[13]

このNPO法が指定する一七種の活動には、①「保健、医療又は福祉」、②「社会教育」、③「まちづくり」に続いて、⑤「環境の保全」、⑦「人権の擁護又は平和の推進」、⑨「国際協力」など、NGOが関わる分野が列挙されている。このため、NGOやNPOの多くがNPO法人格を取得している。本章が対象とするNGOのうち何％がNPO法人かという統計は存在しないが、JANICに加入するNGOの場合、正会員九〇団体中七五・六％の六八団体がNPO法人、八・九％の八団体が任意団体、残り一五・六％の一四団体が財団法人、社団法人、学校法人である。NGO、NPO、そしてNPO法人、その他の法人等の関係を整理すると**図1**のようになる。

なお二〇〇八年の公益法人改革によって、それまでの社団法人や財団法人が廃止され、代わりに一般社団法人や一般財団法人を取得することが大変容易になった。このため、今後はこれらの法人格を有したＮＧＯやＮＰＯの増加も予想される。つまりＮＧＯやＮＰＯを法人格として見た場合、今後はＮＰＯ法人（一部は認定ＮＧＯ法人（後述））とともに、一般社団法人や一般財団法人（一部は公益社団法人、公益財団法人）の増加も予想されるということである。

図1　NGO、NPO、NPO法人の位置関係

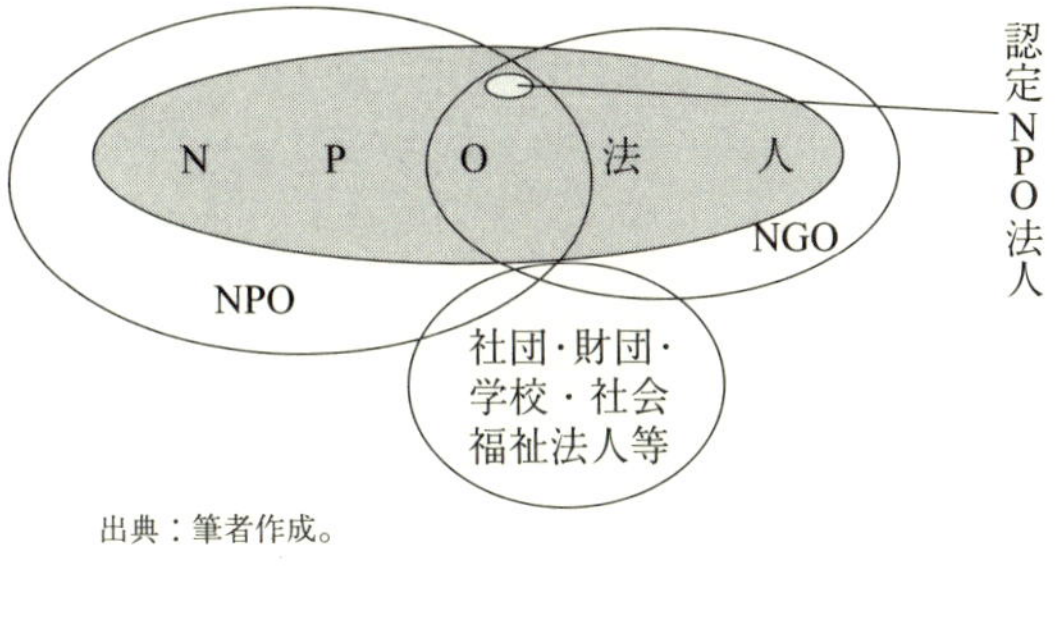

出典：筆者作成。

表2　公益法人及びNPO法人の数[14]

公益法人およびNPO法人数	法人数	調査日
（新制度下の）公益財団・社団法人	149	2010年2月1日
（新制度下の）一般財団・社団法人	7,157	2009年9月30日
特例民法法人（旧制度下の財団・社団法人）	24,317	2008年12月1日
NPO法人（特定非営利活動法人）	41,864[15]	2011年1月31日
うち、認定NPO法人	(116)[16]	2010年2月1日
合計	73,487	

出典：筆者作成。

ちなみに**表2**が示すように、日本ではＮＰＯ法人の方が制度改革中の公益法人の数より多く、両者の合計は約七万三〇〇〇団体ほどである。当然ながらこの中には、規模が小さいもの、不活発なものも含まれている。対照的に、活発に活動を行っていても、法人格を持たない任意団体や社会運動団体、あるいは組織性がそれほど確立していないボランティアグループなどは、これらの数以上に存在すると想定されるが、全体を把握した信頼できる統計は存在していない。

さらにこのほかの主要な公益法人には、一万八六九〇の社会福祉法人[17]や七八〇六の学校法人[18]等が存在する。これらの法人格を有したＮＧＯは例外的なので、これ以上の言及はしないが、

表3　各種法人および任意団体に適用される課税措置の比較

	収益事業課税の適用＊1	軽減税率の適用＊2	みなし寄付の適用＊3	利子等非課税の適用＊4	寄付金控除の適用＊5
任意団体（NGO/NPO）	○	—	—	—	—
NPO法人（NGO/NPO）	○	—	—	—	—
認定NPO法人（NGO/NPO）	○	—	○	—	○
その他の一般財団・一般社団法人	—	—	—	—	—
非営利一般財団・一般社団法人＊6	○	—	—	—	—
公益財団・公益社団法人	○	—	○	○	○
社会福祉・学校法人	○	○	○	○	○
普通法人（一般企業）	—	—	—	—	—

注：＊1　収益事業課税：法人税法上の34業種の収益事業のみに課税。寄付金や助成金には課税しない。適用なしの場合は、寄付金や助成金を含めたすべての所得に課税。

＊2　軽減税率：所得の22％を課税。適用なしの場合は普通税率の30％。但し800万円以下の部分は22％。

＊3　みなし寄付：収益事業所得から公益目的事業に支出した額を寄付、すなわち損金としみなして課税所得から控除する仕組みのこと。損金算入できる金額は、50％もしくは公益目的支出額の全額。

＊4　利子等非課税：利子等に係る源泉所得税（利子等の20％）を非課税とする。

＊5　寄付金控除：これが適用される法人に寄付をした場合、個人では所得金額の50％までを課税所得控除、企業などの法人では所得の５％相当額までを経費として損金算入できる。

＊6　一般財団法人や一般社団法人のうち、①剰余金の分配を行わない旨が定款に定められている、②会員に共通する利益を図る活動を行うことを主たる目的としている、等の要件に該当するものに対する税制上の通称。

出典：日本NPOセンター『知っておきたいNPOのこと［増補版］』（2009、p.31）をもとに筆者作成。

学校法人[19]あるいは社会福祉法人[20]が国際協力に関わっている場合はしばしば見られる。

ＮＧＯ・ＮＰＯと税制度

政党や公共団体、社会福祉法人や学校法人など特定の団体に寄付した場合、個人なら所得から控除でき、会社は損金に算入できる。こうした税制優遇をすることで、公共あるいは公益活動に対する寄付の増大が期待されているのだが、日本ではＮＧＯやＮＰＯに対する税制優遇措置は、まだ不十分な段階にある。

どう不十分なのかを、具体的に**表3**に示した。まず、任意団体とＮＰＯ法人では、税制度上大きな違いはない。ただし、ＮＰＯ法人の方は、国税庁の認定を受けて「認定ＮＰＯ法人」になると、**表3**に示したように優遇が受けられるようになっている。民主党新政権下では、「認定ＮＰＯ法人」へのさらなる優遇策（寄付金の半分を税額控除することが柱となる）が具体化する動きもある[21]。

二〇〇一年に始まったこの「認定ＮＰＯ法人」制度は、当初より認定条件が厳しすぎると指摘され、これまでに数度条件が緩和された。それでもまだハードルは高い。申請のために用意する書類やデータが多く、専従職員が少ない中小の団体にとってはその準備も容易ではなく、認定までに一年以上待たされるケースも珍しくない。[22]二〇一〇年四月一日段階で約四万のＮＰＯ法人のうち認定を得たのはわずか一二七団体、全ＮＰＯ法人の〇・三％にすぎないのが現状である。しかし、民主党政権下ではこうしたハードルを大幅に緩和し認定を容易にする動きが[23]あるので、今後が注目される。

今後ＮＧＯの法人格として増加することが予想される一般財団法人や一般社団法人（税制上、正確にはこれらのうちの「非営利一般財団・一般社団法人」）も、税制度上はＮＰＯ法人とほぼ同じにすぎない。これらの法人のうち一定の要件を満たすものが、国税庁ではなく第三者機関よって審査され認定されると、**表3**に示したように現行の「認定ＮＰＯ法人」より一歩優遇された「公益財団法人」「公益社団法人」の資格を得ることになる。

ＮＧＯ・ＮＰＯの収入――寄付を中心に

日本のＮＧＯとＮＰＯの総収入における寄付の割合は決して多いものではない。たとえば、ＮＧＯのそれは二〇〇四年度の統計で総収入の四一％、ＮＰＯのそれは二〇〇三年度の統計で総収入のわずか九％でしかない。[24]ちなみに日本とアメリカとイギリスの名目国内総生産（ＧＤＰ）に占める寄付金の割合を比較すると、それぞれ〇・一二％（二〇〇四年）、一・八七％（二〇〇四年）、〇・五一五％（二〇〇三年）[25]である。また、これらのうち、個人寄付の総額を二〇〇五年の人口[26]で除した平均個人寄付額は、日本が一一五四円、アメリカが七万四九四〇円、イギリスが一万七〇八五円となる。つまり日本では、アメリカやイギリスと比較すると個人も法人も寄付がきわめて少ないことがわかる。寄付に対するこうした態度の大きな違いは、一つは宗教に、もう一つは税の優遇制度に起因する部分が大きいと考えられている。アメリカでは、税制優遇の対象となる団体の数が日本より圧倒的に多い。

グローバル化が進む中、政府がこれまで提供してきた社会福祉や社会保障は、民間企業やＮＧＯ・ＮＰＯが委託契約などで担う方向に進んでいる。こうした流れを変えることは困難な課題だが、NGOやNPOが行政の単なる下請けにならず、市民の自発的意思に基づいた他益・公益組織として自立的に活動し続けるためには、一般からの寄付金や、総収入におけるその割合がもっと増える必要がある。

ちなみに日本での寄付は、ブランドである日本赤十字社（約二六〇億円[27]）、日本ユニセフ協会（一八四億円[28]）、赤い羽根共同募金（二〇九億円[29]）などに集中する傾向にある。こうした状況が続いていることも、多様な市民社会の実現を難しくしている要因と考えられる。

寄付文化の大いなる振興とそれを通じた健全で強固な市民社会の確立が、今の日本には強く求められている。

三　日本における開発協力NGOの現状と課題[30]

開発協力NGOの現状

ここからは、NGOの中でも開発協力NGOに焦点を当てて考察する。

JANIC発行の『NGOデータブック二〇〇六』によれば、日本の国際協力NGO（その大半が開発協力分野で、一部に国際緊急支援、環境、平和・人権分野のNGOが含まれる）は先の筆者の試算と同様、全国に四〇〇〜五〇〇団体あると言われており、その半数以上が法人格（NPO法人、財団法人、社団法人など）を取得している。他方、**表2**に示したように、全国のNPO法人の数は二〇一一年一月末現在で四万一八六四団体[31]であるが、国際協力NGOの全NPO法人数に占める割合は全体の一％以下で、きわめて低い。このことは、まだまだ日本社会においては国際協力を行う市民団体というものが一般的でないことを示しており、こうした活動は一部の専門家が行う仕事と見られているのが現状である。このような現状を認識した上で、以下では日本の開発協力NGOの実態について、『NGOデータブック二〇〇六』の調査結果をもとに確認しておきたい。

まず、開発協力ＮＧＯの活動分野であるが、圧倒的多数を占めるのは教育分野であり、次に、保健医療、職業訓練、農村開発、植林・森林保全の順で続く。また、開発協力ＮＧＯの活動地域を見てみると、そのかなりの部分はアジア地域に集中していることがわかる。具体的に示すと、アジア地域が七二％、アフリカ地域が一九％、中南米地域が八％、旧ソ連・東欧地域が五％、オセアニア地域が二％となっている（以下は複数回答による数字）。アジアに集中している理由は、地理的要因のほかにも、過去の侵略戦争などによる歴史的要因が関係していると思われる。さらに、事業形態ごとの分類を見てみると、海外事業では資金支援（五六％）と人材派遣（四六％）が、国内事業では地球市民教育（六一％）と情報提供（四〇％）が、国内外を問わない事業ではネットワーキング（四二％）と政策提言（二六％）が、それぞれ上位を占めている。とくに近年は、現地でのプロジェクト実施を主体とした直接的支援から、日本国内での啓発活動やアドボカシー（政策提言活動）を主体とした間接的支援へとシフトしてきている（後述）。

次に、財政規模の観点から開発協力ＮＧＯを見てみたい。『ＮＧＯデータブック二〇〇六』の調査対象である主要二七五団体の年間予算の総額は二八六億一三二〇万円となっている。この数字を単純平均すると、一団体当たりの年間予算は一億円程度となるが、実態は、ワールド・ビジョン・ジャパンやプラン・ジャパンなど年間予算四〇億円規模の大手ＮＧＯが総額を押し上げているにすぎず、全体の六〇％以上は二〇〇〇万円未満規模となっている。すなわち、日本の開発協力ＮＧＯは、ごく少数の大手ＮＧＯとその他大多数の中小ＮＧＯによって構成されているということである。欧米諸国やバングラデシュなどの大手ＮＧＯでは一つのＮＧＯの年間予算が四〇〇億円を超えるようなところもあり、これと比べると、日本のすべてのＮＧＯの年間総予算は世界的に大きな一つのＮＧＯ団体の年間予算にも達していないという残念な状況にある。

それでも国内的に見るならば、開発協力ＮＧＯの財政規模は環境ＮＧＯのそれよりもまだ大きい。年間予算一〇〇〇万円未満の団体の割合は、環境ＮＧＯの場合は八一％[32]、開発協力ＮＧＯの場合は四六％である。

いずれにせよ、日本の開発協力NGOは大変厳しい財政状況の中で活動しているわけだが、その財源内容は、自己財源が五六・二%（内訳は寄付金四一・八%、会費七・八%、事業収入六・二%、基金運用益〇・四%）、受託事業収入が九・八%、助成金収入が一一・二%、繰越金収入が一六・八%、その他が六・〇%となっている。環境NGOとの比較で見ると、自己財源の比率は開発協力NGOの方が高く（環境NGOは二六%）、受託事業収入の比率は環境NGO（三七%）の方が高い。この差は、開発協力NGOと環境NGOの活動形態の違いからくるものと考えられている。一般的に、開発協力NGOは海外プロジェクトの実施を通じて途上国の深刻な現状を具体的かつ直接的に自国の一般市民に訴えかける機会が多いことから、会員や一般市民による会費・寄付金などが比較的集まりやすい。これに対し、環境NGOの場合は、調査・提言活動など一般市民から関心や支援を集めにくい活動が中心となることから、会費や寄付金による自己財源は少ない傾向にある。逆に、受託事業収入において環境NGOの比率の方が高い理由は、政府や民間から調査・提言関連の事業を委託される場合が多いためである。

こうした財源内容の違いは、同じ開発協力NGOの間にも存在する。開発協力NGOの中でも事業型NGOと提案型・ネットワーク型NGOとでは異なってくる。前者は比較的自己財源の割合が高く、後者はどちらかというと受託事業や助成金からの収入が多くなる傾向にある。

日本の開発協力NGOの歴史

次に、日本の開発協力NGOの潮流をたどってみたい。そもそも、日本の開発協力NGOはいつ頃から活動を始めたのだろうか。ここでは、再びJANIC発行の『NGOデータブック二〇〇六』と、JANICの創設者の一人である伊藤道雄の論文「日本の国際協力NGOの歴史とネットワーク化の流れ[33]」を参考に考察してみたい。

■一九三〇年代後半（戦前）～戦中・戦後　日本の開発協力NGOの始まりは、日中戦争下、旧日本軍の侵略で被災した人びとや難民に対する医療奉仕活動を目的に、一九三八年に中国へ派遣されたクリスチャンの医師・医学生らによる医療団の活動にさかのぼる。すなわち、日中戦争と中国人被災者・難民への診療活動が、日本の開発協力NGOの原点であると言える。

長期化する戦争はその後、東南アジア・太平洋地域に対する侵略へと発展するが、敗戦後は日本自体が復興を必要としたことなどから、日本の開発協力NGOの海外における活動は二〇年近くの空白期間を置くこととなり、再び市民による動きが出てくるのは一九六〇年代に入ってからとなる。

■一九五〇年代後半〜六〇年代　伊藤によれば、日本の開発協力NGOにとっての一九五〇年代後半〜六〇年代前半は、「戦後復興と国際社会への参加、宗教者のイニシアティブ」の時代である。五〇年代後半の準備期を経て、まず一九六〇年に、中国に医療団を派遣した先のグループの流れを汲んで日本キリスト教海外医療協会が発足した。同じく六〇年に、東京・町田の学校法人鶴川学院の農村伝道神学校内に東南アジア農村指導者養成所が発足した（これを母体とする栃木県のアジア学院は一九七三年に鶴川学院から独立して成立）。六一年には精神文化国際機構が発足し、これを母体に六九年にはオイスカが設立された（設立時の名称はオイスカ産業開発協力団）。これらの団体は現在も地道な活動を続けている。また、六〇年代は労働、公害、原水爆、安全保障、ベトナム戦争などが大きな社会問題となり、こうした問題の解決を目指して多くの市民団体が形成される時代でもあった。

■一九七〇年代前半　伊藤は、日本の開発協力NGOにとっての一九七〇年代前半を、「若者、知識人の参加」の時代と定義する。その象徴が、一九七二年に若者たちの手で立ち上げられた開発協力NGOのパイオニア、シャプラニール＝市民による海外協力の会である（設立時の名称はヘルプ・バングラデシュ・コミュニティ）。翌七三年に設立されたアジア太平洋資料センター（PARC）は、当時の日本の市民運動の情況や政治・経済の動きを分析し海外に発信（英文雑誌『ＡＭＰＯ』発行）したり、アジアの民衆の声を日本の市民に伝える活動を展開したことで、日本で最初のアドボカシー（政策提言活動）型ＮＧＯの登場とも言われている。一方、国際ＮＧＯアムネスティ・インターナショナルの活動拠点が日本に置かれたのも七〇年代前半（七〇年）のことである。

■一九七〇年代後半〜八〇年代　一九七〇年代後半〜八〇年代初頭は、「日本の経済発展と参加者層の拡大」の時代である。とりわけ、一九七九〜八〇年にかけてのインドシナ難民の大量流出は、日本の市民による国際人道支援を拡大させ、以後、ＮＧＯの数を急速に増やしていくこととなる。

この時期の代表的なＮＧＯとしては、難民を助ける会（ＡＡＲ、一九七九年設立）、シャンティ国際ボランティア会（ＳＶＡ、七九年設立。当時の名称は曹洞宗東南アジア難民救済会議）、日本国際ボランティアセンター（ＪＶＣ、七九年設立。当時の名称は日本国際奉仕センター）などが挙げられる。いずれも設立当初は現地での緊急支援、物資提供などの活動が中心であったが、その後、「緊急支援」から「復興支援」へと徐々に活動内容を移行させ、自助努力への支援、祖国帰還促進支援、国内定住難民支援などへと活動範囲を広げた。さらに、「復興支援」から「開発支援」へと活動内容が発展する中で、南の貧困と北の豊かさとの間に存在する構造的問題（南北問題）への関心・理解が深まるにつれ、国内の活動においては「開発教育」が急速に広まっていった。

この時期には、難民問題から活動を展開してきたこれらのＮＧＯの他にも、さまざまな団体が設立されている。一九八〇年代は、アフリカの飢餓・貧困問題や地球環境問題など、地球規模の課題が表面化し、国際会議などでもこれらの問題がクローズアップされ、メディアを通じて市民の国際問題への関心も高まっていた時期である。そうした中で、社会開発や環境保全に取り組むＮＧＯを資金面で支援する募金型ＮＧＯや、人権問題、環境問題等に取り組むＮＧＯが次々と設立された。国際ＮＧＯの日本支部やパートナー組織が増えはじめたのもこの年代である（八三年プラン・ジャパン、八六年セーブ・ザ・チルドレン・ジャパン、八七年ワールド・ビジョン・ジャパンなど）。

■一九八〇年代後半〜九〇年代　一九八〇年代後半になると、NGOの増加に伴って、NGO間における横のつながりを重視する動きが活発化する。各団体の活動分野を超え、情報や経験を共有するNGOネットワークの必要性が高まり、NGO活動推進センター（現、国際協力NGOセンター＝JANIC）、関西NGO連絡会（現、関西NGO協議会）、名古屋第三世界NGOセンター（現、名古屋NGOセンター）等のネットワーク型NGOが相次いで設立された。これらネットワーク型NGOは団体間の情報交換・共有、組織の強化、市民への情報発信、アドボカシーの促進、政府との対話の促進、全国レベルでのNGO間ネットワークの推進、などに大きな役割を果たしていくようになる。また、これらと連動して支援対象国・地域別ネットワークや、活動領域別ネットワークなども組織されていった。

一九九〇年代は、団体設立の動きが最も活発になった時期である。その背景には、湾岸戦争（九一年）、フィリピン・ピナツボ火山大噴火（九一年）、ルワンダ大虐殺（九四年）をはじめ、八〇年代同様に世界を揺るがす出来事が次々と起こり、市民の間で国際問題への関心や国際協力への参加意識が拡大していったことが挙げられる。「国際貢献」という言葉やその内容をめぐる議論が高まっていくのは湾岸戦争を契機としてである。また、冷戦体制の終焉により、それまで政治的・戦略的に使われてきた公的援助や莫大な軍事費が、社会開発や人間開発に振り向けられるかもしれないという期待も膨らんだ。これらを背景に、九二年の地球サミット（国連環境開発会議、リオ・デ・ジャネイロ）に始まる社会開発や人間開発に関する一連の国際会議およびそれへのNGOの参加は、NGOという言葉を広く社会に普及させることとなった。

さらに、一九九五年の阪神・淡路大震災で活躍したボランティアの存在も、NGOやNPOの活動を広く市民に知れ渡らせることとなった。同震災には、国内外から一三〇もの市民団体や二万人ものボランティアが現場に駆けつけた。

一九八〇年代後半〜九〇年代は、新しい公的資金のもとでのNGO支援制度が次々と新設された時期でもある。

まず、一九八九年に外務省がNGO事業補助金制度を、農林水産省がNGO農林業協力推進事業を新設し、九一年には郵政省（現、日本郵政株式会社）が国際ボランティア貯金を、九二年には建設省（現、国土交通省）が国際協力事業を、九三年には環境庁（現、環境省）が地球環境基金（現在は環境再生保全機構が管轄）を立ち上げてNGO支援を始めている。これらの諸制度の整備に伴って、多くのNGOが設立されるようになり、また既存団体でも国際協力部門を開設するところが相次いだ。

一九九〇年代後半になると、政府開発援助（ODA）の実施機関である国際協力事業団（現、国際協力機構＝JICA）もNGOとの連携を強めていった。JICAは、九七年度から開発福祉支援事業を、九九年度から開発パートナー事業を開始し、二〇〇〇年からは小規模委託事業（現、草の根技術協力事業）も始めている。

政府とNGOがこのような資金面での連携を深める一方で、NGOの間には政府との関係のあり方を問い直そうとする動きも見られるようになった。とくにODAに対する批判的な意見が多数見受けられるようになり、政府や企業に対するアドボカシーや代替案の提示活動なども活発化していった。その中で、九六年には「NGO‐外務省定期協議会」、九八年には「NGO‐JICA協議会」が発足し、NGOと政府および政府援助機関との対話が制度化されていった[34]。

一九九〇年代は、冷戦の終焉からグローバル化の進展、それに伴う国家の役割の相対的低下と超国家的枠組みの必要性の増大、さらには国家以外の多様な主体の隆盛と地方分権化の波、などの多種多様な現象が同時並行的に起こってきた時代だと言える。また、その中で、NGOの占める位置や期待される役割も、以前より一層明確になった時代だと言える。このことがNGOや市民社会にどのような意味を持つに至ったかは、注意深く分析する必要があろう。

■二〇〇〇年以降

二〇〇〇年以降も、基本的には一九九〇年代後半の流れの延長線上にある。ただし、設立される団体数自体は、それ以前の一〇年間に比べると減少している。それまでのように世界的な事象に対応するために新しい団体が設立されるというよりは、既存の開発協力ＮＧＯが緊急支援等の分野にも乗り出すといった形で、活動の幅を広げる動きが目立つようになった。

これまでのＮＧＯの枠組みを超えた協働のネットワーク体制ができあがったのも、この時期である。象徴的な例が、ＮＧＯ・政府・経済界の共同援助機関として二〇〇〇年八月に発足したジャパン・プラットフォーム（ＪＰＦ）である。これは、緊急支援の分野において、政府と経済界が資金や救援物資を調達し、ＮＧＯが被災地や難民キャンプなどの現場に駆けつけるという役割分担のもとで救援活動を行うものである（後述）。

さらに、アドボカシーとキャンペーン活動を連動させながら、貧困削減や気候変動といったグローバル・イシューを広く市民や企業などに知らせ、世論への訴えかけに力を入れはじめたのもこの時期である。この種のネットワーク活動の代表例を二つ、以下に紹介する。

■Ｇ－ＣＡＰキャンペーン　二〇〇五年、貧困削減を目指す世界的なキャンペーンが、ＮＧＯ、協力企業、賛同者との連携の上に立ち上げられた。「Ｇ－ＣＡＰキャンペーン」である。同キャンペーンは、別称「ホワイトバンド・キャンペーン」、日本では「ほっとけない世界の貧しさ」キャンペーンの名で広く知られている（「貧困はなくせる」との意思表示として手首に巻く白いバンドが同キャンペーンの表象として使われた）。キャンペーンを実施したのはイギリスの国際ＮＧＯ、オックスファムなどが主導する「貧困をなくすための行動へのグローバルな呼びかけ（Ｇ－ＣＡＰ　Global Call to Action Against Poverty）」である。二〇〇四年九月、途上国を含む世界各地のＮＧＯやＣＳＯの代表が南アフリカ・ヨハネスブルクに集結し、貧困削減の政策を実現するようそれぞれの自国政府に訴えかける運動を立ち上げた。この集まりでは、「キャンペーンが掲げる世界共通の要求」「各国のキャンペーンが基礎単位でありそれぞれ異なる名称を持つこと」「Ｇ－ＣＡＰは各国のキャンペーン間の緩やかな連帯であること」などが合意され、二〇〇五年一月開催の世界社会フォーラム（ブラジル・ポルトアレグレ）において正式に始動した。以降、G-CAPは世界一〇〇か国以上、団体数で五〇〇以上に広がり、今もさまざまな活動を展開している。

日本では二〇〇五年五月に、オックスファム・ジャパン、アフリカ日本協議会（AJF）、日本国際ボランティアセンター（JVC）、CSOネットワーク、オルタモンドの五つのNGOがG-CAPに連動して「ほっとけない世界のまずしさ」キャンペーンを立ち上げた。同キャンペーンは、日本政府への働きかけとして、「GNI（国民総所得）の〇・七%をODAとして拠出すること」「ODAを増やすだけでなく、質も変え、現地で生活する人が求める援助を優先させること」などの提言を行っている[35]（現在は「動く→動かす」の団体名で活動）。

若者層を中心にこのキャンペーンは大きな盛り上がりを見せ、日本におけるホワイトバンドの売上総数は開始から約一年間で四五〇万個を超える空前の大ヒットとなった。日本の「ホワイトバンド・キャンペーン」は、NGO、CSO等によるネットワーク型組織によって途上国の貧困問題に対する自国の市民意識を向上させた点で、日本の市民運動に新しい可能性を開いた活動であると言えよう。ホワイトバンドの販売利益は五億円に上ったと報じられ、市民運動としての自立性も見せた。しかし同時に、当初ホワイトバンドの販売目的（政府へのアドボカシーのための活動資金づくり）の説明が不十分だったため、寄付とアドボカシーの区別を知らずにホワイトバンドを買った人も多く、売上が途上国への寄付や事業に用いられると誤解した人たちからは批判も少なくなかった。

こうした批判は残るものの、「G-CAPキャンペーン」は単純明快な目標を掲げたものであるが故に、多くの人びとが結集しうる可能性を秘めた運動と言えよう。また九・一一事件以降、超大国主導で軍事的安全保障一辺倒に傾きがちな世界にあって、この運動は市民・社会運動の力を結集させる可能性を持つ重要なイニシアティブとなったとも言える。

■二〇〇八年G8サミットNGOフォーラム

BRICsと呼ばれる新興国や途上国の存在感がますます高まる中、主要国首脳会議（G8サミット）を中心としたこれまでの大国中心の国際政治の統治枠組みは以前に比べれば弱体化したと言われている。しかし、このような首脳会議が世界レベルの政策を大きく動かすのに一定の影響力を保持し続けていることもまた事実である。一方、G8のような国際会議の場は、市民社会が政府に働きかけを行う絶好の機会となっていることも忘れてはならない。このような機会を市民社会が上手く利用することができれば、市民の声がNGOを通して結集され、国家や制度といった枠を超えた、まさにグローバルなムーブメントを引き起こすことも可能なのである。

G8洞爺湖サミットに向けた「2008G8サミットNGOフォーラム」のアドボカシーで、代表者が福田首相（当時）に面会。（Hitoshi Furuya 提供）

二〇〇八年は日本においてG8北海道・洞爺湖サミットが行われた年であるが、このサミットに向けて、日本の市民社会の間ではかつてない活発な動きが見られた。日本の主な国際協力NGO（その多くは開発協力NGO）は前述のごとく四〇〇～五〇〇団体あると言われている。しかし個々の団体は、それぞれに活動分野や理念が異なるため、これまで一つにまとまって行動を共にすることは難しいとされてきた。それが、G8洞爺湖サミット開催に向け、①貧困・開発、②環境、③平和・人権という主だった三つの分野のNGOが協働して、「二〇〇八年G8サミットNGOフォーラム」というネットワークを結成した。同フォーラムは、個々のNGOが分野を超えて連携し、各国首脳に対して地球規模の貧困、環境、人権・平和の問題について真剣に討議し有効な取り組みを約束するよう、共同で働きかけていくことを目的に結成されたものである(36)。最終的には一四五ものNGOが連携し、草の根レベルのアドボカシーと、その内容を広く市民社会に伝えていくキャンペーン活動を行った。

同フォーラムが自分たちの提言内容をG8合意文書にどれだけ反映させ

ることができたかについては、課題が残ったと言わざるをえない。しかし、二〇〇〇年代に入り、ようやく日本のNGOが分野横断的に連携し、アドボカシーとキャンペーン活動を同時に行うことができた点は、画期的であったと言えよう。

上記二つの事例からもわかるように、二〇〇〇年代に入って日本のNGOは、グローバルなNGO間のネットワークを強めながら、他のセクターや市民からの賛同を得て、その活動範囲と影響力を確実に拡大したのである。

開発協力NGOの課題①――アドボカシー

本項以降は、日本の開発協力NGOの主要な課題を考察する。その手はじめに、まず、開発課題へのアプローチの重要な手法の一つと言われながら、日本の国際協力NGOにおいてはいまだ不十分な取り組みしかできていないアドボカシー（政策提言活動）について見ていこう。

■アドボカシーとは　上述のように、近年では開発協力分野においてもアドボカシーに目を向けるNGOが少しずつではあるが増えている。しかし、日本の国際協力NGO全体を含め、その数は非常に少ないのが現状である。これに対して欧米にはアドボカシー型NGOがさまざまな分野で多数存在し、政策決定におけるNGOの役割が非常に高まっている。欧米では、国内の意思決定におけるNGOの関与、あるいは国際会議などにおけるNGOとの意見交換（ダイアローグ）は重要なプロセスとされており、こうした意味でも日本はまだまだNGO途上国である。[37]

そもそもアドボカシーとは何か。これをまず確認しておきたい。アドボカシーとは英語で「主張する」という意味であり、NGOにおいては「意思決定に影響を与えるべく政策レベルに働きかけていく活動」と捉えることができる。具体的には、政府や国際機関、あるいは企業などに対して、市民の側から新しい行動規範を示したり、高速道路やダム建設といった個別事業のあり方について住民の視点から有効な提言を行っていく活動などを指す。

ここで、国際的なアドボカシーの実例をいくつか見ておこう。まず、国際ＮＧＯがリードした活動として、重債務貧困国を支援した債務削減キャンペーンが挙げられる。これは「ジュビリー二〇〇〇」と呼ばれ、二〇〇〇年までに重債務貧困国の債務を一切帳消しにすることを目標に、先進国政府や国際機関に直接働きかけを行ったキャンペーンである。一九九六年にイギリスから始まったこの市民による国際行動は、二〇〇〇年のＧ８沖縄サミットで、ついにＧ８各国首脳が重債務貧困国の債務放棄に合意するところまでこぎつけた。同キャンペーンは、各国の労働組合、宗教団体、人権や開発の問題に取り組むＮＧＯ、開発経済や金融の専門家など、さまざまなグループの協働のもとで債務キャンセルの国際的合意を取り付けたという意味で、アドボカシーによる非常に重要な成功例として特記できる。

また、ブラジルのリオ・デ・ジャネイロで開催された一九九二年の地球サミットを境として、各国ＮＧＯや社会運動グループは世界貿易機関（ＷＴＯ）第三回閣僚会議（シアトル会議、一九九九年）や同第四回閣僚会議（ドーハ会議、二〇〇二年）、持続可能な開発に関する世界首脳会議（ＷＳＳＤ＝ヨハネスブルク会議、二〇〇二年）等の協議内容に積極的に提言を行うようになり、国際会議における影響力を増していった。これにより、今日多くの国際会議でＮＧＯの意見を聞かずに話し合いを進めることは、困難な状況になっている。もっとも日本のＮＧＯは、まだこうした国際会議の大半に公的に参加できているわけではない。

欧米のＮＧＯは、自国政府や国際機関にだけでなく、グローバル化によって近年ますますその影響力を拡大させている多国籍企業に対しても、積極的なアドボカシーを行っている。森林乱伐などの自然環境破壊、児童労働などの人権侵害、途上国の住民に対する不正な搾取をはじめとする多国籍企業の暴走に声を上げ、不買運動や株主総会を通じて企業の社会的責任（ＣＳＲ）を追及したり、アカウンタビリティ（説明責任）を求めながら活発な活動を展開している。

■アドボカシーの重要性　なぜアドボカシーが必要なのか。途上国の開発課題を支援するやり方としては、途上国で開発プロジェクトを実施し、そのプロジェクトに支援者自身も参加するというやり方が考えられる。しかしながら、実際に途上国に行って開発支援に携わるには相応の経験が必要になることから、たとえ支援したくても直接的に現地プロジェクトに参画できる人は限られてくる。一方、貧困問題をはじめ、途上国を窮状に追い込む仕組みを作り出しているのは往々にして「北」の人たちの行動様式や、「北」中心の貿易・商習慣に起因していることからすると、アドボカシーという形態は「北」の人たちがそこに住みながら最も身近に携わることのできる開発支援のアプローチと言える。

この意味でアドボカシーは、政策決定者への働きかけだけでなく、一般市民の参加を広げる手法としても重要である。いくらＮＧＯがその経験を生かして政策決定者への働きかけを強めたとしても、その働きかけ自体が広く一般市民に支持されたものでなければ、効果的とはならない。一般市民不在のアドボカシーは一部専門家集団の特殊な意見と見なされ、軽視される場合すらある。したがって、アドボカシーには、政策決定者への働きかけだけでなく、より多くの市民に対して問題の所在を伝え、一緒に行動しようという啓発的な意味合いも含まれている。

■開発支援とアドボカシーの連携　これまで、便宜的に開発支援とアドボカシーを分けて説明してきたが、実際のところは、両者は密接に関係しているし、むしろ両者はきっちりとつながっていないといけない。早くからアドボカシーを通して環境政策への働きかけを行ってきた環境ＮＧＯとは異なり、開発協力ＮＧＯはその出発点から現地プロジェクト実施による開発支援が中心であった。しかしますます複雑化するグローバル・イシューを解決していくためには、現地での開発支援とともに、政策レベルへの「働きかけ」も同時に行っていくことが今後ますます重要になっていくに違いない。すなわち、貧しい人びとに寄り添い共に汗をかきながら草の根の支援を行っていくことも大事だが、そのような状態を生み出している仕組みそのものに働きかけていくことも、ＮＧＯにとっては重要な役割の一つなのである。とりわけ、開発協力ＮＧＯは現地プロジェクトという「現場」を持っている。つまり、開発支援を通じてこそ初めて理解し学べる事柄を知っている。また、現地の人びとの意見を肌で感じ取れる位置にある。そのような生の声を政策レベルに届ける役目が開発協力ＮＧＯにはある。

この意味においても、開発協力ＮＧＯは、アドボカシーにもっと積極的に取り組み、アドボカシーに力を入れてきた環境ＮＧＯと連携しながら、互いの強みを生かし、弱みを補完していくことが求められる。環境問題と貧困問題は一見別個のもので、それぞれ別分野の課題であるようにも見えるが、根底においては両者は複雑に絡み合っている。環境破壊が進めばその地域の貧困はさらに悪化するし、貧困だからこそ環境破壊がより悪化することは容易に理解できる。今後は環境ＮＧＯと開発ＮＧＯが連携を深めることで、開発支援とアドボカシーの融合を促進し、現場レベルの支援と政策レベルの支援の両面から、より有効な取り組みを展開していくべきではないだろうか。

また、環境ＮＧＯとの連携を深めるには、個々の団体レベルでアドボカシーを行うより、問題意識を共有する複数の団体同士がそれぞれ得意な部分を持ち寄ってネットワークを組み、情報の共有や役割分担を図っていく工夫も有効であろう。あるいは、開発協力ＮＧＯの中でも、比較的アドボカシーが進んでいる団体もあるので、支援内容を同じくする団体同士で協働や連携を図っていくのも有効であろう。

これからのＮＧＯは「木と森の両方を見る」姿勢がとても重要である。そのためにも、開発協力ＮＧＯはアドボカシー能力を高めていかなければならない。

開発協力ＮＧＯの課題②——プロジェクト実施の限界と現地ＮＧＯ支援への移行

次に、日本の開発協力ＮＧＯにとって重大な課題である「協力のアプローチの仕方」、すなわち「プロジェクト実施型」と「現地ＮＧＯ支援型」という二つの開発支援のあり方について論じる。両者の検討を行う前に、開発援助をめぐるこれまでの世界的な潮流をまずは押さえておきたい。プロジェクト実施型から現地ＮＧＯ支援型へと移行する傾向にある近年の状況を押さえる上でも、援助をめぐる趨勢の変化を理解しておくことは欠かせない。

■新たな開発アプローチ（途上国のオーナーシップと市民社会の参画）　先にも述べたように一九九〇年代に入ると、冷戦の終焉とグローバル化の進展を背景に、途上国支援に関する新しい戦略やアプローチが次々に打ち出され、「人間・社会開発」が再び注目されるようになった。九〇年代に行われてきた多くの国際会議やサミットの場では、「貧困削減」が開発援助の中で脚光を浴びるようになり、貧困削減のためには、経済成長だけでなく、経済成長のパターンや機会の拡大、所得の分配、グッド・ガバナンスや政府の透明性も重要であるとの認識が広がっていった[38]。

このような一連の動きの中でもとくに重要と思われるのが、CDFとPRSPsである[39]。一九九九年一月に世界銀行のウェルフェンソン総裁（当時）は「包括的開発のフレームワーク（CDF　Comprehensive Development Framework）」を提唱した。CDFは以下の二点において重要、かつ新たな展開を含んでいると言われた。第一は、長期にわたる全体としての変化を視野に入れるべきとしている点、第二は、開発に関与するすべての主体（途上国政府、多国間・二国間援助機関、市民社会、民間企業など）の間で、情報の共有と相互調整を通じた協力・連携を実現し、全体としての開発効果を高めなければならないとしている点である。

これを受け、IMF、世界銀行は同年、債務削減や融資の条件として途上国政府に「貧困削減戦略文書（PRSPs　Poverty Reduction Strategy Papers）の作成を求めた。すなわちPRSPsとは、「当該国政府のオーナーシップの下、幅広い関係者（ドナー、NGO、市民社会、民間セクターなど）が参画して作成する、貧困削減に焦点をあてたその国の重点開発課題とその対象を包括的に述べた三年間の経済・社会開発計画[40]」のことである。PRSPsはCDFの基本原則のもとで貧困削減計画を推進するものであり、CDFというプロセスを具現化するものとして位置づけられた。ここで着目したいのは、「当該国自身によるオーナーシップ」と「市民社会による参画」という二つのキーワードである。これらを受け、一九九〇年代以降の開発援助においては、途上国のNGOが大きな役割を果すようになっていくのである。

■「北のＮＧＯ」と「南のＮＧＯ」の関係・役割の変化　国際援助機関によるこうした新たな援助アプローチに伴う「途上国のオーナーシップ」と「市民社会の参画」を確認した上で、ここでは便宜的に先進国の開発協力ＮＧＯを「北のＮＧＯ」、途上国の開発協力ＮＧＯを「南のＮＧＯ」と呼び、両者の関係や役割の変化を通じて「プロジェクト実施型」と「現地ＮＧＯ支援型」の違いについて考察する。

これまで、「北のＮＧＯ」の役割は、本国専門家によるプロジェクトの直接実施が主流であったが、一九九〇年代以降の新しい援助アプローチの出現によって「南のＮＧＯ」が徐々に力を付け、成長するに伴い、「北のＮＧＯ」は現地ＮＧＯとの協働、さらにはプロジェクト実施以外のさまざまな課題（開発教育、緊急支援活動、アドボカシーなど）への対応へと変化を遂げてきた。

一般的に「北のＮＧＯ」が開発支援を途上国で行う場合には、その国に日本から駐在員を派遣しその団体の支部や出先機関を作る、あるいはすでに存在する現地の団体をパートナー団体にする、あるいは現地に新ＮＧＯを作るなど、さまざまな形での直接または間接支援が行われる。開発支援に携わる日本のＮＧＯも、活動開始当初はより地域の住民に支援が行き届くようにと、直接現地に行って地域住民や途上国で力を付けはじめた「南のＮＧＯ」、ＣＳＯ、ＣＢＯ、あるいは自治体などと協働してさまざまな開発プログラムを実施してきた。

しかし一九九〇年代以降、開発アプローチや援助スキームの変化に伴い、あるいは複雑化する国際情勢の動きの中で、開発支援を行う「北のＮＧＯ」の役割も変わってきた。主な変化とは、開発支援への関わり方がより間接的で側面的になってきたことである。上述のように、ＣＤＦやＰＲＳＰsが主流になるにつれ、開発当該国である途上国自らが開発アジェンダを作成し、オーナーシップを有していくようになり、開発の担い手は徐々に途上国の政府、自治体、「南のＮＧＯ」などに取って代わられていったのである。

その結果、「北のＮＧＯ」も、途上国の組織とパートナーシップを組み、「南のＮＧＯ」主体で一緒に仕事をしていくという傾向が強くなっていった。実際、その地域の事情をよく知っている地元のＮＧＯやＣＳＯ、ＣＢＯ、自治体などが直接その村の問題に取り組んだり、町づくりをしたり、社会サービスを提供したりする方が、言葉の壁もなく、文化や伝統などその地域特有なものにも精通しているので効果的であるし、より安価である。このような変化には「南のＮＧＯ」が大きく成長してきたという事実も見逃せない[41]。

では、「北のＮＧＯ」の役割の変化とはどんな内容なのだろうか。黒田かをりは論文「国際開発ＮＧＯの役割[42]」の中で、その新たな役割として、①キャパシティ・ビルディング（能力強化）とエンパワーメント、②政策に関するアドボカシーとキャンペーン、③一般支持者の拡大、の三点が考えられると述べている。

また、下澤嶽は著書『開発ＮＧＯとパートナーシップ[43]』の中で、これからの日本の開発協力ＮＧＯは、「南の開発ＮＧＯ」の成長や変化を踏まえて次の五つのベクトル、すなわち、①南の開発ＮＧＯが手をつけていないニッチな領域でのプロジェクト支援、②緊急支援活動の比重の強化、③アドボカシーを通じた適正な世界秩序の提案、④民族紛争の解決や先住民族の問題への関与、⑤自国市民への開発教育の強化、が必要であると述べている。

両者の主張点を一言で言うならば、これからの「北のＮＧＯ」は「南のＮＧＯ」にはできないことを行うべきである、ということになろう。パートナーシップの原則として win-win 関係の構築がよく言われるが、この原則の意義はお互いの強みを持ち寄り、弱みを補い合うことにある。プロジェクト実施能力やマネジメント能力、資金調達能力などを「南のＮＧＯ」が身につけているならば、「北のＮＧＯ」である日本の開発協力ＮＧＯの今後の方向性がこれ以外の分野にあることは自ずと見えてくる。

先にも述べたように、開発協力ＮＧＯにおいては現地の草の根で汗を流す直接支援だけでなくアドボカシーによる間接支援も求められているが、趨勢的にみれば、今後は前者の部分、すなわち「現地プロジェクトの実施」については「南のＮＧＯ」が担い、「北のＮＧＯ」は後者の部分に特化していくものと思われる。貧困削減などの開発課題の解決には、現地での草の根支援と政策レベルでの提言活動の両方が欠かせない。「北のＮＧＯ」が両者を兼ね備えるという発想ではなく、「北」と「南」のＮＧＯが互いに役割を分担しながら責任を全うし合う時代がそこまでやって来ている。

日本の開発協力ＮＧＯは、当面はプロジェクト実施型でありつつも、いずれはプロジェクトの実施当初からその大部分を「南のＮＧＯ」に移行し、自らは現地ＮＧＯ支援型に徹するといった長期的な戦略で支援に携わる必要がある。また、プロジェクト実施当初より日本から派遣される駐在員も、今後は長期的・マクロ的な視点に立った計画を念頭に描き、それを「南のＮＧＯ」と共有化しておくことが必要である。役割分担変化という視点を常に持った上で、現地プロジェクトを実施することが重要である。

課題②で挙げたように、アドボカシーという意味では、政府など政策決定者に対する直接的な働きかけのみならず、自国の市民への働きかけを通じて世論を喚起していくことも、これからの日本の開発協力ＮＧＯにおいては重要な役割となってくる。いずれにせよ日本の開発協力ＮＧＯによる現地プロジェクトへの関わり方は、今後、より間接的なものになっていくことは間違いない。

開発協力ＮＧＯの課題③――支持の獲得、専門性とボランタリズムの両立、セクターとの連携

■一般市民からの支持・信頼の獲得　三つ目の課題として最初に挙げるべきは、ＮＧＯに対する一般市民からの支持や信頼に関わる事柄である。これまで論じてきたように、複雑な原因構造を持つ貧困問題などのグローバル・イシューの解決にＮＧＯが寄与していくためには、ひとりＮＧＯのみの努力だけでは限界がある。グローバルな貧困削減の実現に寄与していくためには、開発協力に携わる専門家やワーカーの努力だけでなく、広く一般市民や世論の後押しが必要である。そして、その後押しを得るためには、ＮＧＯは質の高い活動を目指すだけでなく、自らの活動を広く一般市民にわかり易く伝え、支持や信頼を獲得する努力を重ねなくてはならない。

テージ（女性の祭り）で街を踊りながら練り歩く女性たち（ネパール）。
（シャプラニール＝市民による海外協力の会提供）

これまでのＮＧＯは、どちらかと言うと、よい活動をすれば自ずと皆に理解してもらえると考える傾向があり、外に向かって自分たちの活動を積極的に伝えるという努力は十分にはしてこなかった。しかし、これからのＮＧＯは、国際協力やＮＧＯに関心の薄い層に対しても、相手のフィールドに入り込んで伝える努力を工夫すべきである。そしてＮＧＯ自らがアカウンタビリティ（説明責任）を果たすことによって、社会から信頼される存在にならなければいけない。

社会に良いことをしていればアカウンタビリティの強化が不十分であってもいいという時代はすでに終わった。二〇一〇年にISO26000（企業やその他の組織の「社会的責任」に関する国際ガイダンス規格）が発行されたが、ＮＧＯに対してもその社会的責任が問われる時代になりつつあることを忘れてはいけない。

広報活動やアカウンタビリティの強化を義務や強制として捉えてはならないだろう。むしろこのような活動を積極的に行うことこそが、市民からの支持や信頼を得、結果としてそれが市民からの資金的・人的支援につながり、ひいては自己財源の拡大へと結びついていくのである。

■ボランタリズムと専門性の追求　もう一つの課題は、ボランタリズムと専門性の追求、すなわち国際協力の裾野を広げることと途上国のさまざまな課題解決に役立つことをいかに両立させるかである。もう少しわかり易く言えば、「国際協力におけるアマとプロの矛盾をどう解決すべきか」である。先に述べたように、運動体としてのＮＧＯにとって、国際協力への一般市民の幅広い参加は非常に重要な要素となるが、現状では、国際協力活動は「一部の専門家の関心事項」といった域を脱していない。しかも、ＮＧＯはよく市民社会の代表として紹介されるが、とくに日本においてはＮＧＯの社会的認知度やステータスが他国と比べて低く、まだまだそのような存在には成りえていない。他方、複雑な問題状況を抱える途上国の現場で貧困削減をはじめとする課題に取り組もうとする以上、プロとしての能力・経験、すなわち専門性も確かに要求される。このような「アマとプロのジレンマ」をどう解決すべきかが課題となっているのである。

これは、古くから言われる運動体としてのＮＧＯの姿と、課題解決を目指す事業組織体としてのＮＧＯの姿とのバランスに関わる問題にも通じる。協力の質を高めようと思えば専門性や仕事の効率化、生産性などを重視する方向に傾きがちとなる。しかし、そのような組織は往々にして元来ＮＧＯが大事にしてきたボランティアや会員といった多くの支援者との関わり（ボランタリズム）を薄くしてしまう傾向にある。事業型か参加型か、経済性の追求か社会性の追求か、といった「二者択一」ではなく、プロとしての課題解決や目的達成をしっかりと目指しながら、広く市民が参加できるような場も積極的に開いていく、といった両者のバランスを常に視野に入れた活動が、これからのＮＧＯには強く求められる。

■他セクターとの連携　最後の課題は、他セクターとの連携、すなわち、ＮＧＯと企業・国際機関・政府などとの連携によるミッションの達成である。

ますます複雑化する今日のグローバル・イシューの解決には、主要アクター間の協力関係が不可欠である。そのためには、各アクターが国連ミレニアム開発目標（ＭＤＧｓ）のような国際社会共通の目標（たとえば、貧困削減や飢餓の撲滅、女性の地位向上、環境の持続可能性の確保など）を理解し、共有した上で、それぞれに求められる役割と責任を果たしながらパートナーシップを構築し、その効果を最大限に発揮していかなければならない。そして、これらの課題を一部の専門機関の関心事項とするのではなく、真の意味での市民共通の関心事項へと昇華させることで、これまでの国家中心の枠組みや、アクター間の垣根を越えた[44]、新たな国際協力の枠組みを構築していかなければならない。

ＮＧＯと他セクターの連携のあり方にはどのようなものがあるだろうか。まず政府開発援助（ＯＤＡ）との連携について考えてみよう。日本の場合、ＮＧＯと政府の協力関係はこれまで十分構築できなかった。その背景には、日本のＮＧＯの未成熟さに加えて、ＮＧＯリーダーの多くが日本の戦略的なＯＤＡに対して警戒的であること、政府側もＮＧＯの意味や必要性を十分認識しているとは言い難いことなどがあった。

しかし、このようなＮＧＯと政府の関係も、国際協力の主流が人間開発に移り、持続可能な開発のための住民参加・エンパワーメントが注目される中で、変化が生じている。ＭＤＧｓという世界共通の貧困削減目標が確立され、目標達成のために両者の間で協議の機会や連携が増えてきたことで、その関係は少しずつ改善され、成果を上げるようになってきた[45]。ＮＧＯと政府は、適正な緊張関係を保ちながらも、お互いの役割を認識して、「協働」することが望まれている。ＯＤＡにせよＮＧＯにせよ、途上国の立場に立って、それぞれのアクターが果たすべき役割とパートナーシップのあり方を考えなければ、「国際協力活動」はむしろ途上国のオーナーシップを阻害するものになってしまうだろう。

次にＮＧＯと企業の関係について考えてみたい。アクター間による連携の重要性が高まる中で、とくに近年注目されているのが、企業の持つ技術力や組織力、さらには営業力やマーケティング力などを地球規模の社会的課題解決に生かそうとする動きである。企業には、経済的利益の追求とともに社会的な問題の解決にも寄与する姿勢が求められてきているのである。

しかし社会的な問題を企業が解決すると言っても、そこには自ずと限界がある。そこで、企業は、その面での取り組みや現地コミュニティの事情に通じたＮＧＯと連携する必要が生じてくる。

この関係は、ＮＧＯ側から見ても同じである。ＮＧＯのミッションを達成するためには、資金力や物質調達能力など企業の持つ強みを活用しなければならない場合も多々ある。

毎年10月初めに日比谷公園で行われる、外務省、JICA、JANIC 共催のグローバル・フェスタ。（JANIC 提供）

このように、企業とＮＧＯが互いの強みを活かし win-win 関係が築けるならば、これまで困難とされてきた地球規模の社会的課題解決にも大きく近づけるのではないだろうか。

しかしながら、依然として、ＮＧＯと企業の間には、お互いの理解不足による溝が存在するのも事実である。一定の距離感や緊張関係を保ちつつも、「持続可能な社会の実現」というお互いの共通目標を共有し、両者の違いと特性を理解し合いながら協働することが、今まさに求められている。両者の溝をどう埋めていくかが今後の大きな課題の一つである[46]が、それを解決するのに最も重要なことは対話（コミュニケーション）の重視に他ならない。企業とＮＧＯの連携を通じて、貧困問題などのグローバル・イシューを解決しようとする動きは、今後もますます活発化するであろう。

企業とＮＧＯの連携に関して忘れてはならない点を付け加えておきたい。ＮＧＯには、共通目標を達成するために企業とパートナーシップを組んで連携する以外にも、社会の目として企業行動自体を監視していく重要な役割がある。近年、世界の低所得者層をマーケットとして捉えようとするＢＯＰビジネス[47]が脚光を浴びている。このビジネスによって貧困層の所得や消費が上昇するならば、貧困に喘ぐ人びとの開発課題に改善をもたらす可能性は十分にありうるだろう。しかし、単に低所得者層にモノを売る（＝Selling to the poor）という側面だけが強調されるならば、このビジネスが逆に貧困者の搾取につながる危険性がある。ＮＧＯは、ＢＯＰビジネスが真に途上国の低所得者層や社会的に弱い立場に追いやらている人びとに資する販売戦略であるかを監視し、そうでない場合には声を上げていかなければならない。ＮＧＯはＢＯＰビジネスに対して、時には企業のパートナーとして、また時には社会の目として、建設的に関わっていくべきであろう。

最後に、ＮＧＯと他セクターとの連携を語る上で最も大事な視点を述べておきたい。それは、多種多様なアクターが参加する開発支援と言えども、最終的には途上国のオーナーシップと現場のニーズを第一とした支援が目指されるべきだということである。その際ＮＧＯは、途上国政府と地域住民、市場と地域住民、さらには地域住民同士をつなぐ存在となる。ＮＧＯには各アクター間の連携をあらゆる角度から促進するファシリテーターとしての役割が強く求められているし、またその役割を担う存在としての責務があるのである。

四　日本における「国際ＮＧＯ」の状況――ワールド・ビジョンを中心に[48]

グローバル化は、今日の世界が避けて通れない動きである。では、そのグローバル化は途上国に生きる人びとにどのような影響を与えているのか。途上国にとってのグローバル化は負の側面の方が大きい。経済・金融危機、気候変動などの環境問題、貧困や格差の拡大、資源獲得競争の発生、人権侵害、食料危機、保健・衛生問題、紛争・

内戦の勃発、難民・国内避難民の発生などなど、これらの相当部分はグローバル化による影響と言える。

グローバル化の負の影響によって貧困と格差がさらに拡大し、ＭＤＧｓの目標達成を困難にしているというのが現状であり、その状況のもとでＮＧＯは途上国の現場で具体的な支援を継続し、グローバルなレベルでアドボカシーを行っている。

前節ではそのような状況下での日本の開発協力ＮＧＯの現状と課題を見てきたが、次に、開発協力ＮＧＯの中では最も規模が大きく、かつグローバルなネットワークを保持した日本の「国際ＮＧＯ」について、その詳細を見ておきたい。具体的には、資金規模においてもプラン・ジャパンおよび国境なき医師団（ＭＳＦ）と肩を並べるワールド・ビジョン・ジャパンに焦点を当てる。

ワールド・ビジョンの歴史と理念

最初に、「国際ＮＧＯ」とは何なのか再考しよう。通常、日本で「国際ＮＧＯ」と言うと、途上国を支援している非政府組織、という風に、日本で一般的に用いられている「ＮＧＯ」の定義と同じ意味合いでこの言葉が使われる場合が多い。しかし、本当にそれが「国際ＮＧＯ」なのだろうか。「ＮＧＯ」という言葉がそうであるように、「国際ＮＧＯ」の定義もまた難しい。しかし、ワールド・ビジョンというＮＧＯの経験から定義するとすれば、単に国際的な支援事業を行っている団体というだけでなく、組織内においても国際化されている団体、つまり組織自体がグローバルな発想や文化、システムのもとで運営されている団体を「国際ＮＧＯ」と呼んでもよい。加えて、グローバルであるだけでなくローカルでもある、という二面性を兼ね備えていることも「国際ＮＧＯ」の要件と言いうる。少なくともワールド・ビジョン・ジャパンは、この二つの面を満たそうと活動してきた。「国際ＮＧＯ」とはどういうものなのか。これについて考えるために、まずワールド・ビジョンがどのような歴史と組織構造を持ち、これまでどのようにマネジメントを行い、いかなる支援事業を展開してきたかを概観する。

■何を問題にしてきたのか　ワールド・ビジョンの活動は、戦争孤児に対する支援から始まった。ボブ・ピアス（Robert Pierce, 一九一四〜七八）という一人のアメリカのキリスト教宣教師が第二次世界大戦後に中国や韓国を視察した際、「戦争孤児」や「戦争未亡人」たちの状況を見て、「これは何とかしなければいけない」と考え、一九五〇年にワールド・ビジョンをアメリカで立ち上げた。

その哲学の根本にはキリスト教精神があった。人間本来のありようが損なわれている状況に直面して、「人間の回復」を目指すべきだという思いが強かった。「人間の回復」とは、物質的な支援によって単に食べられるようになるとか学校に行けるようになる、ということではない。その人自身が人間としてきちんと立っていける、人間としての尊厳を回復できる、ということである。彼にはそうした全人的救済をしたいという願いがあった。具体的な活動は孤児院への支援が中心だったが、同時にその地域のリーダーの育成や、韓国ではキリスト教指導者に対する教育支援も行って、全人的救済を目指した。この根本的な価値観は今日にも継承されている。

■ワールド・ビジョン・インターナショナル（WVI）の誕生　一九七〇年代になると、この全人的救済を目指す取り組みがカナダ、オーストラリア、ニュージーランドにも広がった。そして事業実施国も拡大した。しかし、やがてカナダやオーストラリアから、支援のあり方をめぐり疑問が出されるようになった。募金活動によって自分たちが集めた支援金を単にアメリカに送金し、事業はアメリカのみが行うというシステムに対する疑問である。「自分たちは集金マシーンではない。もっといろいろな事業に参加したい。意思決定過程にも参画したい」という声を反映し、一九七六年にワールド・ビジョン・インターナショナル（WVI）が設立された。これにより、アメリカ、カナダ、オーストラリア、ニュージーランドの代表が国際理事会を構成し、支援事業の方針を決めていくことになった。しかし、理事会には事業実施国の代表が入っていないという難点が残った。

また、子どもへの直接的支援に対しては、「いつまで続けるのか。支援対象とならなかった子どもたちはどうなるのか。子どもだけでなく、もっとほかにもニーズがあるのではないか」といった議論も顕在化した。これについては、これまでの支援対象のあり方を見直すこととなった。その結果、子ども個人を対象とする支援から、それを軸にしつつも、個人を含んだコミュニティ全体を支援する方向に事業が拡大されることとなった。それが七〇年代に始められた「コミュニティ開発プログラム」である。

■グローバル化へのハイブリッドな対応　一九八〇年代から九〇年代におけるグローバル化の中で、さらなる拡大、大きな組織的変化、プロフェッショナル化がワールド・ビジョン全体で始まる。支援国（ワールド・ビジョンが募金活動等を行っている国）はヨーロッパの国々にも広がり、ドイツやイギリスでも募金活動が始まった。また、事業実施国はアジアのみならずアフリカ、中南米諸国にまで広がった。アジアでは台湾や韓国などそれまで支援を受ける側にあった国々が、今度は支援を届ける側に成長して行った。現在では韓国、台湾、香港のワールド・ビジョンは、ワールド・ビジョン・ジャパンよりも多くの募金を集めている。

支援国数も事業実施国数も共に増加するのに伴い、WVIだけでは対応しきれない問題が顕在化してきた。一九九〇年代後半、いずれはすべての国のワールド・ビジョンが自立し、互いに協力関係を築いて相互依存的な組織を作ろうという気運が高まった。歴史も文化も法も社会制度も異なる各国の多様性を尊重しながら、ワールド・ビジョン全体の中核的理念や戦略については一致を保つ組織を作ろうということになったのである。

同時に、支援する側とされる側といった上下関係を取り払い、パートナーシップに基づく対等な関係を組織的に構築しようという議論もなされた。結果、グローバルかつローカルな組織を各国事務所単位で目指していくことになり、最終的には現在の「連邦モデル」を採用することになった。具体的には、各国事務所の自立性を担保し、効率性を高めるために、一か国に一ワールド・ビジョン事務所という「一か国一事務所主義」を取ることにした。また、各国事務所が独自の理事会を持ち、自国内の活動について決定権を持つことにした。そして各国事務所間でパートナーシップを組む時には契約を結び、ミッション、ビジョン、基本理念など中心的な価値観や、ITなど基本的なインフラは一致させて、互いに働きを担い合うこととした。つまり、理念やオペレーティング・システムは一致させるが、現場での具体的事業に関しては各国事務所の判断で進めることにしたのである。

こうした対等なパートナーシップへの志向は、「北のNGO」の役割の変化を反映したものと言える。南のワールド・ビジョンや南の住民のオーナーシップを尊重し、支援地での事業実施の主体はあくまで支援地のワールド・ビジョンであること。一方、北のワールド・ビジョンは主に資金提供や技術的支援等、実施事業の管理上の責任を担い、現地のキャパシティ・ビルディングに努めること。同時に、自国内や国際的なレベルで展開するアドボカシー、キャンペーン活動を通じて、自国政府への提言活動や一般市民への呼びかけにも重きを置くこと。これらは、先に述べた日本の開発協力NGOにとっての現在の課題が、ワールド・ビジョンにおいては先行して意識化され、乗り越えられてきたことを示すものでもある。

「連邦モデル」採用時になされた興味深い議論の一つに、募金活動に関するものがある。現在約二〇か国のワールド・ビジョンのすべてで募金活動が行われているが、これには、各国が対等であるなら募金活動も将来的にはすべての国で実施すべきという当時の議論が反映されているのである。今では、バングラデシュでもアフガニスタンでも募金活動が行われている。

ワールド・ビジョンにはもう一つ興味深い特徴がある。それはプロフェッショナル化である。初期の頃はとにかく現場に行き、必要に応じた支援を個別に行っていたが、事業が拡大するにつれて、効果的な事業の実施や効率的な運営のためにある程度の標準化（standardization）が必要になってきた。その結果、専門知識を持つことが重視され、事業実施においてもプロフェッショナルであることが求められるようになったのである。具体的には、事業の質やインパクトの評価が強調され、開発協力の専門家が採用されるようになった。また、組織としてそれらを運営していくために、マネジメントに関しても人材と資金が投入されるようになった。

表4　世界の他の主要国際NGOのデータ

	プラン (Plan)	セーブ・ザ・チルドレン (Save the Children)	オックスファム (Oxfam)	国境なき医師団 (MSF)
2008年度収入総額	4億7384万ユーロ (約782億円)	12億7599万9361ドル (約1633億円)	約560億円	6億7500万ユーロ (約1114億円)
スタッフ数	スタッフ：7887人 ボランティア：約6万人	スタッフ：約1万4000人	ボランティア：3万5000人以上	海外派遣スタッフ：約4600人 現地スタッフ：2万4000人
活動国数	支援国：20 活動国：48	世界連盟加盟国：29 活動国：約120	Oxfam International：16 活動国：100以上	支部：19(うちオペレーション支部5、パートナー支部14) 活動国：約60
参考情報	スポンサー：114万人 チャイルド：150万人	—	寄付者：100万人	—

注：1ユーロ＝165円、1ドル＝128円で計算。
出典：2009年12月の各団体ホームページより筆者作成。

組織的拡大と充実

事業の拡大に伴い、それを支える募金活動もより積極的に展開されるようになった。二〇〇八年九月末時点の統計で、ワールド・ビジョン全体の収入は二五・七億ドル（約二六六六億円）、スタッフ数四万人、チャイルド・スポンサーシップ・プログラムを通じて支援している子どもの数は三六四万人となった。他の主要な国際NGOのデータと比較すると、ワールド・ビジョンはその資金力やスタッフ数、支援の子ども数などから見て、他より一歩も二歩も抜きん出た規模であることがわかる（**表4**）。

もっとも、その中にあって日本のワールド・ビジョン・ジャパンは約四三億円の事業規模であり、ワールド・ビジョンのパートナーシップ団体としては小規模である。

収入規模の増大は、組織における効率性や透明性、説明責任の重要性を高めることにもなった。たとえば二〇〇四年のスマトラ沖大地震・インド洋津波被害に対する緊急支援においてワールド・ビジョンはスリランカ、インド、インドネシア、タイ、ミャンマー（ビルマ）の五か国で支援活動を行った。募金総額はワールド・ビジョン全体で約三五〇億円にのぼった。支援事業の現場責任者は当時こう語った。仮にどこかの現場で不正等が生じれば、すぐにそれが個々のＮＧＯのみならず市民社会全体にも多大な影響を及ぼすだろう、と。今日ではメディアも広く支援現場に入ってきているので、情報は瞬時に伝播する。この点でもＮＧＯは、市民社会に対して常に効率性、透明性、説明責任を保持した行動に努めていく責務がある。

そうした責務を果たすための一つにピア・レビュー（組織内部での相互評価）がある。これは、ワールド・ビジョンのすべての事務所で三年ごとに行われる組織の評価、見直し作業である。会計監査や業務監査というよりも、主に、組織全体としてパートナーシップの基本理念や方針に沿って健全な運営が行われているかを評価し、改善を目指すものである。具体的には、組織経営（Governance）、基本文書（Core Document）、パートナーシップの方針（Partnership Policy）、戦略的方向性（Strategic Direction）、人事・文化（People & Culture）などの項目について自己診断とピア（仲間）からの評価を行い、改善提案に沿って組織的な評価、見直し作業がなされている。

グローバルでローカルな組織とその運営

図２に示したように、ワールド・ビジョン全体の運営組織は、オペレーション（事業）の部分とガバナンスの部分が統合された形になっている。ワールド・ビジョン・ジャパンを含む支援国事務所は約二〇か国にあり、主に募金活動、啓発活動、アドボカシー等を行っている。これらの支援国事務所は、途上国にある事業実施国事務所（約八〇か所）や途上国のプロジェクト現場、あるいはコンピュータ・ネットワークとつながっており、日常のオペレーション、たとえば、事業の企画・立案、実施、モニタリング、評価については直接二国間（バイ・ラテラル）の関係で接触している。

しかし、ワールド・ビジョン全体として大きな流れを決めていくようなガバナンス面での問題は、二国間だけでは決められない。たとえば、ミッションや基本的理念を変えるというような場合には、ワールド・ビジョン評議会（Council）が最終的な決定機関となる。評議会は三年に一度開催され、各国事務所の代表（理事長と事務局長）が

図２　ワールド・ビジョン全体の組織と運営の見取り図

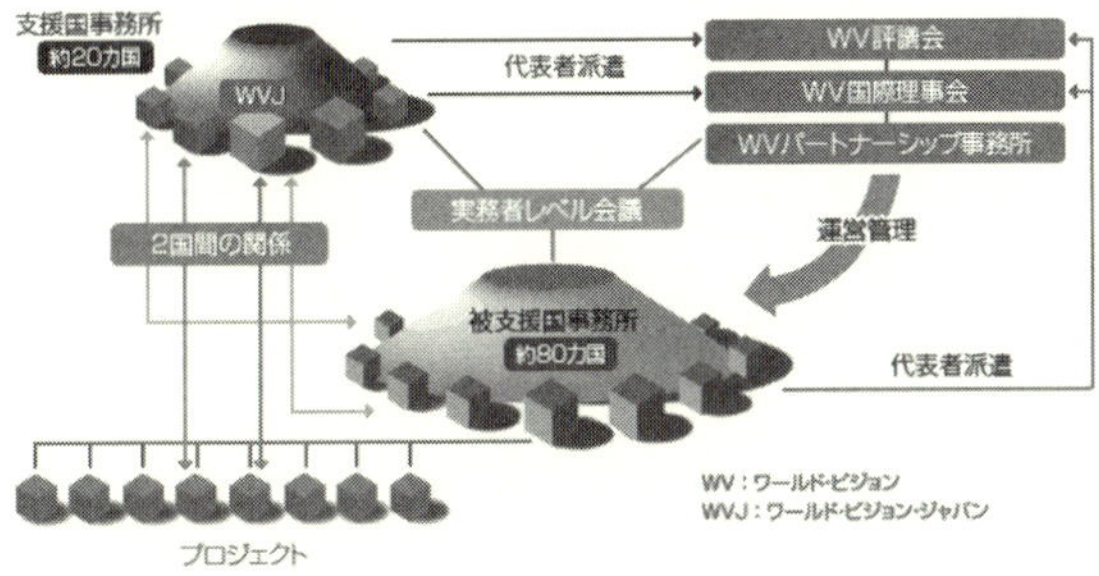

出典：ワールド・ビジョン・ジャパンのホームページ http://www.worldvision.jp/about/wv.html?link_id=m0007

出席する。議決に際しては、「南」のワールド・ビジョンも「北」のワールド・ビジョンも一つの事務所で一票を持つ。評議会の下にワールド・ビジョン国際理事会が年に数回開催され、ワールド・ビジョン全体の事業計画や予算・決算を承認している。国際理事会は、アジア、アフリカ、北米、中南米、ヨーロッパ、中東、東欧といった地域ごとに選挙を行い、それを経て選出された者によって構成されている。支援国と事業実施国、各地域代表がバランスを取った形態になっている。

さらに国際理事会の下にはワールド・ビジョンパートナーシップ事務所（グローバル・センター）が位置づけられ、実際のオペレーションを担当している。ここには、地域別かつ機能別（オペレーションや財務、人事、ＩＴなど）に担当のリーダーが配置されており、コーディネーションの必要に応じて、戦略ワーキング・グループなど各種の実務者レベル会議も介在することができる。

ガバナンスの面とオペレーションの面が重なっているので、複雑な組織構造に見えるが、なぜこのような構造を持つようになったかは、ワールド・ビジョンの中でよく言われる「二つのシティズンシップ（Twin Citizenship）」という考え方に関わっている。私たちだれもが、ローカル市民とグローバル市民の両方のアイデンティティを持っている。その両方の立場で意思決定し、オペレーションしていくという考え方を担保するために、このような複雑な組織構造になっているのである。

組織のメリットと課題

しかし、こうした組織構造にはメリットと難しさの両面がある。国際的なネットワークを組んで仕事をしていくメリットはいくつも挙げられる。まず、支援事業のスケールアップがしやすいことである。たとえば次のような事例がある。日本事務所ではウズベキスタンで支援事業をやりたいと思っていたが、日本だけでは資金的に問題があった。ネットワークを通じて他国の事務所に呼びかけると、台湾からは資金的には協力できないが食糧支援では協力できる、韓国からはとくにハンディキャップを持つ子どものための支援なら資金協力ができる、といった応答があり、その結果いくつかの事務所が協力して統合的な支援を可能にすることができた。

またノウハウの共有も、メリットの一つである。それは募金活動においてだけではない。現在では各国事務所が資金を出し合ってスタッフの研修プログラムを立ち上げており、こうした人材育成においてもノウハウの共有が広がっている。たとえば、パスウェイ・コース（Pathway Courses）と呼ばれる研修プログラムがある。これは、個々のスタッフが日常の業務に従事しながら研修を積んでいき、三～四年で修士号（ＭＢＡ、ＭＡ）が取得できるというものである。このような試みは一つの事務所だけでは難しく、各国の事務所が協力することで可能となる。人事交流を通じた人材育成も同様である。たとえば、日本事務所からは約一〇名のスタッフが海外に派遣されている。海外事務所で勤務したり、ジュニア・プログラム・オフィサーという若いスタッフ向けの「（海外で）活動と研修の経験を積む」制度を通じて、人材の育成や流動化が促されているのである。

こうしたスケール・メリットを使えば資金を有効活用することもできる。緊急支援の場合、この効果は大きい。いろいろな物資を大量に一括調達すればコスト削減も可能になるからである。

一方、組織内のグローバル化には、難しさも伴う。国際的なガバナンス構造の中で業務を行うためには、日本では常識とか当たり前と考えられていることが通用しない場合があるからだ。たとえば、ワールド・ビジョンでは日本の会計基準とは違う共通の会計システムが使われている。また、コンピュータのシステムにも共通のプラットフォームがある。いずれもこれに対応するには相応の手間と時間が必要になる。

　こうした実務的・技術的な対応もさることながら、一番難しいのは日本的な事の進め方や考え方、感じ方を変えなければならない時である。日本人としてのアイデンティティは保持しつつも、日本人的なマインドセットを自己変革しなければならない場面が少なからず出てくる。日本人同士だとお互い目と目で分かり合えることでも、国際ＮＧＯの組織内ではそうはいかない。日本的な運営方法や意思決定のやり方では受け入れられないこともある。良い意味での自文化的な価値観を大事にしながら国際的なスタンダード、発想、運営方法を組織内に反映していくことこそ「国際ＮＧＯ」だと言えるのだが、異なる文化との接触が歴史的にも乏しい日本人にとって、それはかなり難しい作業である。

　このことは、逆に言えば、日本の開発協力ＮＧＯが今後どのような姿勢で活動を行っていくのかという問題にも関連してくる。日本政府は「顔が見える援助」を強調し、国際協力に携わるＮＧＯにおいても最近では「日本の顔が見える活動を」と主張する傾向がある。「オール・ジャパン」という表現もよく使われる。しかし、なぜ日本人の顔が出ないといけないのか、という疑問が出てくる。日本の持っている経験や知見を総合的に活用することは大事なことであり、日本国民の税金で活動を行うならば納税者に対する説明責任も当然果たすべきであるから、「顔」が見えてはいけないということではない。問題は、「日本」的なものを必ずそこに出さなければならない必然性があるのか、そして日本人としての、あるいは日本のＮＧＯとしてのアイデンティティを過度に強調して「これは日本人がやりました。日本の貢献です」と示す必要があるのか、ということである。「日本」を前面に出すことで感謝されることもあるかもしれない。しかし、そのことと良い仕事をしたかどうかは無関係だということである。大切なのは日本（人）が行ったかではなく、現地のニーズ（必要）やライツ（権利）に従って適切かつ効果的な事業がどのように行われたかである。

　先述のように、最近では現地ＮＧＯや住民のオーナーシップを尊重し、事業実施の主体は現地ＮＧＯであるべきとする主張が高まっている。そのような流れの中で、イギリスの国際開発省（ＤＦＩＤ）においては自国の資金を自国のＮＧＯのみに拠出する原則を改め、事業の質と実施能力で拠出先を決定するようになった。それがアフリカやアジアのＮＧＯであっても、良い事業で実施能力があれば拠出するということである。「イギリスの援助」の出し方に関わる戦略的な制度だとしても、開発援助の新しい形の一つであることは確かである。

支援事業の内容

■ワールド・ビジョンによる総合地域開発プログラム（ＡＤＰ）　二〇〇〇年代に入ってからは、支援地が拡大したのに伴い、個々の事業規模も全体の予算規模も大きく伸び、「総合地域開発プログラム（ＡＤＰ　Area Development Program）」と呼ばれる長期的な総合開発へと発展している。このＡＤＰは、かなり広い地域をカバーして行われる事業である。従来は単独のコミュニティごとに支援を行っていたが、それだけでは自立性や持続性を担保できないことがわかってきたため、教育や保健・医療など複数のセクターをより広い地域で総合的にカバーしていくことにしたのである。この事業の内容は、①子どもと家族への支援、②地域全体に関わっていく支援、③自立性・持続性を高めるための支援、というふうに、大きく三つの部門に分けて捉えることもできる。

■ワールド・ビジョンによる個別ニーズへの支援　より大きなニーズに対応するための支援も拡充した。内戦や自然災害に対する緊急人道支援、貧困層の小規模起業家を支援するマイクロ・エンタープライズ開発（ＭＥＤ　Micro Enterprise Development）、ＨＩＶ／ＡＩＤＳといった感染症対策などがそれである。また、アドボカシー（政策提言活動）の重要性も叫ばれるようになった。社会を変革し、国際的な枠組みを変えていくための政策提言がますます重要になってきたのである。各国のワールド・ビジョンは、総合的な地域開発を中心にしながら、こうした大きなニーズにも取り組んでいる。

まとめ

ワールド・ビジョンの取り組みを詳細に見てみると、前節の最後に述べた日本の開発協力NGOが直面している課題の多くが、ワールド・ビジョン・ジャパンではその国際性ゆえに明確に意識化され、それらの対応に早くから取り組んできたことに気づく。具体的には、アドボカシーの重要性、北と南の役割の変化、専門性の追求、幅広い支持層の獲得などである。つまりワールド・ビジョン・ジャパンは、日本の他の多くの開発協力NGOよりも、一歩も二歩も先んじて、世界の変化に対応してきたと言える。そこには国際NGOであるからこそできる利点がはっきりと示されている。

一方で最近では、巨大な国際NGOをBINGO（Big International NGO）と呼び、その活動が悲惨さとチャリティーを売り物にしているといった指摘も出はじめている(49)。この議論はまだ深みを持たないが、仮にそうしたネガティブな側面が日本の国際NGOの中にもあるとしたら、それをどのように克服していくのか、一つの課題として付記する必要があるだろう。

五　日本における国際緊急支援分野のNGO——ジャパン・プラットフォーム（JPF）を中心に(50)

国際緊急支援活動の性格とNGOの参画

外部からはその違いがわかりにくいかもしれないが、国際緊急支援分野の活動と開発協力分野の活動には、大きな違いが存在する。緊急支援は、日常生活を破壊された対象者に外部から迅速かつ大量の支援がなされないと致命的な結果をもたらすことになるので、早いスピードと大きな規模が必要となる。これに対して開発協力の多くは、日常生活を送っている対象者が自力で状況を改善することを目指すので、できる限り外からの支援を少なくし、それほどスピードも必要とされない。譬えて言うと、救急車で患者が搬送されてくる大病院の救命外来医と、じっくりと体質改善を試みる漢方医のような違いである。

国際緊急支援を効果的に実施するためには、さまざまな緊急事に対応できる人材を日常的に確保しておく必要がある。しかし、これまで日本のＮＧＯのほとんどは、そうした体制が不十分であっただけでなく資金力も弱かった。そのため日本のＮＧＯは、大規模な災害が発生した時にはそのための救援募金が集まってから、つまり緊急事態が終わった頃からしか、現地での活動を行えなかった。一九八〇年前後のインドシナ難民や八〇年代半ばのソマリアおよびエチオピアでの大干ばつ、九四年のルワンダ難民等において緊急支援を行った日本の支援団体は、わずかに日本赤十字社と、七九年に設立された難民を助ける会、八四年に設立された医療・保健衛生分野のアジア医師連絡協議会（ＡＭＤＡ）などに限られていた。

そうした困難な状態にあった日本のＮＧＯが、国際緊急支援に対してより積極的に参画するようになったのは、一九九九年頃からである。一九九九年は、三月末にコソボ難民、八月にトルコ西部大地震、八月末に東ティモールの独立をめぐる紛争、九月には台湾大地震があり、国際緊急支援がより多く求められる年となり、日本からはシャンティ国際ボランティア会（ＳＶＡ）等の開発協力ＮＧＯも含め、緊急支援を専門として設立されたばかりの日本緊急救援ＮＧＯグループ（ＪＥＮ）やピースウィンズ・ジャパン（ＰＷＪ）などが積極的に支援に参加した。

ジャパン・プラットフォーム（ＪＰＦ）の設立と現状

一九九九年の緊急事態に日本のＮＧＯが資金力の問題で十分活躍できなかったこと、また日本の外務省も柔軟にＮＧＯに資金提供できなかったこと、これらを背景に、ＮＧＯ、経済界、政府の連携によって国際緊急支援に携わるＮＧＯを資金的に支えるジャパン・プラットフォーム（ＪＰＦ）が二〇〇〇年に創設された。この組織の構成は

図3　JPFの構成図

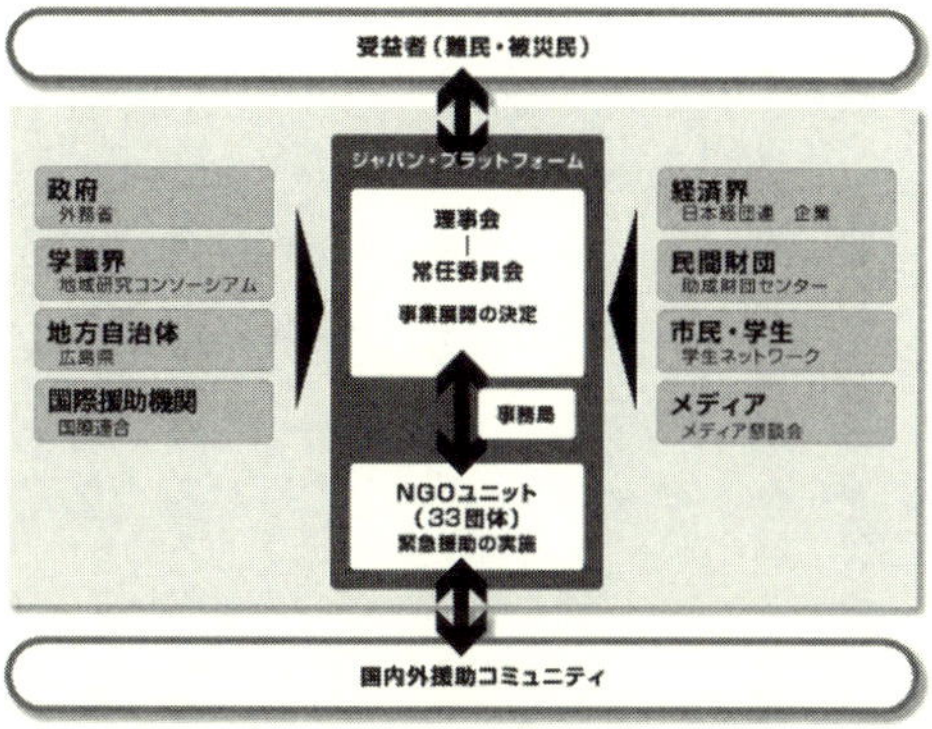

出典：JPFのホームページ http://www.japanplatform.org/work/sikumi.html

図3の通りである。

ＪＰＦには、あらかじめ政府や民間企業等から供与された億単位の資金[51]がプールされており、緊急事態が発生した際には、ＪＰＦのＮＧＯユニットに参加している団体が緊急支援事業の申請をし、ＪＰＦ内にある常任委員会（各セクターの代表者からなる）が即座に判断して救援活動に乗り出す。同時に、民間企業などにも支援を要請する。二〇〇八年一月までの実績は二二か国三一四事業を支援しており、現在では三三のＮＧＯが参加している。

二〇〇八年度の会計報告書[52]によると、事業活動収入は一〇億二〇〇〇万円ほどで、このうちの七二％が外務省からの支援金である。一方、事業活動支出は約一七億六〇〇〇万円で、このうちの九四％、一六億四〇〇〇万円ほどを助成に充てている。また次年度に約一三億六〇〇〇万円を繰り越している。

ジャパン・プラットフォーム（ＪＰＦ）をめぐる議論

ＪＰＦ発足当初、日本のＮＧＯ界や関係者の間では、ＪＰＦを高く評価する意見と、政府の影響やコントロールによってＮＧＯの自立性、自発性が損なわれることを危惧する意見とに大きく分かれた。具体的な議論の一つは、たとえば日本と国交のない朝鮮民主主義人民共和国（北朝鮮）のような国や地域における救援活動であっても、ＪＰＦはこれを支援することができるかというものであった。ＮＧＯであるからこそ、政府が考える「国益」に反してでも人道的な活動を優先すべきであるとする考えがこの議論の背景にあった。これまでこの問いを突き付ける事態には至っていないこともあり、この議論は結末を見ないまま下火になっている。

これに関して拓殖大学の長坂寿久は、援助先進国と言われるオランダでのＯＤＡ資金の拠出のあり方について、示唆に富んだ例を紹介している。かつてオランダでは、ＮＧＯが政府の外交政策と衝突する活動を行ったり、その恐れがある場合は、ＯＤＡ資金がそこに供与されないこともあった。しかし、政府‐ＮＧＯ間の話し合いが重ねられた結果、政府はＮＧＯ固有の役割を理解し、国交のない国や人権問題を抱える国を支援しようとするＮＧＯに対しても、活動の優位性、有効性を基準にしてＯＤＡ資金を拠出するようになり、この問題をめぐる両者の衝突はほとんどなくなったという(53)。日本政府にもこうした懐の深さを期待したいが、そのためには日本の国民意識も変わる必要があるだろう。

ちなみに、ＪＰＦの収入構造にあらためて注目すると、自然災害に対する支援では民間企業からの支援が多いが、紛争に関連する支援についてはほぼ全額を政府資金に依存していることがわかる。逆に言えば、民間企業は一般的に政治が絡む紛争関連の支援には熱心でない。二〇一〇年度のＪＰＦの事業計画書を見ると、こうした収入構造はＪＰＦの自立的な運営や健全な発展にとっても好ましくないことをＪＰＦ自体も自覚しており、その構造変換を重要課題としていることが窺える(54)。

ＪＰＦに関するもう一つの議論のポイントは、ＪＰＦに拠出された政府資金を使えるのはＪＰＦのＮＧＯユニットの参加団体に限られるという点である。つまり、法の下の平等という原則から見てそれはどうなのか、という疑問である。ＪＰＦ側から見ると、このユニットへの参加は特別の条件を付していないオープンなものなので、すべてのＮＧＯに開かれているということになる。また、緊急事態発生直後の加入を認めたくても、その団体の信用性や能力を短時間に審査することは困難なので、事前の参加が必要だということにもなる。しかし先に述べたような懸念から、ＪＰＦを敬遠するＮＧＯも存在する。一方外務省は、ＪＰＦに非参加の緊急支援型ＮＧＯにも別途に資金を提供しているので、その面での平等原則については問題化しているわけではないとの立場である。

今後関係者の努力により、こうした点が前向きに整理されることが期待されている。

六　日本における環境ＮＧＯの現状と課題[55]

環境ＮＧＯの概要

「平成二〇年度環境ＮＧＯ総覧作成調査」[56]には、日本の環境ＮＧＯとして四五三二団体が掲載されている。国内のみを対象としている団体が大多数（九〇％）で、うち同一市町村内や同一都道府県内で活動する団体が半数以上を占め、それらは国内の特定の地域を拠点に活動を行っている。活動分野は、環境教育（四四％）、自然保護（四〇％）、まちづくり（三三％）、森林保全・緑化（二七％）等となっている（複数回答含む）。活動形態としては、実践活動（八〇％）、普及啓発（六八％）、調査研究（四〇％）となっている（複数回答含む）。

国際的にも活動している環境ＮＧＯに焦点を当てよう。ＪＡＮＩＣが実施した「国際環境ＮＧＯ実勢調査[57]二〇〇九」によると、海外での活動地域は大半がアジアを対象としており、なかでも中国やインドネシアなどの割合が高い。海外での活動分野は、環境教育（五五％）、植林・森林保全（五〇％）、生物多様性、地球温暖化対策（ともに三二％）等となっている（複数回答含む）。海外での活動形態は、調査研究（四五％）、実践活動（四一％）等、また国内外を問わない活動形態では、ＮＧＯ間ネットワーキング（六八％）、アドボカシー（五九％）等となっている（複数回答含む）。

環境ＮＧＯの資金や組織を見てみよう。環境ＮＧＯ全体では、収入規模一～一〇〇万円未満の団体が半数以上であり、個人会員数が一〇〇名未満の団体も六一％と、規模の小さいボランティア団体が大半を占めることがわかる。

国際的に活動する環境ＮＧＯに絞って見てみると、収入規模は四〇〇万円台のものから五億円以上のものまで幅広く分布している。収入の内訳（金額ベース）では、受託収入が最も多く（三七％）、次いで自主事業収入（一一

%）、助成金収入（一〇%）となっており、寄付金は九%、会費は六%にとどまる。個人会員数の分布を見ると、一〇〇～九九九名の団体が最も多く（三三%）、次いで一～九九名の団体（二九%）、会員制度のない団体（一四%）と続く。活動拠点は基本的に日本国内としており、ほとんどの団体は海外に現地人スタッフや日本人駐在員を置いていない。ここが開発協力ＮＧＯとの大きな違いである。

環境問題と日本の環境ＮＧＯの歴史

環境問題と日本の環境ＮＧＯの歴史を、とくに地球規模の環境問題と関連させて見てみよう。

日本の環境問題は、古くは明治時代に足尾銅山鉱毒事件に代表されるような公害で始まった。しかし環境ＮＧＯの先駆けとなるような団体が出てくるのは戦後、高度経済成長期に入ってからである。

一九五〇年代～六〇年代は、戦後の開発や産業公害、大気汚染に対する地域の反対運動が盛んになりはじめた時期である。この時期の公害は、加害者は企業、被害者は住民という構図が鮮明に出ており、活動は環境保護や産業施設建設反対等の運動が中心で、多くは住民運動の形態を取った。一九五一年には、水力発電所建設でダムの底に沈もうとしていた尾瀬を守るため、日本自然保護協会の前身となる団体が活動を開始している。

その後、ごみ、水質汚染、地球温暖化など、住民自身が加害者でもあり被害者でもある都市型・生活型公害が大きな社会問題となったことや、オイルショックの影響による省エネへの関心が高まったことで、リサイクル、まちづくり、環境意識啓発等、生活に関連した実践活動を行う団体が増えていく。これらの団体の多くは、特定地域の環境問題の解決のために立ち上げられたもので、以後もその大半はそのまま小規模な範囲での活動を継続することとなる。しかし、なかには組織を発展させ、日本の公害被害の体験や問題解決に向けた実践活動を他国に伝えるために、国際的なネットワークを形成していった団体もある。

一九七〇年代～八〇年代にかけては、砂漠化、海洋汚染、酸性雨、オゾン層の破壊、熱帯雨林の破壊など地球環境問題が深刻化し、地球規模の課題に対してさまざまな会議が開催され、かつ関連機関が設立された時期である。日本ではまず、一九七一年に環境庁（現、環境省）が発足された。世界的には、七二年にローマクラブが報告書『成長の限界』を発表し、人口増加や環境汚染などによって減少する資源の有限性に警鐘を鳴らした。またこの年「国連人間環境会議（ストックホルム会議）」が開催され、これを受けて国連環境計画（ＵＮＥＰ）が設立された。八七年には「開発と環境に関する世界委員会（ブルントラント委員会）」が「持続可能な開発」の理念を提唱した。これらの流れや、途上国における急速な工業化などが重なり、それまで先進国の問題とされてきた環境問題が世界全体の課題としてより意識されるようになった。

国際的な環境ＮＧＯが日本での活動を始めたのもこの時期である。一九七一年に世界自然保護基金ジャパン（ＷＷＦジャパン）、八〇年に **FoE Japan**（**Friend of the Earth Japan** 旧、地球の友ジャパン）、八九年にグリーンピース・ジャパンが設立されている。

地球規模の課題への個別の活動の多くは、これより少し遅れた一九八〇年代後半から九〇年代にかけて始まった。熱帯雨林の問題に関しては、熱帯林行動ネットワーク（ＪＡＴＡＮ）が一九八七年に設立された。またＷＷＦジャパンが「日本の熱帯雨林貿易とその環境影響」を発表したのは八九年である。このレポートは、日本の企業が熱帯雨林を破壊し、日本の消費者が間接的にそれに関わっている実情を指摘したもので、以後そうした実態の調査や啓発等の活動を活発化させる契機となった。砂漠化の問題に関しては、緑の地球ネットワーク、緑のサヘル、地球緑化センター等が九〇年代前半に相次いで設立された。「グローバル化」への関心が高まり、エビやバナナに象徴される貿易と環境の問題について調査、意識啓発、アドボカシー等を行う団体が出てきたのも、九〇年代に入ってからである。

一九九〇年代〜二〇〇〇年の最初の一〇年は、環境問題への市民の関心が一層高まり、環境ＮＧＯや環境ボランティアの活動が一般にも広く知れ渡る時期となる。環境問題に関する国際会議も相次いで開催された。一九九二年

図4　日本における環境NGOの年代別団体設立数と累計

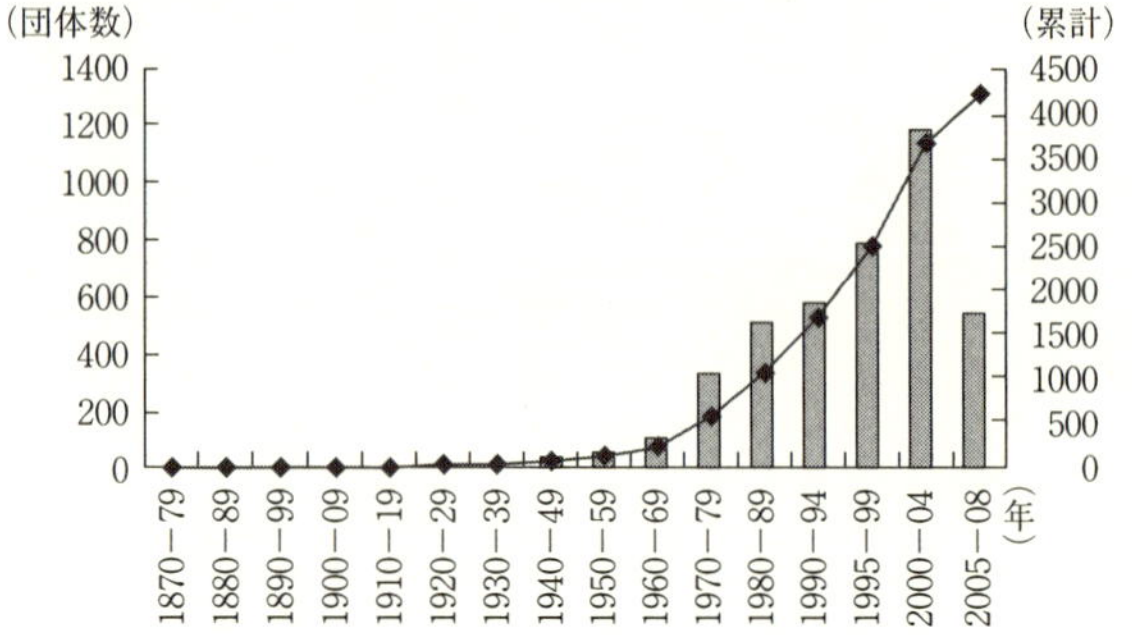

出典：「平成20年度環境NGO総覧」を参考に筆者作成。

には「リオ宣言」や「アジェンダ21」をまとめた「国連環境開発会議（地球サミットあるいはリオ・サミット）」が、二〇〇二年には「持続可能な開発に関する世界首脳会議（WSSD、ヨハネスブルク・サミット）」が開催され、日本からも多数のNGOが参加した。日本国内でも、一九九七年に「国連気候変動枠組み条約（UNFCCC）」第三回締約国会議（COP3＝京都会議）、二〇〇三年には「第三回世界水フォーラム」がいずれも京都にて開催され、全国各地から市民やボランティアが多数参加した。また、両会議とも、日本のNGOは世界各国からやって来たNGOのホストとしての役割も担った。

阪神・淡路大震災（一九九五年）の被災者支援やナホトカ号重油流出事件（九七年。福井県で座礁した船から大量の重油が漏れ出した事件）の回収作業のために全国から多数のボランティアが被災地に集まるなど、この年代はボランティア活動が一般化する土壌が作られた時代でもある。

この頃から「環境協力」への関心も高まる。環境省でも途上国・地域に対する環境協力に力を入れはじめ、一九九一年に第一回「アジア太平洋環境会議（エコアジア）」を開催した。また、九九年には初の「日中韓環境大臣会合」を開いた。途上国の環境団体と連携し、調査、環境教育、森林保全等の活動に取り組む環境NGOも数多く設立されるようになった。日本の環境NGOの年代別設立数とその累計は**図4**の通りである。

環境ＮＧＯの主な活動分野

■自然保護・生物多様性・森林保護　国内での自然保護活動の歴史は古く、すでに一九三四年には日本野鳥の会、五一年には日本自然保護協会の母体となる団体が設立されている。現在この二団体は、個人会員数がそれぞれ約四万五〇〇〇人と約一万六〇〇〇人で国内最大級の規模を持っており、アドボカシー等においてはこの分野での中心的な役割を担っている。しかしこうした一部の団体を除けば、この分野の環境ＮＧＯの大部分は、長良川河口堰建設反対運動などのように、特定地域の里山保全や野生生物保護、開発政策の見直し等に取り組む小規模な団体である。

国際的な観点からの取り組みとしては、たとえば一九八〇年代後半から、熱帯雨林消失問題をめぐって日本の木材消費のあり方を問う調査・意識啓発活動が行われている。また九〇年代からは、中国や東南アジアを中心とした地域で砂漠化防止、植林、森林保全・管理等の活動が行われるようになっている。途上国での有機・自然農業の普及やエコツーリズム、絶滅危惧種の保護に関する活動も若干行われている。

二〇一〇年に名古屋で開催された「生物多様性第一〇回締約国会議（ＣＢＤ　ＣＯＰ10）」を契機に、地球規模での生物多様性の損失状況や、国連ミレニアム開発目標（ＷＤＧｓ）と生物多様性保全との関係のあり方についても、体系的な整理がなされるようになってきた。自然破壊の危機に瀕する地域の大半は途上国に集中しているため、途上国での生態系保護の枠組みづくりについても注目が集まっている。

■地球温暖化・気候変動　一九九七年の「国連気候変動枠組み条約（ＵＦＥＣＣＣ）」第三回締約国会議（ＣＯＰ３＝京都会議）の開催や京都議定書採択をきっかけに、地球温暖化問題への市民の関心が一気に高まり、この問題に関する啓発教育や地域・家庭での省エネ、自然エネルギーの普及等に取り組むＮＧＯが急増した。

途上国とのつながりという面では、（特活）Tuvalu Overview のように、温暖化に最も脆弱な途上国や小島嶼国の人びとの生の声を日本の市民に伝えるべく、教育・啓発活動を行っている団体もある。また、経済発展に伴って温室効果ガスの排出が急増すると予測されている新興国や途上国のNGOと、都市型温暖化対策のあり方について情報交換を行っている団体もあれば、ソーラークッカー（太陽熱調理器）等の自然エネルギーを普及している団体もある。

アドボカシーについては、京都会議を機に設立された気候ネットワーク（前身は気候フォーラム）等を中心に活発に行われており、国内温暖化防止対策から国際交渉に至るまで、少なからず影響を及ぼしている。気候ネットワーク等の団体は、世界約四五〇のNGOが連携する世界最大級のNGOネットワークClimate Action Network（CAN）のメンバーでもあり、世界各国のNGOと協力してハイレベルなロビー活動も行っている。

■ごみ・リサイクル・有害物質　一九八〇年代頃より、大量生産・大量消費・大量廃棄によって引き起こされたごみ・資源問題や埋め立て処分場問題などを解決するために多数のNGOが設立された。代表的なところでは、ごみ埋め立て予定地とされた名古屋港内の干潟を守る運動で計画を転換させた（特活）藤前干潟を守る会や、その名古屋でのごみ削減を市民の立場から実践・支援する（特活）中部リサイクル運動市民の会がある。

国際的な視点では、日本におけるリサイクルやコンポストなどのノウハウ、経験を海外に伝えるという活動を行っている団体がある。近年では**e-waste**と呼ばれるテレビ等の廃家電やパソコン等の廃電子機器が、再利用や資源回収の目的で主にアジアの途上国に輸出されているが、不適正な処理過程や不要な部品の野積みによって、現地の住民に深刻な健康被害を及ぼしていることが問題となっている。こうした問題を解決するために、東アジア環境情報発伝所等のNGOは、当地における現地調査、日本の関係機関へのアドボカシー、日本の市民への環境教育などを行っている。

ところで、今日的な最大の環境問題は私たち自身の足元にある。二〇一一年三月一一日の東日本大震災に伴う福島第一原発での事故である。放射性物質の拡散による大気・水・土壌・海洋汚染、すなわち、あらゆる動植物、人体に広範かつ長期（未来世代を含む）にわたって甚大な被害をもたらす今回の深刻な危機に、日本の英知、いや世界の英知はどのように立ち向かっていくのか、という問題である。今やこれは、震災被災地の復興とともに、あらゆる分野のＮＧＯが総力を挙げて取り組む重要課題となっている。

■環境教育・普及啓発　環境ＮＧＯの中で最も多く行われている活動の一つが、環境教育・普及啓発である。環境教育については古くから自然体験学習などの形で多くのＮＧＯが各地域単位で取り組んできたが、ごみ問題や水質汚染、地球温暖化など生活型の環境問題が増えるにつれて、学校などでも広く行われるようになってきた。行政も環境教育の推進に積極的で、二〇〇〇年の総合学習のカリキュラムへの導入や、二〇〇一年の環境保全活動・環境教育推進法の成立は、地域や教育現場における環境教育の推進を後押しした。環境ＮＧＯは、学校教育では講師として授業をサポートしたり、地域では学習会・セミナーの開催や写真展示、本の出版などの形で、地域の人びとに環境問題の重要性や日常での環境配慮の大切さを伝えている。

二〇〇二年の持続可能な開発に関する世界首脳会議では、日本の環境ＮＧＯの提言が元になって、二〇〇五年からの一〇年間を「持続可能な開発のための教育の一〇年」とすることが可決された。ここでは環境に限らず、社会の課題と身近な暮らしを結びつけ、新たな価値観や行動を生み出す学習、アクションが目指されている。

環境ＮＧＯの特徴

他分野のＮＧＯと差異があると思われる、環境ＮＧＯの四つの特徴を述べる。

■環境省・地方自治体との連携　環境省や地方自治体の環境部門は、環境ＮＧＯと同じく地球環境保全、公害の防止等を目的としており、また主なステイクホルダーが市民であるため、他分野と比べＮＧＯとの連携が進みやすい。

環境省と国連大学が共同で一九九六年に開設した環境パートナーシッププラザ（ＣＥＩＣ）は、ＮＰＯ・企業・行政など多様な主体による環境パートナーシップの促進を目的としたもので、現在は環境ＮＧＯのネットワークとしても機能している。二〇〇六年から二〇〇七年にかけては、環境省が全国七地域で地域環境パートナーシップオフィス（ＥＰＯ）を開設し、環境省の地方環境事務所と地域の環境ＮＧＯが協力してその運営にあたっている。

活動資金という観点から見ると、「国際環境ＮＧＯ実勢調査二〇〇九」によれば、日本の国際環境ＮＧＯの収入の三七％が委託事業収入で、うち金額ベースで七三％が政府委託金となっており、そのつながりの深さを窺わせる。

アドボカシーの観点では、気候変動や自然保護などに関して多くの団体が個別に政策提言を行っているが、二〇〇一年から環境省は「ＮＧＯ／ＮＰＯ・企業環境政策提言」事業を行い、ＮＧＯ／ＮＰＯ・企業からの提言を募集し、優秀作品については政策への反映を行っている。また二〇〇二年の持続可能な開発に関する世界首脳会議と二〇〇九年の国連気候変動枠組み条約第一五回締約国会議（ＣＯＰ15＝コペンハーゲン会議）では、若干名の環境ＮＧＯ関係者が、日本政府代表団の一員となっている。政府とＮＧＯが緊張関係を保ちつつも、よりよい関係構築を模索している。

■企業との連携　近年のエコブームや環境規制等の後押しで、企業も「企業の社会的責任（ＣＳＲ）」としての環境ビジネス、環境経営、社員教育等に積極的に取り組んでおり、環境ＮＧＯはそうした企業ともさまざまな形で連携している。高度経済成長期には、公害を引き起こす産業への反対運動やボイコット運動等が頻繁に行われたが、近年では企業の監視役としての機能を保ちつつも、コンサルタントのような立場で企業と連携する形にシフトしてきている。たとえば、二〇〇三年から国際環境ＮＧＯの **FoE Japan** と地球・人間環境フォーラムが行っているフェアウッドパートナー事業では、海外の違法伐採の調査や市民への意識啓発とともに、企業に対する木材調達等のコンサルティングも手がけている。企業との連携としては他にも、国際環境ＮＧＯコンサベーションインターナショナル・ジャパンによるファーストフードチェーンへの廃棄物削減コンサルティング、WWFジャパンによるクライメートセイバーズ（さまざまな企業の温室効果ガス削減の促進）等がある。

もっとも、大多数の小規模な環境NGOにとっては、企業と継続して事業を行うだけの体力がない。企業のニーズに合う事業が提供できないといった課題も多い。逆にこうした取り組みに対しては、企業に金銭的に支えられながらどうして監視役としての機能が保てるのか、といった疑問の声も聞かれる。

■市民参加　NGOの活動主体は市民であるが、環境分野のNGOの特徴の一つは、そうした市民参加の多さにある。最も身近な市民参加の形は、地域の自然保護、ごみの分別・回収等、実践活動によって目に見える形で変化がもたらされる取り組みであり、これらは生活感覚の中で簡単に行うことができる。しかも、特別な知識や多額の資金を用さず実践できることから、ボランティア活動としても広がりを見せている。一方、汚染問題や資源・エネルギー問題等については、ある程度の科学（化学）的知識が必要とされることから、誤った認識によって逆に環境に負の影響を及ぼしたり、効果に疑問を感じさせる活動が一部に存在していることも否めない。

■若者の活動　全国四〇〇〇以上の小・中学校には環境省が支援する「こどもエコクラブ」ある。また青年層の活動もこの二〇年ほどで急増しており、一九九〇年代前半に約一〇団体だった大学生の「環境サークル」は現在三〇〇を超えている。[58]一九九四年にはそのネットワークとして、エコ・リーグ（全国青年環境連盟）が設立された。学生たちは「大学は社会を変えるための最初のステップ」と考え、ステークホルダーとともに、キャンパスの周辺地域でごみの削減や温暖化対策等の制度づくり、啓発活動等を行っている。こうした活動を通じて経験を積み、その後社会に出てからも仕事やボランティア等の形で環境問題に携わっている者は少なくない。

この背景には学校現場で長年取り入れられてきた環境教育の効果も多いと推察される。また、温暖化等の地球規模の問題で一番被害を受けるのは自分たち若年世代（と未来世代）である、という不安感・危機感から活動を始める者も増えている。今後も、原発事故に対する国民的議論の高まりとともに、環境学をベースとした学生たちによるさまざまな取り組みが盛んになっていくものと思われる。

課題

■資金不足、官・民への依存　「平成二〇年度環境ＮＧＯ総覧」によれば、登録された四五三二団体のうち、予算一〇〇万円以下の団体は五〇％、一〇〇〇万円以下の団体は八〇％以上を占めている。(59) 多くは有給職員を持たない小さなボランティア団体であり、手弁当で地域活動を行っている。この点で、多くの団体は組織基盤が脆弱であると言える。会員制度を持つ団体と言っても、その場合の会員とは、団体への資金的支援者というよりも団体の無給スタッフ、活動の主体者を指していることが多い。

また、「国際環境ＮＧＯ実勢調査二〇〇九」によれば、一定規模を持つ団体でも、運営資金の約半分が委託金・助成金で賄われており、自己資金、つまり寄付金・会費は一五％にとどまる。それだけ官・民との連携が進んでいるという見方もできるが、一方でそれは、ＮＧＯ活動が委託元の意向に影響されやすいことを意味しており、こうした構造によって委託・助成事業疲れを引き起こしている団体も少なくないと推測される。

温暖化対策をはじめ環境分野の活動の多くは、開発協力分野のようにすぐに寄付の結果が見える活動ではないため、寄付を募ること自体をあきらめている団体も少なくないが、今後の環境ＮＧＯの発展には、寄付や会費による自己資金の開拓は不可欠であろう。

■アドボカシー能力の向上　他分野のＮＧＯと同様、アドボカシー能力の向上も今後の課題の一つと言える。先述のように、環境ＮＧＯは気候変動や自然保護等の法案整備において一定の役割を果たしてきた。しかし、これはごく少数のＮＧＯが、高度な専門知識とコネクションによって成果を上げた結果であり、広く市民の声に支えられた政策提言によって獲得した成果とは言い難い。

市民の支持が得にくい理由としては、多くの環境ＮＧＯが地域に密着した実践活動に力を注いではいても、政治的な問題解決には関心が低いこと、環境ＮＧＯという分野自体がさらにサブ分野に分かれ縦割り化していること、提言の中身が専門的で市民には理解しにくいこと（したがってアドボカシーのための署名が集まりにくいこと）等が挙げられる。

とは言え、二〇〇八年から気候ネットワークが中心となり取り組んでいるMake the Ruleキャンペーンには五〇以上の環境ＮＧＯが集まり、活動開始から約一年で三〇万人以上の署名を集めるなど、市民との連携に成功している事例も見られはじめている。

■国際連携　先述の通り、多くの環境ＮＧＯが国内を活動対象としている。一方、国際的な活動を行う団体は割合としてはごくわずかだが、それらは個々にネットワークを持っていることが特徴である。たとえば、ＷＷＦジャパンやFoE Japanは世界的なネットワークを持つ団体の日本における拠点として、またClimate Action Network（ＣＡＮ）に加盟する気候ネットワークは世界各国のＮＧＯと連携する団体として活動している。途上国で植林や森林保全を行う団体と連携しているＮＧＯも存在する。

こうした団体にとっては、言葉の壁、文化・制度の違い、経験不足、資金不足が障害となっている。また、日本の公害克服や環境対策の経験、あるいは有機農法のノウハウ等を途上国に伝える活動においては、伝えたい・広げたいという思いが先行し、その土地のニーズに合っているかどうかの検証が不十分なケースも見られる。これらを克服するには、途上国支援において経験が豊富な開発協力ＮＧＯ等と連携していくことも必要である。

七　日本における人権・平和ＮＧＯの現状と課題(60)

概況

■人権ＮＧＯの概況　人権ＮＧＯに関しては、個々の活動レベルが多様であることから統一的なリストはなく、団体の総数などは不明である。ただし、若干の数字を示すことはできる。たとえば、人種差別撤廃条約の定期報告書審査に向けて二〇〇八年一月に外務省に提出された申し入れ書には八三団体が賛同し、また同年二月に国連人権理事会の普遍的定期審査（ＵＰＲ）に関してジュネーブの人権高等弁務官事務所に送ったＮＧＯ文書には五二団体が署名している。これらの数は、少なくとも国際活動に関心を持つ人権ＮＧＯの数を示唆するものと思われる。

人権ＮＧＯが扱うテーマは、以下に列記するように多岐に渡っている。子ども、女性（ジェンダー差別、複合差別を含む）、障がい者（身体および精神障がい者など）、先住民族・マイノリティ（アイヌ民族、琉球・沖縄民族、在日コリアンなど）、難民・国内避難民、外国人（永住者などの外国籍住民など）、高齢者、職業・世系に基づく差別（被差別部落）、性に関する差別（同性愛者、性同一性障害者など）、病気に基づく差別（ハンセン病元患者、ＨＩＶ／ＡＩＤＳ感染者など）、非正規労働者（ホームレス、ハウジングプアーを含む）、被拘禁者（拷問など）、犯罪被害者とその家族、婚外子、医療崩壊と生存権、貧困と人権、死刑（残虐な刑罰などの）廃止、戦争犯罪、宗教と人権、人権教育、などなど。

■平和ＮＧＯの概況　平和ＮＧＯに関しても人権ＮＧＯと同じく統一的なリストはなく、団体の総数などは明らかでない。草の根ＮＧＯは無数に存在する。また、平和分野の活動には職業や専門領域を越えて一個人として参加する場合が多く、「武力紛争予防のためのグローバルパートナーシップ（ＧＰＰＡＣ）」という国際的なＮＧＯキャンペーンも、NGOだけでなく個人の賛同を含む形で成立している。

平和分野のNGOは、さらに軍縮NGO、反戦NGO、平和構築NGOなどアプローチの異なるサブ分野に分かれており、そのほとんどが小規模な団体であるが、近年誕生した平和構築のサブ分野では、政府と密接な協力関係を保ち、一〇億円を超える予算規模で活動しているところも少数だが存在する。

サブ分野には次のようなものがある。核軍縮・廃絶（非核地帯の設置や核実験廃止を含む）、化学兵器・生物兵器など他の大量破壊兵器の廃絶、通常兵器の軍縮・軍事基地の縮小、小火器の軍縮、地雷撤廃、武器貿易規制、紛争予防・早期警戒、個別の反戦活動、戦争被害者の救済（「従軍慰安婦」問題を含む）、非暴力運動（憲法九条の再評価を含む）、平和構築、平和教育、などなど。

歴史、その動機

人権NGO、平和NGOの活動分野は、一九世紀にまでさかのぼる極めて古い原点を持ち、環境問題や開発問題も、こうした分野と密接に関わる歴史を背景に持って誕生した。たとえば、環境問題は、一九五〇年代〜六〇年代の公害に対する反省から、環境権の主張という形で人権の一分野に位置づけられてきたものであり、開発問題は、冷戦構造下、資本主義陣営の拡大と安定化を企図する米国の開発戦略に対して、その矛盾の克服という形で平和活動の一分野に位置づけられてきたものである。

■人権NGOの略史　人権擁護の運動は古い時代から世界各地で見られたが、一七七六年のアメリカ独立宣言や一七八九年のフランス人権宣言は、その思想が明文化された嚆矢と考えられる。しかし、その適用対象から見ると、いずれの宣言も、その対象地域において普遍的なものにはなっていなかった。真の意味で普遍性を確認できる人権文書が確立されたのは、第二次世界大戦時の過酷な人権侵害に対する反省から生まれた「世界人権宣言」の採択（一九四八年、国連総会）によってである。国連は、これを基礎に国際人権規準の設定（国際人権法の展開）と国連人権機関の設置を行ったが、この国際人権規準の世界各国における普遍的適用と各国社会での実体化を監視する目的で活動を始めたのが人権ＮＧＯである。

日本における人権ＮＧＯの歴史としては、被差別部落の解放を求めて一九二二年に設立された全国水平社の運動がまず挙げられる。また戦後では、七〇年のアムネスティ・インターナショナル日本の設立が特記される。八一年に日本は「難民の地位に関する条約（難民条約）」を批准した。これを機に、国際人権規準の普遍的適用に関する運動が日本でも盛り上がった。これは、日本の人権ＮＧＯが今日のような国連人権機関を使った国際活動を展開する大きなきっかけとなった。

■平和ＮＧＯの略史　人道支援活動の歴史は、一八六四年の赤十字国際委員会（ＩＣＲＣ）の誕生に始まる。これは民間組織による画期的な活動の始まりと言える。また、反戦平和活動も古い歴史を持つ。一八九九年に開催された「ハーグ万国平和会議」などが、こうした運動の国際化に大きな役割を果たしたと考えられる。

日本における最初の人道支援団体としては、一八七七年の西南戦争時に設立された博愛社を挙げることができる。これは後の日本赤十字社の母体となった。反戦平和運動は、戦前は社会主義団体によって担われていたが、第二次世界大戦が終わると、ヒロシマ・ナガサキの教訓や第五福竜丸が被爆したビキニ事件（一九五四年）を経て、草の根の反核運動へと発展した。こうした動きは、一九六〇年代のベトナム反戦平和運動の国際行動にもつながっていった。そして冷戦が終結して九〇年代に入ると、世界各地の紛争で被災した人びとを救うために、人道支援や平和構築を目指すＮＧＯが次々と誕生した。とくに緊急人道支援分野のＮＧＯにおいては、政府や財界と密接な協力体制を構築するところも出現した。今世紀に入って相次いで勃発したイラク、アフガニスタン戦争では再び国際的な反戦平和運動が高揚したが、二〇〇九年のアメリカ・オバマ政権の誕生を機に、「予防外交」や「持続的平和」などへの国際的関心が広がり、世界の平和ＮＧＯからは「戦後復興支援」における民軍協力の見直しなどに関する問題提起がより強く打ち出されるようになった。

アプローチの仕方の共通点を考える

先に見た通り、人権ＮＧＯも平和ＮＧＯも多様なテーマを扱い、またその活動方法も多岐に渡っているが、両者には大きな共通項が存在する。

それは、政府の政策枠組みときっちり対峙していくことを常に活動の中核に据えている点である。開発協力ＮＧＯや環境ＮＧＯの場合は、通常は地域やコミュニティを「現場」とする。人権ＮＧＯや平和ＮＧＯにおいてもそうした「現場」での取り組みは重要な活動の一つであるが、基本的には政府の人権政策や平和政策を大きく転換あるいは改善させることが最大の目的である。

このため、人権・平和ＮＧＯの主要な活動場所は、国連機関をはじめとする国際機関や、こうした機関が開催する国際会議となる。人権ＮＧＯであれば、国連人権理事会やその下部機関、国際人権条約の監視機関等の会議への参加である。そこでの報告や人権規準設定への貢献などが大きな仕事となる。そして国内の活動では、国際人権条約の履行状況やその監視機関による勧告の実施状況などをチェックし、「現場」での人権状況を改善していくことが中心となる。また、平和ＮＧＯであれば、国連軍縮会議や核拡散防止条約（ＮＰＴ）再検討会議、武力紛争予防のためのグローバルパートナーシップ（ＧＰＰＡＣ）等、国際的枠組みへの参加が重視される。これらの機会を活かして、多国間の軍縮会議の尊重、暴力主義から非暴力主義への転換、国家の二重基準の排除などを主張していくことが、活動の大きな柱となる。実際、日本に本部を置く人権・平和ＮＧＯの多くが、国連が制定した国連経済社会理事会のＮＧＯ協議資格（国連ＮＧＯ協議資格）を有する団体として登録されている。

この意味で、人権・平和ＮＧＯにとってアドボカシー（政策提言活動）はきわめて重要な活動となる。そこでは、それぞれの課題に取り組む以上に、新たな概念を提唱したり、新たな枠組みを提示したりすることが重要な活動となる。人権ＮＧＯが、「人権（権利）基盤アプローチ（ＲＢＡ）」[61]を提唱し、また「利害関係者（stakeholders）」から「権利保持者（rights-holders）」・「責務履行者（duty-bearers）」への概念の転換[62]を提案するのも、また、平和ＮＧＯが、東アジア非核地帯構想や武器貿易禁止条約を提唱するのも、こうした取り組みの一環である。この点では、人権・平和ＮＧＯのアプローチは、開発協力ＮＧＯのアプローチに近いと言えるかもしれない。

課題

人権・平和ＮＧＯの活動基盤の中核はアドボカシーにあり、この面での人材は決して不足しているとは言えないが、問題となるのはむしろ政府に「対話」の姿勢が欠けている点である。これは、日本政府が「批判者」を対話の枠内に入れない、あるいは国益と公益を混同するといった、未成熟な民主主義社会の中心部にいることにも起因している。

確かに日本社会においては一九八〇年代以降ＮＧＯが市民権を獲得するという流れを生んだ。しかし、アドボカシー型のＮＧＯを支援する社会システムはいまだ構築されていない。したがって、人権・平和ＮＧＯの財政はきわめて不安定な状況にある。

人権・平和ＮＧＯの共通課題の第一は、他の分野のＮＧＯとのコミュニケーションの強化、そして財政基盤の確保（独自の会員基盤の確保と適切な助成金の獲得等）にある。またアドボカシーの面では、専門家との連携の強化、ＮＧＯ内部での研究・調査機能の強化が重要となる。

さらに、成熟した民主主義の実現のために、政府に対しては今後も批判的な立場をきちんと維持し、市民に対しては人権・平和教育、民主化教育の促進に寄与しながら、「市民に支えられたＮＧＯ」そして「市民と共にあるＮＧＯ」の体制づくりに意を注いでいかなければならない。

注

（1）国連が認定するＮＧＯは、国連広報局（ＤＰＩ）か経済社会理事会（ＥＣＯＳＯＣ）のどちらか、あるいは両方に登録される。二〇〇八年九月時点で、ＥＣＯＳＯＣのgeneral consultative status（総合諮問資格）を持つ団体は一三七、special consultative status（特殊諮問資格）を持つ団体は二〇七一、そしてroster（登録）されている団体は九七五、合計三一八三団体である。国連ホームページ http://www.un.org/esa/coordination/ngo/pdf/INF_List.pdf による。

（2）『現代用語の基礎知識二〇〇九年版』自由国民社（二〇〇九　一八八頁、五〇七頁）。

（3）「国際協力ＮＧＯダイレクトリー」（ＪＡＮＩＣホームページ http://www.janic.org/directory）。

（4）この六点は、ジョンズ・ホプキンス大学のレスター・サラモン教授が「非営利セクター国際比較研究プロジェクト」で挙げた非営利セクターの特徴を土台に、山岡（一九九八）等を参考に筆者が作成したもの。

（5）山内（一九九九　二頁）や、ＮＰＯに関するウィキペディア（http://ja.wikipedia.org/wiki/NPO）にもそうした定義が紹介されている。

（6）日本ＮＰＯセンターの「ＮＧＯヒロバ」ホームページ（http://www.jnpoc.ne.jp/support/）による。それによれば、二〇一〇年六月時点で、支援センターの数は二九一となっている。このうち大多数の二一〇団体は地方自治体が設置したもの。支援センターの設置基準は、①ＮＰＯの支援（主に団体・組織の支援）を行っており、②分野を特定せず、③常設の事務所があり、④日常的にＮＰＯに関する相談に応じることのできる職員がいる、の四つである。

（7）広く知られているインドの社会運動には、ガンディー主義者が主導した土地改革を目指すブーダーン運動、樹木に体を巻きつけて森林を守るチプコ運動、ナルマダ・ダム建設反対運動などがある。

（8）「国際協力ＮＧＯダイレクトリー二〇〇八」（ＪＡＮＩＣ　二〇〇八）。

（9）二〇一〇年度一月時点で、地球環境パートナーシッププラザ（ＣＥＩＣ）運営のホームページ「環境らしんばん」の団体情報（http://plaza.geic.or.jp/org/index.php3）には八八五団体、（独）環境再生保全機構・地球環境基金「平成二〇年度環境ＮＧＯ総覧」の統計情報（http://www.erca.go.jp/jfge/ngo/shosai.html）には四五三二団体が登録されている。後者は開発協力系との重複が多い。

（10）「国際環境ＮＧＯ実勢調査二〇〇九」はＪＡＮＩＣのホームページ（http://www.janic.org/mt/img/activity/research_environment-ngo.pdf）に掲載されている。

（11）「ＮＰＯヒロバ」ホームページ（http://www.npo-hiroba.or.jp/）による（二〇一〇年四月一日アクセス）。

（12）二〇〇三年五月に修正される以前は一二種。この中の一つが「国際協力の活動」である。

（13）内閣府ホームページ（http://www.npo-homepage.go.jp/data/pref.html）参照。

（14）注15、16以外の出典は公益法人協会ＮＯＰＯＤＡＳホームページ（http://www.nopodas.com/contents.asp?code=10001004&idx=100326）による。

（15）この数字の出典は、注13に同じ。

（16）この数字の出典は、国税庁ホームページ（http://www.nta.go.jp/tetsuzuki/denshi-sonota/npo/meibo/01.htm）による。この数字は、ＮＰＯ法人の内数なので、合計に加えていない。

（17）厚生労働省平成二一年度版『厚生労働白書』ホームページ（http://www.mhlw.go.jp/wp/hakusyo/kousei/09-2/kousei-data/siryou/sh0910800.html）による（二〇〇八年現在）。

（18）文部科学省ホームページ（http://www.mext.go.jp/b_menu/shingi/chukyo/chukyo4/gijiroku/03102101/007/007/001.htm）による（二〇一〇年四月一日アクセス）。

（19）学校法人格を持つＮＧＯとしてよく知られているものには、アジア・アフリカのＮＧＯスタッフを一年間の農業・農村研修に招く「アジア学院（アジア農村指導者養成専門学校）」がある。

（20）たとえば社会福祉法人の全国社会福祉協議会は、アジアの福祉支援としてアジアの民間社会福祉従事者を研修生として長年受け入れている。またスマトラ沖地震被災地にも継続的支援を行っている。

（21）政府税制調査会・市民公益税制プロジェクトチームはＮＰＯ法人への税制優遇措置の拡大、認定ＮＰＯ法人の認定の緩和などを検討しており、二〇一〇年度中の実施であることが、同年三月三一日および四月一日に複数のマスメディアで報道された。実際にはまだ実施されていないが、これらが実現すると、ＮＰＯ法人と認定ＮＰＯ法人の税制上の扱いが大きく異なってくるほか、認定ＮＰＯ法人の資格が取得しやすくなる。

（22）下澤嶽「認定ＮＰＯ法人　審査の迅速・透明化を」（二〇〇八年七月二三日、朝日新聞「私の視点」）。

（23）詳しくは、二〇一〇年四月九日に開催された「新しい公共」円卓会議第五回の税調市民公益税制ＰＴの資料を参照されたい（http://www5.cao.go.jp/entaku/shiryou/22n5kai/pdf/100409_01_01.pdf）。

（24）ＮＧＯのデータの出典は**表1**に同じ。ＮＰＯのデータは、山内直人研究室のものを田中（二〇〇八　二五頁）より孫引き。

（25）これらの数字は、山内他（二〇〇七　一二頁）による。
（26）二〇〇五年の各国の人口は、国連開発計画『人間開発報告書二〇〇七／二〇〇八』による。
（27）二〇〇八年度の社資収入・寄付の合計。日赤ホームページ（http://www.jrc.or.jp/vcms_lf/redcross_soumu20090728ippann-04）による。
（28）二〇〇八年度の寄付・会費収入の合計。日本ユニセフ協会ホームページ（http://www.unicef.or.jp/about_unicef/about_keisan01_2008.html）による。
（29）二〇〇八年度の募金総額。赤い羽根共同募金ホームページ（http://www.akaihane.or.jp/content/toukei.html）による。
（30）第三節は、ＪＡＮＩＣの冨野事務局次長に負うところが大きい。
（31）前掲、注13。
（32）前掲のＪＡＮＩＣ「国際環境ＮＧＯ実勢調査二〇〇九」、および地球環境基金「平成二〇年度環境ＮＧＯ総覧」の統計情報（http://www.erca.go.jp/jfge/ngo/shosai.html）による。
（33）伊藤道雄「日本の国際協力ＮＧＯの歴史とネットワーク化の流れ」（今田他編　二〇〇四　一五頁、三七頁）。
（34）「ＮＧＯ‐外務省定期協議会」（「全体会」「連携推進委員会」「ＯＤＡ政策協議会」の三種類）の場では、外務省のＮＧＯ支援の方法や、ＯＤＡについて意見交換が行われている。「ＮＧＯ‐ＪＩＣＡ協議会」（「ＮＧＯ‐ＪＩＣＡ連携事業検討会」「評価小委員会」「開発教育小委員会」の三種類）の場でも、ＪＩＣＡとの対等な協力関係のもと、効果的な国際協力や市民参加についての話し合いが進められている。
（35）「ほっとけない世界のまずしさ」キャンペーンのホームページ（http://www.hottokenai.jp）参照。
（36）同フォーラムは二〇〇七年一月三一日に発足し、二〇〇八年一二月三一日に解散した。ＪＡＮＩＣホームページ(http://www.janic.org）参照。
（37）松本郁子「ＮＧＯとアドボカシー」（今田他編　二〇〇四　一四九‐一六八頁）。
（38）牧野他（二〇〇一　一二二頁）。
（39）同上、一二九頁。
（40）同上、一二一頁。
（41）たとえばバングラデシュ最大のＮＧＯであるＢＲＡＣは、有給スタッフ一〇万人余り、二〇〇八年度予算五三五億円（このうち自己資金七三%）、スリランカやアフガニスタン、アフリカなどにもその活動範囲を広げている。詳しくはＢＲＡＣのホームページ（http://www.brac.net/index.php）参照。

(42) 黒田かをり「国際開発ＮＧＯの役割」（今田他編　二〇〇四　三九頁、五七頁）。

(43) 下澤（二〇〇七　一六五頁、一七五頁）。

(44) 平井照水「日本の外交政策と人間の安全保障—バングラデシュの事例から」（勝俣編　二〇〇一　三七八頁）。

(45) 斎藤（二〇〇五　二五八頁）。

(46) ＪＡＮＩＣでは、ＭＤＡsの達成に寄与するＮＧＯと企業の連携を促進する場として、「ＣＳＲ〔企業の社会的責任〕推進ＮＧＯネットワーク」を二〇〇八年に立ち上げ、ＮＧＯと企業の連携のあり方を調査し、ＮＧＯ・企業両者で課題を抽出したり、協働で課題解決に取り組んだりしている。

(47) Bottom/Base Of Pyramid の略。途上国で人口数が圧倒的に多い低所得層を新たな市場とする販売戦略を指す。

(48) 第四節は、ワールド・ビジョン・ジャパンの片山事務局長に負うところが大きい。

(49) 批判的視点を多く掲載する雑誌『New Internationalist』（No.383 May, 2005）がＢＩＮＧＯを特集している。

(50) 第五節は、大西（二〇〇八　九九‐一三八頁）と大橋（二〇〇五　一三五‐一三六頁）を参考にし、かつＪＰＦの長有紀枝共同代表理事（二〇一一年三月末まで）から助言を受けた。

(51) 二〇〇九年度および二〇一〇年度のＪＰＦ予算では、政府支援金をそれぞれ一〇億円としている。詳しくはＪＰＦのホームページ（http://www.japanplatform.org/report/index.html）参照。

(52) この会計報告書は注51に示したＪＰＦのホームページ参照。

(53) 長坂寿久「世界の潮流とＮＧＯの動き　3　ＯＤＡ（政府開発援助）の第三のルート・ＮＧＯ—何故、日本はかくもＮＧＯ比率が異常に低いのか」ＮＰＯ協働 e-news Vol.6、二〇〇四（http://www.jca.apc.org/~ticn/mailmag/vol6/02.html）。

(54) 二〇一〇年度ＪＰＦ事業計画は http://www.japanplatform.org/report/2010/2010jpf_program.pdf 参照。

(55) 第六節は、エコ・リーグ（全国青年環境連盟）の北橋みどり事務局員に負うところが大きい。

(56)（独）環境再生保全機構「平成二〇年度環境ＮＧＯ総覧作成調査」二〇〇八（http://www.erca.go.jp/jfge/ngo/shosai.html）。調査の内訳は、環境保全を主目的とする団体が六四%、主目的ではないが（環境を）活動の柱の一つとする団体が三六%となっている。

(57) 前掲、JANIC「国際環境NGO実勢調査二〇〇九」。この調査では、地球環境パートナーシッププラザ（GEIC）運営の「環境らしんばん」の団体情報に掲載された八八五の環境NGOのうち、主に環境問題の解決を目的に国際的なネットワークを形成しているNGOや、途上国で協力活動を行っているNGO（以下、国際環境NGO）三五団体を選定し、そこから回答を得た二二団体を対象にデータ分析を行った。

(58) エコ・リーグ（全国青年環境連盟）二〇〇七年調べ。

(59) 注9を参照。

(60) 第七節は、市民外交センターの上村英明代表に負うところが大きい。

(61) 「人権（権利）基盤アプローチ（RBA）」は、それまでチャリティー的な支援の対象でしかなかった当事者たちの状況理解を、人権や権利の視点から根本的に捉え直すものである。たとえばRBAでは、土地なし農民は農地の保有権が保障されていない、未就学者は教育の権利や子どもの権利が保障されていない、低賃金労働者は団結権や生存権が守られていないといった状態にあると理解する。そうすることで、単に必要な支援を提供するだけではなく、その充足のためにはアドボカシーを含めたさまざまな活動が必要になると考え、その方法を示す。

(62) 「権利保持者」・「債務履行者」への概念の転換とは、注61に示した「人権（権利）基盤アプローチ（RBA）」の普及に従って生じる変化で、それまで平板に捉えられ一様に「利害関係者」と呼ばれていた関係者を人権（権利）の視点から区分し、それぞれの権利・義務関係を明確にすることをいう。

参考文献

今田克司・原田勝広編『連続講義　国際協力NGO―市民社会に支えられるNGOへの構想』日本評論社（二〇〇四）。

上村英明「『NGO』による平和的変革―地球的な『民主化』に向け転換点を回り始めた日本の『NGO』と市民活動」『平和研究』第一九号（一九九五）。

馬橋憲男「国連とNGO―オブザーバーからパートナーへ」『平和研究』第一八号（一九九三）。

馬橋憲男『NGO先進国スウェーデン』明石書店（一九九四）。

馬橋憲男「国連とNGO―地球的な市民参加のうねりと人権」『アジア・太平洋人権レビュー一九九七・国連人権システムの変動―アジア・太平洋へのインパクト』アジア・太平洋人権情報センター編、現代人文社（一九九七）。

馬橋憲男・高柳彰夫『グローバル問題とNGO・市民社会』明石書店（二〇〇七）。

エドワーズ、マイケル（杉原ひろみ他訳）『フューチャー・ポジティブ』日本評論社（二〇〇六）。

大西健丞「ジャパン・プラットフォーム」内海成治・中村安秀・勝間靖編『国際緊急人道支援』ナカニシヤ出版（二〇〇八）。

大橋正明「NGOの国際協力」後藤一美・大野泉・渡辺俊夫編『第四巻　日本の国際開発協力』日本評論社（二〇〇五）。

勝俣誠編『グローバル化と人間の安全保障―行動する市民社会』日本経済評論社（二〇〇一）。

金敬黙『越境するNGOネットワーク―紛争地域における人道支援・平和構築』明石書店（二〇〇八）。

功刀達朗・毛利勝彦編『国際NGOが世界を変える』東信堂（二〇〇六）。

コーテン、デビッド（渡辺龍也訳）『NGOとボランティアの二一世紀』学陽書房（一九九五）。

斎藤文彦『国際開発論―ミレニアム開発目標による貧困削減』日本評論社（二〇〇五）。

定松栄一『開発援助か社会運動か』コモンズ（二〇〇二）。

サックス、ジェフリー（鈴木主税訳）『貧困の終焉』早川書房（二〇〇六）。

下澤嶽『開発NGOとパートナーシップ―南の自立と北の役割』コモンズ（二〇〇七）。

世界人権会議NGO連絡会編、江橋崇監修『NGOが創る世界の人権―ウィーン宣言の使い方』明石書店（一九九六）。

田中弥生『NPO新時代』明石書店（二〇〇八）。

ダンドロー・ギヨーム（西海真樹他訳）『NGOと人道支援活動』白水社（二〇〇五）。

チェンバース、ロバート（野田直人他訳）『参加型開発と国際協力』明石書店（二〇〇〇）。

地球環境研究所『地球環境キーワード事典』中央法規（二〇〇八）。

ドラッカー、ピーター（上田惇生他訳）『非営利組織の経営』ダイアモンド社（一九九一）。

ドラッカー、ピーター&スターン・G・J（田中弥生訳）『非営利組織の成果重視のマネジメント』ダイアモンド社（二〇〇〇）。

西川潤・佐藤幸男編『NPO／NGOと国際協力』ミネルヴァ書房（二〇〇二）。

日本NPOセンター『知っておきたいNPOのこと［増補版］』日本NPOセンター（二〇〇九）。

日本国際ボランティアセンター編『NGOの選択―グローバリゼーションと対テロ戦争の時代に』めこん（二〇〇五）。

野村康・阿部治「NGOを通じた市民の環境保全活動の傾向についての一考察」『ボランティア学研究』**2：41-60**（二〇〇一）。

反差別国際運動日本委員会編『国連から見た日本の人種差別―人種差別撤廃委員会第一・二回日本政府報告書審査の全記録と

ＮＧＯの取り組み』反差別国際運動日本委員会（二〇〇一）。

ボードイン、スティーブン・Ｍ（伊藤茂訳）『貧困の救いかた』青土社（二〇〇九）。

「南」の子ども支援　ネットワーク『国際協力ＮＧＯのための「子ども参加」実践ガイドライン』国際協力ＮＧＯセンター（二〇〇三）。

牧野耕司・足立佳菜子・松本歩恵「貧困削減戦略書（ＰＲＳＰ）とは—『貧困削減に関する基礎研究』報告書から」『国際協力研究』第一七巻第二号（二〇〇一）。

山内直人『ＮＰＯデータブック』有斐閣（一九九九）。

山内直人・田中敬文・河井孝仁『ＮＰＯ白書二〇〇七』（大阪大学大学院国際公共政策研究科ＮＧＯ研究情報センター（二〇〇七）、ホームページ（http://www.osipp.osaka-u.ac.jp/npocenter/publication.html）。

山岡義典「市民活動の全体像と諸分野—分野を超えた交流のために」山岡義典編『ＮＰＯ基礎講座Ⅱ』ぎょうせい（一九九八）。

ワーナー、デイヴィッド&デイヴィッド・サンダース（池住義憲他監訳）『いのち・開発・ＮＧＯ—子どもの健康が地球社会を変える』新評論（一九九八）。

Chan-Tiberghien, Jennifer, *Gender and Human Rights Politics in Japan: Global Norms and Domestic Networks*, Stanford University Press (2004).
Dunker, Marilee Pierce, *Man of Vision*, Authentic Publishing (2005).
Fowler, Alan, *Striking a balance*, London: Earthscan Publications (1997).
Saiki, M. K., *Japanese Working for A Better World: Grassroots Voices & Access Guide to Citizens' Groups in Japan*, Honnoki Inc., Publishers (1992).
Quelch, John A, *World Vision International's AIDS Initiative: Challenging a Global Partnership*, Harvard Business School Case 9-304-105, Harvard Business School Publishing (2005).
Tamang, Seira, "Civilising civil society: Donors and democratic space" (http://www.himalassociation.org/baha/baha_conf_seiratamang.htm).

第二章

民主政治とＮＧＯ

東南アジア諸国の例

高橋華生子

フィリピンにおける民主化運動—コラソン・アキノの大統領選キャンペーン。（1986年１月撮影、毎日新聞社提供）

一　グローバルな民主化とＮＧＯ――ＮＧＯの政治的スペースの拡大

民主化傾向とＮＧＯ

本章では日本から外国に目を転じて、国家、とくに政治体制とＮＧＯとの関係を各国の比較において考察する。対象とする地域は東南アジア諸国である。

これらの国々は権威主義的な政治体制の下にあったが、近年民主化が実現しつつある。Ｓ・Ｐ・ハンチントン（一九九五）が『第三の波』で論じたように、多くの途上国で一九七〇年代後半以降、数々の民主化運動が立ち上げられ、国家主導の権威主義体制の是非が問われるようになってきた背景があり、市場や市民が関わっていく民主的な政治体制の構築は世界的な現象になりつつある。

ＮＧＯをはじめとする市民社会の台頭はそのような民主化傾向と密接に関係しており、ＮＧＯは民主化を背景にその存在感を高めた。政治は多元化し、市民社会は政府と国家を監視する役割を担い、民主主義の定着と深化に貢献する責務を担っている（リンス他　二〇〇五　三〇頁）。

民主化が加速化する以前の時期においても、ＮＧＯは国家が取りこぼした問題に取り組み、また行政サービスを補塡する組織として存在してきた。しかし、一九八〇年代後半からは重要な展開があり、各国においてＮＧＯ活動

表1　東南アジア諸国における民主化の類型

	起点となる主体	経路	目的	
類型1	市民	市民団体（NGOなど）の台頭→民主化運動	政治体制の転換（権威主義→民主主義）	市民中心型
類型2	政府	民主化政策→市民活動の興隆	民主的な制度の導入	市民参加型

出典：筆者作成。

に関する法制度の整備が進められた。国家はＮＧＯを重要なパートナーとして制度化し、憲法や政策の中にＮＧＯの役割を明文化した。現在、世界中の至るところで、ＮＧＯは民主的な政治体制の構築を担う役割を果たしている。

民主化の起源——「下から」と「上から」

東南アジア諸国において、ＮＧＯの地位向上には二つの異なった民主化の動きがあった。それらは、市民らによる「下から」の体制転換を求める社会運動と、政府による「上から」の制度改革を進めるイニシアティブである。前者による民主化では、ＮＧＯを中心とする市民パワーが社会運動を引き起こし、その結果、民主主義体制の形成に向けた取り組みが導入され、その中でＮＧＯに関する法制度が体系化されている。つまり、「下から」のダイナミクスが民主的な政治体制の構築へとつながっている形である。

これに対し、後者による民主化は、従来の国家体制を保ちながらもＮＧＯの活動を奨励し、政治の多元性を拡げようとするものである。すなわち、「上から」のアプローチを主軸として、ＮＧＯの政治的なスペースが伸張している形である。民主化が各国の政治体制や経済の成長レベルに関係なく見られ、グローバルに展開している理由は、民主化の動きが「下から」と「上から」の両側面を持っていたことによるものと思われる。

とりわけ東南アジア諸国の民主化を考える際、これら二つの側面を捉えていくことが重要である。戦後、これらの国では、開発主義を共通項として経済発展を試みてきた。そして一九八〇年代に入ると、各国で一様に民主化の動きが顕著になったわけだが、しかしその起源や推進力は明らかに異なっている。民主化の主体と経路、目的に注目すると、ある種の類型化が導き出せる（表１）。その類型化とは、市民による下からの民主化が起こり、民主主義に基づいた「市民中心型」の政治体制を築こうとしている国（類型1　フィリピンやタイ）と、権威主義的な政府による民主化政策を核として、「市民参加型」の政治体制を作り上げようとしている国（類型2　シンガポールやマレーシア）である。これら二つの類型から見えてくるのは、①民主化というものが権威主義からの脱却と民主主義への移行を必ずしも指すのではなく、権威主義と民主主義を相互に排他的なものとして単純に理解するのは妥当でないこと、②ＮＧＯの台頭は市民による運動に依拠しているだけでなく、政府による制度化の中でも促されていることである。つまりＮＧＯは、市民レベルからの下からの民主化――民主主義の発展――を目指すとともに、上からの民主化――民主的な制度化――を成立させる主体であると言える。以上のポイントは、民主化とＮＧＯの因果関係を再考し、東南アジア諸国に特徴的な政治体制の形を検証していく鍵である。

現代社会におけるＮＧＯの位置づけ――国家との関係性

本章では、東南アジア諸国に焦点を絞って、それぞれの類型における民主的な政治体制の形とＮＧＯの位置づけを捉えていき、国家とＮＧＯの関係性がどのように変容しているかを紐解いていく。各類型を代表する事例として、フィリピンとシンガポールを取り上げて分析を進めることとする。両国における政治的・社会的な民主化プロセスを歴史的に考察した上で、現代のガバナンスにおけるＮＧＯの存在意義と役割を検討し、民主的な政治体制の多様性や多義性を、東南アジア社会の文脈から切り取っていく。

民主的な政治体制の形成とＮＧＯの役割との関係性を考える際の要点は、民主化によってＮＧＯの政治的なスペースがいかに拡がっているのかということにある。換言するならば、ＮＧＯが公的な政策決定・実施で活躍できる領域がどのように膨らんでいるのかということである。ＮＧＯの経済的・政治的スペース論を提示した重冨（二〇〇一　二〇-二五頁、二〇〇二　四二-四八頁）によれば、戦後、多くの途上国では、開発至上主義がもたらしたさまざまな問題に取り組む存在として、NGOの活動に対する需要が高かった。ゆえに、NGO活動が求められる経済的なスペースは広かった。しかし、NGOの活動が制限されていた場合や、認可されていなかったことから、NGOの政治的なスペースは狭かった。それが民主化を契機として、NGOの政治的なスペースが拡がっていくわけだが、ここでの重要な問いは、NGOが独立した政治主体として、実質的に機能しているのかという点である。つまり、法制度化が国家とNGOの対等な関係を作り上げようとしているのか、それとも国家がNGOを抱き込もうとしているだけなのか。政治体制の民主的な度合いを測るには、そのいずれかなのかを検証していく必要がある。これは、東南アジアにおける民主化の成熟度と争点を探る重要な問いである。

本章の構成であるが、まず次節では、戦後の東南アジア地域における政治体制を整理しながら、開発主義から民主化への動きを概観し、その背景にあった国内的・国際的な要因を考察する。その後に、フィリピンとシンガポールの各事例を用いて、両国におけるNGOの位置づけを紹介し、国家とNGOとの関係性が変化している現状を明らかにしていく。以上の点を踏まえた上で、国家体制の揺らぎや新しいガバナンスの出現に目を配りながら、現代における民主的な政治体制のあり方とNGOの今後の課題を検討していくこととする。

二　開発主義下におけるNGO

東南アジア諸国の開発主義体制

なぜフィリピンやタイ、インドネシアで市民が立ち上がり民主主義を求めるようになったのか、そして、シンガポールやマレーシアが親NGO路線を取るようになったのか。東南アジア諸国における民主化への道程を探るには、その前段階である開発主義体制の分析が不可欠であろう。

戦後の東南アジア地域では、権威主義に基づく「開発主義体制」が支配的であった。開発主義とは、「個人や家族あるいは地域社会ではなく、国家や民族の利害を最優先させ、国の特定目標、具体的には工業化を通じた経済成長による国力の強化を実現するために、物的人的資源の集中的動員と管理を行う方法」（末廣　一九九八　一八頁）である。その根本には、中央集権と開発至上原理がある。政府による一元的な政治支配をもって、国家主導型の経済成長を目指す体制が開発主義体制である（岩崎　一九九八　一一六‐一一七頁）。とりわけ東南アジア諸国では、絶対的な指導者によって開発主義が進められたことから、「開発独裁」[1]という用語が使われるようになった。具体的には、フィリピンのマルコス政権やインドネシアのスハルト政権、タイのサリット政権、マレーシアのマハティール政権、シンガポールのリー・クアンユー政権などが、開発独裁の例として挙げられる。

政府党体制・官僚支配

開発主義期における政治体制では、形式的には議会や選挙制度の統治形態が成り立っていたものの、その実状は独裁者や軍を中心とする官僚テクノクラートによる支配が主であり、政府権力以外の団体に対する政治的な自由が多くの面で制限されていた。政府と政党が強く結合し、行政機構と政党が一体化した「政府党」の存在は東南アジア諸国の政治体制の特徴であり、そのような政府党体制の下では、政党間の競合は制度的に許容されているが、政治的リソースの格差があまりに激しいため野党による政権獲得のチャンスがきわめて乏しかった（藤原　一九九四　二三二頁）。

とくに、インドネシア、シンガポール、マレーシアは典型的な政府党体制であったと言える。インドネシアではゴルカル、シンガポールでは人民行動党（ＰＡＰ）、マレーシアでは統一マレー人国民組織（ＵＭＮＯ）が政権を掌握し続け、選挙が定期的に実施されていたものの政権の交代には至らなかった。[2]タイでも支配的な軍部と文民が並存する体制構築は困難であり、フィリピンでも寡頭的な民主制に陥っていた。これらの国々では、野党が存在する余地は残されていたものの、政党登録などによってその活動に規制をかけ、政府対抗勢力は非力化されていった。[3] 要するに、「実質的な政策立案権限は議会ではなく与党とそれを支える官僚機構に委ねられ、官僚機構は開発計画を策定・実施し、諸資源の動員を管理・運営するために、また社会的な維持のために拡大強化されていった」（金子　二〇〇二　一六〇頁）のである。

これらの点から言えることは二つある。第一に、開発主義体制では、政治と経済の独立が謳われていたにもかかわらず、実際には官僚のコントロールが継続していたこと、第二に、政党というチャンネルを経て市民の声を政治に反映させていく機能が、実質的には働かないシステムが作り上げられていたことであろう。

「対立」または「従属」するＮＧＯ

議会制が形骸化している場合、市民自らによる運動が残された手段として期待されていたが、その道も固く閉ざされていた。開発主義の体制下においては、言論・結社・集会といった政治的自由が制限されており、必然的にＮＧＯの活動も政府によって統制されていた。ＮＧＯが公然と異議を申し立てる行為は認められておらず、市民セクターが政策決定に影響を与えることは稀であり、ＮＧＯの政治的スペースは非常に狭かった。他方で、基本的人権の侵害や開発至上原理がもたらした経済格差など、開発主義政策が生み出した歪みは大きく、その歪みを埋めるためのＮＧＯへの需要、すなわちＮＧＯが活躍しうる経済的スペースは広大であった。[4] そのため、人権系のＮＧＯや、農村問題に取り組む実働型のＮＧＯが、開発主義体制の時代に成長しはじめたのも事実である。とはいえ、限られた政治的スペースの中では、ＮＧＯはあくまでも周縁組織の位置づけにとどまっており、行政のメインストリームにおける政治主体にはなりえなかった。市民の声を吸い上げるシステムや、そもそも市民の能動的な政治活動を許容するシステムが欠如していたのである。

開発主義体制下においてＮＧＯは不遇を経験した。タイでは、一九五八年一〇月にクーデタでサリットが政権を握ると、労働組合などの活動を一切禁じ、労働者の権利に制約をかけた。その後、一九七三年一〇月に起きた学生革命により文民政権が樹立し、NGOの政治的スペースも比較的に拡がり、その数は急増した。しかし、一九七六年に再び軍事政権に逆戻りすると、学生運動や農村運動が弾圧の対象となり、NGOの活動域も急激に縮小した。

フィリピンでは、一九六〇年代末にマルコスが登場した後、開発主義体制が強化され、政府が行政の絶対的な主体とされた。NGOは政府関連事業に参加することができなくなり、それまで割り当てられていた資金も大幅に削減されていった。マルコス時代、社会問題を訴えるNGOは反体制を掲げる左翼団体のラベルがつけられ、弾圧の対象となり、表立って活動を行うことはできなかった。

マルコスと時を同じくして、インドネシアでスハルトが大統領に就任すると、軍人と官僚からなるゴルカルが政府党となり、ゴルカルによる市民の監視システムが作り上げられた。インドネシアにおけるNGO管理の特徴は、そのコントロールが行政上の裁量によっていたことである。登録制度などでNGOを規制する法律はそれほど厳しくなかったが、監視システムを用いて集会や結社の自由、反政府運動が抑圧されていた。一方で、政府は一九七三年以降の国策大綱において、NGOの政府開発事業への参加を促していたが、これはインドネシアのNGOがネットワーク化しておらず、大衆運動を引き起こす力を持っていなかったためであると言われている（酒井　二〇〇一　二一九-二二〇頁）。NGOは社会運動体として認知されるまでに至っておらず、あくまでもスハルト=ゴルカル体制の開発を助ける末端組織として位置づけられていたと考えられる。

シンガポールやマレーシアは、さまざまな法律を適用して強力なセンサーシップ（監視・検閲）を行い、NGOに対する厳しい思想・活動統制を敷いている。両国ともに、基本的人権としての言論・集会・結社の自由を認め、国民の政治参加を保障しているが、実際にはそれらの諸権利を制限する法律が並存している。両国のNGOは各種団体法に基づいて政府への登録が義務づけられており、その制度によって政府はNGOの活動を規制または禁止することができる。つまり、政府は自らにとって有用なNGOだけを選び出し、NGOの方向性を決定づけることができる。NGOの活動が許されるのは、国家の治安維持や安全保障の観点から問題がない場合のみであり、それ以外は排除の対象となりうる。こういった政府の厳しい統制を象徴する出来事として、一九八七～八八年にマレーシアで起きた反マハティール派の弾圧が挙げられる。マハティール政権は、反マハティールの政治家や活動家を大量に逮捕し、政治の多元性を真っ向から否定したのである。

このように開発主義体制が強固であった時代は、国家とＮＧＯの関係性が「対立」または「従属」であった。そのため、ＮＧＯが市民の代弁者として直接政治に関わることは非常に難しく、ＮＧＯは公的な政治の場において、あくまでもインフォーマル（非公式）で、時にはイリーガル（非合法）な存在であった。

しかし、一九八〇年代の後半以降、東南アジア地域における国家とＮＧＯの構図に変化が訪れる。フィリピンやタイでは、下からの民主化が立ち上げられ、開発主義体制が終焉へと向かっていく。また、シンガポールやマレーシアでは上からの民主化が行われ、開発主義体制のあり方が修正されつつある。こうして開発主義体制の強度が低下する中、国家とＮＧＯの関係性は、岩崎（二〇〇一　二一七頁）が言及しているように、「国家優位の時代」から「国家と市民社会の競合的共存の時代」へと傾きはじめている。次節では、この転換の背後にある要因について、国内・国際レベルの両方から詳しく見ていく。

三　開発主義の転換と民主化の興隆

開発主義を転換させた国内要因

一九六〇～七〇年代に一世を風靡した開発主義も、八〇年代後半以降の民主化によって転換期を迎えるようになった。一九八六年にフィリピンで起きたマルコス政権の崩壊に端を発し、九二年にはタイで「暗黒の五月事件」と言われるラディカルな民主化運動が沸き上がり、そしてインドネシアでも九九年にスハルトの独裁体制に終止符が打たれ、民主主義への転換が図られた。また、権威主義的な国家体制を保っているシンガポールとマレーシアでさえ、今や民主主義的な制度や理念を度外視して国家運営を行うことは難しくなっている。

開発主義が転換していく背景には、国内的な要因と国際的な要因が複雑に絡み合っている。まず、国内的な要因から見ていくと、第一は、中央集権による開発至上主義がもたらした弊害に対する反動である。マクロ経済アプローチに基づいた経済発展計画によって、実質経済成長率は確かに伸びた。東南アジア各国の国内総生産（GDP）成長率を見ると、一九七〇年代後半に成長している国が多いことがわかる。マレーシアでは一九七六年に一二％、インドネシアでは七七～七八年に九％、フィリピンでは七六年に九％、タイでは七七～七八年に一〇％を記録しており、(5)この数字からも開発主義時代における東南アジア諸国の躍進が明らかになる。

しかし、問題は成長の恩恵が全国民に行き渡らなかったことだ。開発の対象は特定の都市部や産業に偏っていたため、地域・所得格差の拡大、貧困の増加、急激な都市化に伴う住宅やインフラの不備などの問題が山積していき、それらの問題に対する社会的不和が高まっていったのである。事実、シンガポールを除く四か国では、階層間格差の拡大が深刻化している。いずれの国においても、上位二〇％の所得層がGDPの四〇～五〇％を占めるのに対し、下位二〇％の所得層がGDPに占める割合は四～八％にとどまっている。一九八八年のデータによれば、タイとフィリピンにおける上位二〇％の所得割合は、それぞれ五〇％と四八％を占めていたのに対し、下位二〇％の所得割合はそれぞれ六％と七％にすぎなかった。一九九〇年代に入っても、その割合に変化はほとんどなかった。(6)国民生活の向上をスローガンとした開発主義は、最も重要であった資源の再分配に失敗し、一部の人びとしか成功を享受できないシステムであることが露呈した。その結果、政府に主導される国家のあり方が国民によって非難されていったのである。

第二の国内的な要因は、新中間層の台頭による社会運動の活発化である。(7)経済成長の恩恵を受けて成長した新中間層がNGOなどの市民活動を牽引し、その流れが抑圧されていた団体や運動を刺激し、いわば総動員的な反体制運動へと結びついたわけである（岩崎　二〇〇一　一八〇頁）。新中間層と民主化との関係性を押しなべて肯定することは危険であるが[8]、しかし一部の国については、新中間層が厚みを増したこと、これが民主化の推進力となったのは間違いない。とくにフィリピンでは、マルコス政権の開発政策による工業化や高等教育の普及によって、生活水準や政治的関心の高い新中間層が増大し、彼らが特権階級であった軍部や親マルコスの資本家に対する反対勢力として立ち上がっていった（伊藤　二〇〇二　一九〇頁）。つまり開発独裁体制は、皮肉なことに、自らの進めた経済政策の寵児である新中間層によって、その力を削がれていったのである。

以上二つの国内的な要因は、いわゆる下からの民主化を鼓舞するものであったと言える。そのため、フィリピンやタイ、インドネシアの例には当てはまるが、シンガポールやマレーシアにおける状況との親和性は低い。たとえば、都市国家であるシンガポールの場合、前述した開発主義の弊害はさほど問題視されておらず、また同国の新中間層は、国家主導による経済成長の申し子として、自身の利益や地位を守る傾向が強いと言われている（岩崎　二〇〇一　一九六頁）。

冷戦構造の変化と民主化の波

しかし、国際的な要因を考えると、東南アジア諸国全体に影響を与えているグローバルな規模での社会変動が見えてくる。第一の国際的な要因は、冷戦構造が崩壊したことと、それに伴って国際社会の姿勢が変化したことである。ポストコロニアル時代のアジア諸国では、政治的な安定と経済的な発展を掲げた新しいイデオロギーや国家目標の提示が不可欠であった（末廣　一九九四　二二三頁）。開発主義体制が正当化された理由は、経済発展を旗印とした社会管理と国民総動員を行い、政権主導による効率的な統治を整える必要があったこと、そしてその開発を進めるには、冷戦期におけるアメリカからの軍事的・経済的な援助が不可欠であり、その援助を受ける一元的な主体が必要であったことがある。しかし、一九八〇年代に入ってから冷戦構造が揺らぎはじめると、アジア地域が担ってきた反共ブロックとしての機能は縮小していき、アメリカからの支援も削減されていった。その結果、反共を共通項として確立してきた開発独裁はその正統性を失い、政権の求心力が低下したのである（岩崎　二〇〇一　一八二頁）。

それに加え、一九七〇年代後半から「第三の波」と言われる民主化の動きが途上国で発現するようになると、国際社会は民主化を開発アジェンダの優先事項に据えるようになった。世界銀行などの国際援助機関は、「グッド・ガバナンス」[9]の概念を提唱し、途上国の民主化支援を援助の最重要課題として認識しはじめる。また、アメリカの国際開発庁（ＵＳＡＩＤ）は、冷戦崩壊後の一九九〇年に民主主義イニシアティブを採用し、援助配分の決定に対象国における民主化の度合いを考慮に入れるようになった。このような国際社会からのプレッシャーは、援助受入国であるフィリピンやタイ、インドネシアに直接向けられただけでなく、権威主義体制を維持しているシンガポールやマレーシアの政策へも影響を及ぼしていった。

新自由主義（ネオリベラリズム）

また、新自由主義（ネオリベラリズム）の伸張も、重要な国際的要因である。ネオリベラリズムとは、小さな政府と市場原理主義をモットーとする経済政策であり、一般的には、一九八〇年代におけるイギリスのサッチャリズムやアメリカのレーガノミクスで広く知られるようになった。一部の先進国で現れたネオリベラリズムが途上国に普及していった背景には、国際通貨基金（ＩＭＦ）と世界銀行の存在がある。八〇年代末のワシントン・コンセンサス以降、ＩＭＦや世界銀行はネオリベラリズムの考えを採用するようになり、国家を資源配分・供給の一元的な主体とする構造主義的アプローチに代わって、市場のメカニズムを尊重する開発政策を推奨しはじめる。これによって、ネオリベラリズムは途上国の開発政策に投影されるようになった。

ネオリベラリズム型の開発は、公共財の供給に市場の原理を取り入れる考えに基づいており、政府の介入をスケールダウンさせ、民営化や規制緩和によって市場の役割を増進させるものである。ネオリベラリズムの概念が広まる中、「大きな政府」を体現してきた開発主義体制は、市場原理のグローバル化によって否定されるようになっていった。

ＮＧＯの文脈から見ると、ネオリベラリズムの発展は二つの相反した意味合いを持つ。一方では、ネオリベラリズムへの対抗軸として頭角を現すＮＧＯ像がある。市場至上主義と自由競争に価値観を置いたネオリベラリズムが公共投資の縮小を正当化し、その結果、経済格差の拡大や生活環境の悪化をもたらしたとして、ネオリベラリズム型の開発に対して異議申し立てを行う新しい社会運動が立ち上げられた。新しい社会運動が連鎖的に蜂起する中で、ＮＧＯが興起しているのである。さらには、ネオリベラリズムによる資本主義経済の深化——市場化による経済グローバリズム——が、日常の協力や人びとの間の絆、公共精神、信頼、連帯といった社会生活の土壌とも言えるものを侵食しているため、それらの社会的要素を強化する機関として自発的な市民団体が注目され、ＮＧＯの勢力が増大している点も指摘されている（岩崎　二〇〇三　三一頁）。

しかし他方では、ネオリベラリズムと市民セクターの共鳴的な関係を指摘できる。ネオリベラリズムに則った民間活力の導入がＮＧＯに代表される市民セクターを触発し、ＮＧＯは政府の公的なパートナーとして制度化されるに至っている。Ｋ・Ｄ・レイマンが言及しているように、一九九〇年代から国家レベルで顕著になる国際的なスタンダードは、民主的かつ新自由主義的な経済原理に基づいており、自由経済と民主的な国家を機能させるものとして、ＮＧＯをはじめとする市民社会を奨励するという、「新しいＮＧＯ規範」が表れている（Reimann 2006 p.59）。つまり、ネオリベラリズムの浸透がＮＧＯの政治・社会的な位置づけを向上させているとも言えるパラドキシカルな側面を見出すことができるだろう。(10)

国家とＮＧＯの関係モデルの変容

以上に述べたように、国内的要因と国際的要因の双方が市民に開放的な体制を求める動きを刺激し、戦後の東南

表2　J. V. リカーによる国家（政権）とNGOの関係モデル

分類	特徴	状態
1	自立・穏健な無視	NGOは政権とは没交渉となり、政権に対するアドボカシー（政策提言活動）を重視しない傾向にある。
2	促進・奨励	政権とNGOとの密接な協力関係が築かれる。
3	提携・協力	環境・人権NGOの政権に対するアドボカシーが活性化する条件が整う。
4	取り込み・吸収	政権はNGOを統制するだけでなく、政府系NGOなどの設立によってNGOの同化を図る場合がある。
5	封じ込め・妨害・解体	権威主義体制下の政治危機の中で多く取られる治安対策の意味を持つ。

出典：伊藤（2002　57頁）をもとに筆者作成。

アジア諸国を象徴する開発主義体制という一大システムを弱めてきた。「民主化」「市場化」「グローバル化」の進展によって社会構造が変動し、アジア諸国の政治経済は大きく転換している（竹中　二〇〇八　一〇 - 一一頁）。それらの動きの中で、中央集権的な国家の統治体系が見直されるようになり、行政の形が国家主導である「ガバメント」から、複数のアクターが行政に関わる「ガバナンス」[11]へと移行している。

ガバナンス改革とは、政策決定・実施に関わるアクターを多元化させる試みであり、ＮＧＯはその改革を契機として、「エンパワーメント」や「市民参加」の推進を掲げながら、行政に関与する場面を増やしている。ＮＧＯは市民の政治参加を促す媒介者として法的に認められ、民主的な政治体制の確立と定着を促すアクターとして位置づけられるようになった。こういった新しい動きが示唆しているのは、国家とＮＧＯの関係性が「対立・従属の時代」から「協力・並存の時代」へと変化していることであろう。

しかし、一口に協力・並存と言っても、国家とＮＧＯの関係性は国によって差異がある。**表2**に示したように、Ｊ・Ｖ・リカーは、国家（政権）とＮＧＯの関係を五つのモデルに分類している。伊藤（二〇〇二　五七 - 五八頁）の分析によれば、1と4は権威主義体制に特徴的なモデルであり、2と3のモデルは民主化への移行・確立期に現れる。たしかに、フィリピンには2と3のモデルが当てはまり、ＮＧＯを独立した政治主体として見なした共存関係が形成されつつある。しかし、シンガポールの例を考えると、ＮＧＯの活動を促進・奨励しながら、その存在を非政治化して政権に取り込んでいく状況を指摘でき、モデルで言うところの2と4が同時に現れていると言える。次節では、この両国に焦点を絞って、NGOの位置づけを明らかにし、国家とNGOとの共存関係を詳解しながら、民主的な政治体制の多様なあり方を描いていくこととする。

四　フィリピン——「市民中心型」ガバナンスの確立を求めて

反体制民主化運動

フィリピンは、下からの民主化シナリオ——市民的自由を求める運動の高揚、そして権威主義体制の解体——がいち早く現れた国である。フィリピンでは、周知の通り、一九八〇年代に入ると汚職と腐敗にまみれたマルコス政権の退陣を求める民主化運動がエスカレートし、一九八六年のエドゥサ革命をもって市民パワーに後押しされたコラソン・アキノが大統領に就任した。民主主義を標榜するアキノ政権は、市民を中心とした政治体制の確立を前面に押し出し、親NGO路線の政策を次々と打ち出していった。現在、フィリピンの首都であるマニラは、世界でも有数のNGOハブ都市であり、その数は草の根レベルの住民組織を含めると一万を超えると言われており、開発系のNGOだけでも三〇〇〇～五〇〇〇団体ある（JANIC　二〇〇二　四六頁）。

フィリピンの民主化が沸騰した背景には、持続的かつ地道なNGOの活動があった。マルコス政権期は戒厳令が敷かれ、NGOの活動が全体主義的なスタンスでコントロールされていたが、他方で反体制の左派運動と連携したNGOの基盤が築かれた時代でもあった。つまり、既存のNGOの活動が困難になる一方で、強い政治色を帯びたNGOも発達していたのである（川中　二〇〇一　一三九頁）。一九八〇年代に入ると、戒厳令の解除、経済危機、マルコスの政敵であったベニグノ・アキノ暗殺事件などをきっかけとして、反マルコスを旗印とした民主化運動に火がつき、市民社会の政治化が加速していった。一九八四年には、約四〇の市民団体が集まって、「民主主義回復のための組織連合（ＣＯＲＤ）」を結成し、翌八五年には、ＣＯＲＤの組織的な統一を図り、市民運動と労働運動の連帯を目指した「親民族主義者同盟（ＢＡＹＡＮ）」を作った。

フィリピンのＮＧＯは、このように多くの市民を動員し巨大な市民運動へと変容させることができる重要な政治アクターとなり、こうしたＮＧＯの成長が下から民主化を支える原動力となった（五十嵐　二〇〇四　二三六頁）。しかしながら、ＮＧＯの地位自体はインフォーマルな場合も多く、政策決定・実施の内部に入り込んで活躍する政治主体ではなかったとも言える。

フォーマルな政治主体へ

その状況がアキノ政権の樹立によって大きく変化し、ＮＧＯはインフォーマルな組織からフォーマルな政治主体へと転化していく。ＮＧＯの地位を向上させた最大の要因はＮＧＯ活動の法制度化である。重要な改革は二つある。一つ目は一九八七年に改正された新憲法である。ＮＧＯ関係者は新憲法の制定段階からの草案づくりに参加し、同憲法ではＮＧＯ活動の振興が明文化された。第二条二三項は「国家は、国の繁栄を促進するＮＧＯやコミュニティ組織を奨励する」と宣言し、また市民団体の権利と役割を記した第一三条は「国家は、住民組織が民主的な枠組みの中で平和的かつ合法的に利益を追求する行為を促すため、独立した住民組織の役割を重んじる（一五項）」「国家は、人民とその組織がすべてのレベルにおける社会的・政治的・経済的な政策決定に関わる権利を保障し、諮問機関の設立を法的に促進する（一六項）」と規定している。

その結果、一九八七年以降の中期フィリピン開発計画には、政策決定・実施・評価の諸プロセスにＮＧＯを参画させることが明記され、農業省や環境・天然資源省、保険省などの中央省庁にＮＧＯとのコミュニケーションを担う部署が設置された。アキノ政権に続くラモス政権も親ＮＧＯ路線を踏襲し、ＮＧＯ関係者を省庁の閣僚に任命して、ＮＧＯとの合同会議やプロジェクトなども行われた。

もう一つの重要な法律は一九九一年に発効した地方政府法である。同法は、行政の分権化を目指して制定されたものであり、住民組織やNGOとの関係を明言している条項が複数盛り込まれている。それらの条項では、地方自治体は「地方自治の確立に向けたパートナーとして住民組織とNGOの設立と活動を促し（三四項）」「住民組織やNGOと共同して国民生活の向上を図り（三五項）」「住民組織やNGOの活動に必要な支援を提供する（三六項）」と規定されている。さらに、地方開発委員会に関する条項では、「NGOからの代表数が全構成メンバーの四分の一以上でなければならない（一〇七項）」とも記されている。これによってNGOは地方行政を司るアクターとして認められることとなり、市民を中心とした分権型のガバナンスづくりがさまざまなレベルで進められていった。

国家とNGOの協力体制

フィリピンでは、国内における下からの民主化が結実し、NGOに寄り添った法制度を整備しながら、分権化を掲げるガバナンス改革が進められている。その改革とともに、前述したリカーの2と3のモデルを取りながら、国家とNGOの密接な協力関係が形づくられている。フィリピンの代表的なNGO連合である開発NGOネットワーク会議（CODE‐NGO（後述））が一九九九～二〇〇〇年に行った調査によれば、七一・七％のNGOが政府機関と連携しており、NGOは欠かせないステークホルダーとして政府の政策決定・実施に関わっている（JANIC　二〇〇二　四七頁）。

具体的な例として、フィリピン有数の開発NGOであるガワッド・カリンガ（Gawad Kalinga）の活動を挙げたい。ガワッド・カリンガは、貧困層への住環境開発を専門とする全国規模のNGOであり、マニラ首都圏だけでも一〇〇以上のコミュニティでプロジェクトを実施している。二〇〇五年一〇月、ガワッド・カリンガの活動は「優先開発プロジェクト」として下院で可決され、国家の開発戦略である中期フィリピン開発計画に盛り込まれるよう

ガワッド・カリンガが再開発したコミュニティ。

になった（Congress of the Philippines 2005）。現在、ガワッド・カリンガは中央政府や地方自治体とダイレクトに協働する体制を築きながら、その活動範囲を飛躍的に拡大させている。

理想には届かない現実

フィリピンは、ＮＧＯといった市民セクターの政治参加を重視し、「市民中心型」の民主主義の実現に向けて歩んできた。ＮＧＯに開かれた社会づくりは、民主的な分権型ガバナンスの土台として広まっていったのである。しかし、こういった民主的なＮＧＯ政策が思い描いたように進んでいるかは検討の余地がある。そこには、制度化が実質的に機能していない現実もある。

フィリピンの場合、地方政府首長の権限規定の方がＮＧＯの行政参加よりも強固であり、また既得権益層である地方政治家がＮＧＯの介入を阻んでいるため、「制度的には国家資源を支配する立場に従来の政治家がいることで、彼らによる資源支配の実態は大きく変わらず、ＮＧＯが代理人から政治主体へと性質・指向性の変容を示しているものの、実際には、その影響力はまだ限られたものでしかない」（川中　二〇〇一　一五二頁）。また、地方政府法に基づくNGOの公認申請とその認可は数の上で伸び悩み、地方自治体とNGOの相互不信はいまだに根深いと指摘されている（伊藤　二〇〇二　六八‐六九頁）。

相互不信は地方自治体とNGOとだけの問題ではない。中央政府や国際援助機関（世界銀行やアジア開発銀行〔ADB〕など）とNGOとの間にも、いまだに敵対する感情が残っている。その背景には、大きく二つの問題がある。一つには、NGOを対等なパートナーとしてではなく、行政の下請け機関として見る傾向がある。実際にNGOのスタッフにインタビューしたところ、「政府や国際援助機関は形式的にNGOと協働しているにすぎず、NGOの自律性を尊重していない」という回答が返ってきた。NGOは政府や国際援助機関が進める民主化のプロパガンダに乗せられていると感じ、結局は依存・従属関係から抜け出せていない現実に直面している。もう一つには、透明性や信頼性、アカウンタビリティ（説明責任）の点から、NGOの力を疑問視する傾向がある。中央政府組織や国際援助機関のスタッフからは「増殖し続けるNGOの中から、パートナーとなりうる団体を見つけるのは非常に難しい」という意見が聞かれた。政策決定・実施のプロセスに関わるためには、NGO側もそれを全うするキャパシティを持っていなければならないのである。

法制度の整備がNGOの能力を自動的に高めるわけではない。NGOの地位は制度化によって政治的にも社会的にも向上したが、それはNGOのキャパシティ開発とは別の問題なのである。

ネットワーク化によるNGOのキャパシティ開発

フィリピンのNGOがいかにしてカウンターパワー（拮抗力）としてのキャパシティを高め、市民の利害を反映するチャンネルとして作用していけるのか。この問題を解く鍵として、NGOのネットワーク化戦略を分析していきたい。

現在、フィリピンのNGOはネットワーク化を進めながら、NGO間の連帯を結成し、自らのエンパワーメントを総体的かつ集合的に図っている。アジア開発銀行の報告書にもあるように、フィリピンのＮＧＯが発展している最大の要因は、ＮＧＯがネットワーク化して相互援助の関係を築き、リソースやスキルを共有しながら進化していることにある（ADB 1999 p.8）。

代表的なＮＧＯ連合として、一九九一年に結成された「開発ＮＧＯネットワーク会議（ＣＯＤＥ‐ＮＧＯ）」が挙げられる。ＣＯＤＥ‐ＮＧＯはフィリピン最大のネットワークであり、その傘下に三〇〇〇のＮＧＯや住民組織を擁している。ＣＯＤＥ‐ＮＧＯはフィリピン開発誓約（Covenant of Philippine Development）とＮＧＯの行動指針を打ち出し、政策提言を行う上での基本的な枠組みを示しただけでなく、その指針に沿った行動規範も作成し、ＮＧＯの透明性や信頼性、アカウンタビリティの向上に大きく貢献している（ＪＡＮＩＣ　二〇〇二　四七頁）。

ＣＯＤＥ‐ＮＧＯのような全国的な大規模ネットワーク以外にも、地域に密着したＮＧＯ連合がいくつも現れている。そのうちの一つである「ＴＲＩＣＯＲ」[12]を紹介しながら、ＮＧＯネットワークの構造と機能について簡単にまとめたい。ＴＲＩＣＯＲは、マニラ首都圏のケソン市を拠点とした、スラム地区にある貧困コミュニティの諸問題にチャレンジしているＮＧＯ連合である。ＴＲＩＣＯＲのネットワークは、三つの主要ＮＧＯを核として形成されている。それらの三団体とは、①コミュニティの組織化を進める人材育成を専門とする「ＣＯＰＥ　Community Organization of the Philippines Enterprise Foundation」、②強制立退きやスラム一掃の動きに反対する法的サポートの提供を専門とする「ＵＰＡ　Urban Poor Associates」、③コミュニティの自助努力による開発支援を専門とする「ＣＯＭ　Community Organizers Multiversity」である。以上の三団体は、合同してミーティングやスタッフ開発、リソースの共有を行い、スラム地区のコミュニティに対して単なる物質的な援助を与えるのではなく、コミュニティの自立化や居住権の獲得、住民による開発活動の促進に取り組んでいる。ＣＯＤＥ‐ＮＧＯ同様に、ＴＲＩＣＯＲも多数の地元コミュニティ（住民組織）と結びつき、草の根レベルにまで行き渡ったネットワークを作り上げているだけでなく、他の専門性を有すＮＧＯとの連携体制を築きながら、より包括的な開発アプローチを追求している。

TRICOR内での部会ミーティング。

たとえば、ＵＰＡは、住宅・インフラ開発の設計図づくりといった技術的なサポートを行っていないため、若手建築家からなるＮＧＯの「Tao-Pilipinas」と連携し、住空間の物理的な改善計画などを地元コミュニティに提示している。

ＮＧＯ連合が担っているもう一つの重要な役割は、政府や国際援助機関との窓口としての機能である。ＴＲＩＣＯＲもこの例外ではない。ＴＲＩＣＯＲが介入している政府プロジェクトの一つに、パシグ川再開発計画がある。この計画は、マニラ首都圏を横断して流れるパシグ川の川岸や堤防に位置するスラム・コミュニティを一掃して、その部分を公共スペースへと生まれ変わらせるプロジェクトである。ＴＲＩＣＯＲはプロジェクトの影響を受けるスラム・コミュニティの運動を支援しているだけでなく、担当政府機関であるパシグ川再開発委員会と融資元であるアジア開発銀行との交渉窓口として機能している。実際のケースから説明してみよう。ある対象コミュニティで強制立ち退きが行われた時、住民の一人が死亡するという事件が起きた。その際、ＴＲＩＣＯＲはアジア開発銀行に対して抗議を表明し、その結果、アジア開発銀行はマニラ首都圏開発庁とパシグ川再開発委員会に勧告を発し、非人道的な撤去活動を一切禁じた（高橋　二〇〇八　一一一頁）。この一連の流れが示唆するのは、ＮＧＯが国際援助機関という権力を用いて政府に圧力をかける異議申し立ての新しいチャンネルを開拓し、それによってＮＧＯが自らのキャパシティを拡げている点である。

ＴＲＩＣＯＲの例が示すように、フィリピンのＮＧＯはネットワーク化を通して行動力と発言力を強め、政治への介入度を高めている。しかしながら、アドボカシーという政策提言の側面においては、フィリピンのＮＧＯが成熟しているとは言い難い。アジア経済研究所の川中（二〇〇四　五二頁）が論じているように、フィリピンの開発NGOは「NGOの連合体が形成されることはあっても、全体として強固な凝集性を誇るということはない。そのためマクロレベルの政策にまとまって影響力を行使するという状況にはなってない」。

すなわち、ネットワーク化が進歩し、政府や国際援助機関とNGOの関係性が変化しつつあるとしても、フィリピンのNGOは具体的な政策提言を行うレベルにまで達していない可能性がある。NGOが政府から批判的な距離を保ち、競合的な存在として認められていくには、異議申し立てにとどまるのではなく、それに続く代替的な解決法を提案するキャパシティの開発が求められている。市民中心型ガバナンスの確立に向けて、フィリピンのNGOが臨むべき最大の課題はこの点にあるだろう。

五　シンガポール――アジア型民主主義の展望

権威主義的体制

民主主義へと大きく傾くフィリピンに対して、シンガポールはいまだに権威主義的な体制を維持している。シンガポールは一九六五年の建国以来、一貫して人民行動党（PAP）が政権を握るというヘゲモニー政党制の国家である。定期的な選挙の実施と議員内閣制による議会制度が成り立っており、制度上は民主的な政治体制が構築されているが、政治的な面で言えば、与党であるPAP独裁の中央集権が続いており、NGOなどの市民団体が政策の決定・実施に関与できる場は限定されている。東南アジア諸国の中でも、突出した経済発展に成功したシンガポールは、開発独裁の正統性がきわめて高く、一九九〇年代初頭の段階でも、PAPが全議席に占める割合は九五％に上っている。政党以外の団体が政治活動を行うことは認められておらず、PAPが絶対的な与党であることを考えると、シンガポールにおける政治の多元性はさほど発達してこなかったと言える。

このような中央集権度の高いシンガポールでは、ＮＧＯの活動はさまざまな規制の下に置かれ、ＰＡＰは各種の法律を適用して強力なセンサーシップを敷き、ＮＧＯの非政治化を実行してきた。シンガポールのＮＧＯは、団体法、相互扶助団体法、協同組合団体法、慈善団体法のいずれかに基づいて政府へ登録することが義務づけられており、その制度によって政府はＮＧＯの活動を制限または禁止することができる。つまり、政府は自らにとって「安全な」団体と「安全でない」団体を取捨選択することができる。また、新聞・雑誌法では言論の自由、治安維持法では結社の自由を制限しており、市民社会が政権とその政策を公然と批判することは困難である。

行政サービスの高さ

シンガポールにおけるＮＧＯの脆弱性は、政治的なスペースの狭さだけに依拠しているわけではない。シンガポール政府は徹底した社会・公共サービスの提供を行っており、国民は水準の高いサービスを政府から受けることができる。そのため、ＮＧＯ活動に対する需要は低く、ＮＧＯの経済的スペースも狭い。都市国家であるシンガポールは、途上国共通の問題である農村開発に挑む必要がなく、開発主義の理念である「国民生活の向上」を着々と実現しているがゆえに、ＮＧＯ自体がその政治的スペースを拡大させる活動も鈍化したと言えるだろう。最もよく知られているのは、国家による住宅供給率の高さである。シンガポール国民の八割以上が、ＨＤＢと言われる公団住宅に居住しており、各公団ブロックで生活に密着した細やかな社会・公共サービスを受けることができる。このことからも、シンガポールにおけるサービスの高さを見て取れる。

さらに言えば、政権から直接支援を受けて設立された政府系ＮＧＯの多さも、シンガポールの特徴をよく表している。伊藤（二〇〇二　六二頁）は、「シンガポールにおける政府系ＮＧＯの設立は、一九九〇年代に入って経済成長によって生じた社会的矛盾や利害対立を先見のチャンネルに取り込むことで解決をはかろうとしたもの」と分析し、「「市民社会」における社会的不平等の問題を、「国家」が「市民社会」の動きを先取ることで非政治化し、政権は政治体制の民主化の動きが「市民社会」から現れてくることを効果的に先制している」と論じている。すなわち、シンガポールの政策は下からの民主化を活発化させないために、政権がコントロールできる上からの民主化を進めることで、リカーの四番目のモデルである「NGOの取り込み・吸収」を行っているのである。

政治の多元化傾向

アメリカの政治学者R・A・ダールによる定義では、近代民主主義とは、公正な選挙が頻繁に実施され、表現・集会・結社といった市民の諸権利と情報へのアクセスが保障され、そして独立した組織・団体や市民が包括的に参画する政治の多元性が尊重されていることを前提とする（ダール 二〇〇一 一一六 - 一一七頁）。ダールはこれを「ポリアーキー型デモクラシー」と呼んでいる。この定義に則れば、シンガポールの政治体制は、民主主義を歪曲させたシステムであると捉えることができる。それに対し、シンガポール建国の父であるリー・クアンユーは、民主主義はその社会に適した形で異なるとし、アジア型民主主義を唱えた。アジア型民主主義とは、民主化が経済発展を導くという普遍的な方程式に反するものであり、民主化が経済発展の礎を築くのではなく、経済が発展し国民生活が向上すれば民主化が進む、としている。しかし、ここで言うところの民主化とは、政権が民主的な制度を整えていくという、上からの民主化である点は否めない。

だが、市民社会による民主化運動のグローバルな展開、国際社会におけるグッド・ガバナンスの普及、ネオリベラリズムの到来などを背景として、シンガポールにおいても徐々にではあるが政治の多元性が注目されるようになっている。リー・クアンユーが首相を引退する一九九〇年前後から、国家運営に関する政府の姿勢が転換しはじめ、後任の首相ゴー・チョクトンは国家建設の一目標として参加型民主主義の実践を重視し、国民と政府が対話する機会の増大を図っていった。この頃から、政府の対NGO政策も軟化しはじめ、新たなNGOの形が現れるようになる。九〇年代以前は、行政を補塡する政府従属型のNGOが主流であったが、首相交代の時期を境にして、政府の政策を批判的に検討するNGOが登場しはじめた。たとえば、九四年に設立された「ラウンドテーブル（円卓会議）」は、メディアを通じて政権批判と政策提言を展開しており、極小であったNGOの政治的スペースを拡げようとしている。その他にも、政治的な問題を扱う「ソクラティックサークル」というNGOも結成・認可されている。こういった政治的なNGOの出現は、公共性に対する問題意識を市民社会の間に広めていこうとする動きである（伊藤　二〇〇二　七七頁）。

さらに、政府の側からも、積極的にNGOを活用する政策が立ち上げられている。一九九七年八月には、当時の首相であるゴー・チョクトンが「シンガポール21委員会」を設立し、同年一〇月に国家建設の新しいビジョン「シンガポール21」のプロジェクトが発表された。そのビジョンの五大柱の一つが「アクティブな市民」であり、市民社会の重要性と市民参加型政治の推進が国策の一つとして記載された。現在、シンガポールのNGOは、政府の外縁で活動を行うだけでなく、政策決定に影響を及ぼす機会を獲得しつつある。つまり、リカーの二番目のモデルである「促進・奨励」の関係が、権威主義体制のシンガポールでも発見されるようになっている。

奨励と統制の二面性

また、言論の自由に関する規制も、少しずつではあるが緩和されつつある。興味深い例として、二〇〇〇年九月に政府が作った「スピーカーズ・コーナー」[13]を取り上げたい。シンガポールでは、公の場において政治的な発言をすることが許されていなかったが、スピーカーズ・コーナーでは、シンガポール国民であることや事前に登録することなどが条件ではあるが、設置された公共の野外スペースで市民が自由に意見を述べることができる。[14]しかし、当時の副首相であったリー・シェンロンのコメントにもあるように、発言者の意見や要望を政府が取り上げるメカニズムは存在せず、スピーカーズ・コーナーとは言論の自由を唱える反政府論者を黙らせるための政治的な策略であると批判されている（Lee 2002 p.111）。スピーカーズ・コーナーの利用度はきわめて低く、穿った見方をすれば、

シンガポールのスピーカーズ・コーナー。

この結果はまさに政府の意図したものであると言える。

シンガポールにおける権威主義の特徴は、市民による自発的な政治活動を法的に規制する一方で、政府に協調した団体を通じて市民の政治参加を勧めていることである（Rodan 2003 p.506）。このような「二面性」は、NGO政策にも映し出されている。NGOを監視・統制するシステムと、状況に応じて奨励・導入するシステムとが同時に存在している。否定的に見れば、この二面的な政策はNGOの囲い込みであると取れる。しかし、肯定的に評価すれば、NGOの政治的スペースが拡がる余地が生まれてきたと取れる。たしかに、シンガポール政府の狙いは市民活動を管理しながら取り込むことによって、政治の多元化を国内外にアピールすることにあるのかもしれない。とはいえ、リーダーシップ交代や政策転換の中で、政府は多少なりとも市民社会に歩み寄りを見せるようになってきている（田中二〇〇一 二六六頁）。

NGOのグローバル・シティ——国際非営利セクターハブ化構想

一九九〇年代以降、民主的な政治環境づくりをアピールしはじめたシンガポールは、現在、その関心を国際社会へと向け、新たな戦略を打ち出している。それが国際的な非営利セクターのハブ化戦略である。対象となる団体の中には国際NGOも含まれている[15]。政府は海外のNGOを招き入れることによって、シンガポールが市民に開かれたリベラルな社会であることを示そうとしている。

政府はまず、二〇〇七年に国際的な非営利セクターが行うファンド・レイジング（資金調達）に関するルールを改めた。それまでは「八〇・二〇ルール」と言われる規制が適用されており、このルールの下では、国際的な非営利団体は集めた寄付金の八〇%をシンガポール国内で使われなければならなかった。つまり、国外の開発プロジェクトへは、寄付金の二〇%しか充当できなかったわけである。これが、慈善委員の認可を受けた団体に直接流れる寄付金[16]については、「八〇・二〇ルール」から免除されることとなった（Ministry of Community Development, Youth & Sports 2007）。また、国際的な非営利団体を収容する施設「タングリン国際センター」も用意されており、政府への登録を完了した団体は、市場価格の半額以下の賃料でオフィスを構えることができる。現在、七〇以上の国際的な非営利団体がシンガポールにもオフィスを置き、二〇〇五年以降その数は倍増しており、二〇一五年までに一五〇の団体を誘致する計画である（IO Programme Office 2009）。

タングリン国際センター。

　このハブ化構想の根本には、経済発展の論理がある。担当部署の国際団体プログラムオフィスが経済開発庁内に設置されていることからも明らかなように、政府は世界的に拡大する非営利セクターをビジネス・チャンスとして捉えている。シンガポール経済開発庁の新規事業課責任者のジョナサン・クアは「シンガポールがグローバル都市として成長する中、政府機関や企業によって解決できない問題が出てきており、非営利団体の導入が有効的な策である」と語り、第三セクターを取り込んだ行政の可能性に言及しつつも、「非営利セクターが生む利益がＧＤＰの一%にあたるのならば、それを活用しない手はない」と続けている（Strait Times 2008）。前述の国際団体プログラムオフィスが行った調査によれば、非営利セクターは二〇一五年までに二五〇〇の職をシンガポールで創出すると算定されており、経済的な貢献度がハブ化構想のポイントであることがわかる。この国際的な非営利セクターのハブ化構想からも、経済発展による民主化というアジア型民主主義の概念を汲み取ることができるだろう。

ハブ化構想批判

しかし、この構想に対して、さまざまな角度からの批判が行われているのも事実である。シンガポールにもオフィスを構える国際NGO「ハビタット・フォー・ヒューマニティ・インターナショナル」中国地域部長のヨン・テックメンのコメントから、二つの問題点を整理したい（Strait Times 2008）。第一は、国内問題の不可視化である。これは、海外の団体とそのプロジェクトに国民の目を向けさせることによって、国内の社会問題——とりわけバングラデシュやフィリピン、インドネシアから来る低賃金移民労働者の人権問題など——が見過ごされてしまう危険性を指している。第二は、政府の厳選主義である。政府は自らに従順な団体だけを受け入れ、アドボカシーを行う団体を排除する傾向にある。そのため、シンガポールに来ようとする海外のNGOは自然に淘汰され、政治色の薄い団体だけが残っていく。その結果、政治の多元性を拡げ、市民による能動的な活動を推進するNGOは、従来からの国際NGOハブであるマニラやバンコクを選ぶこととなる。

ヨン・テックメンに筆者がインタビューしたところ、「言論や出版、表現の自由が保障されない限り、国際的な非営利セクターのハブ化構想は実現しない。そしてその自由は、実質的に保障されなければ意味はない」と語ってくれた。今でもなお、シンガポールにおける言論や出版、表現の自由は、形式的な範疇を超えていない。具体的な例を挙げると、二〇〇六年にIMFと世界銀行の会議がシンガポールで開かれた際、二七人の海外市民活動家がシンガポールへの入国を拒否された。しかも、その会議に対する抗議運動はサンテック・シティという国際会議場内に設けられたスペースでのみ許され、そのスペースはバスケットボール・コート半分の大きさであったという（Strait Times 2008）。さらには、野党であるシンガポール民主党のリーダー、チー・スンジュアンは、許可を取らずに市民政治キャンペーンを行ったとして、今までに数回投獄されている。この点からもわかるように、シンガポールにおける市民活動は一方で奨励され、他方で封じ込められるという、一進一退の攻防を繰り広げながら、権威主義体制下における民主的な政治体制の道を模索しているのである。

強いコントロールは維持できるか

一九九〇年代以降の動きをまとめると、市民参加を促すために取られたさまざまな取り組みは、ＮＧＯといった社会組織を発展させ、政治の多元性を進めるために試みられたと言うよりも、市民社会を国家の枠組みへと取り込み、その活動を非政治化するために画策されたと言える。つまり、一連のＮＧＯ政策は、一党独裁政権の安定と経済成長の持続を求める目的の中に埋め込まれ、アジア型民主主義の確立・維持をもたらすために導入されていたと考えられる。実際、「シンガポール21」で市民の能動的な政治参加が掲げられてはいるが、それは自由かつ直接的な関与を意味しているのではなく、あくまでも国家主導型の合意形成を目指したものである（Rodan 2003 p.507）。

しかしながら、多くの有識者が論じているように、「安全な」団体と「安全でない」団体との境界線は曖昧になっていき、政府が市民をコントロールできるという幻想は打ち砕かれていくことが予想される。

ＮＧＯを含む非営利セクターの目的には、アドボカシーの展開と独立性の確保が含まれている。シンガポール政府はどのようにこの点を捉え、ハブ化構想を実現させていくのか。グローバルなレベルで市民社会の抑圧が問題視される中、アジア型民主主義に基づく国家とＮＧＯとの関係性は、今後、大きな転換点を迎えることになるだろう。

六　東南アジア諸国における民主化のディレンマと課題

制度と現実のギャップ

東南アジア地域では、一九八〇年代後半以降、国民国家体制の揺らぎの中、中央政府による一元的な決定・実施プロセスから、NGO・住民組織などの市民セクターが関わる多元的な決定プロセスへと、大きな変化を見せている。「下から」と「上から」の働きかけが交差しながら、「ガバメント」から「ガバナンス」への転換が起き、国家とNGOの関係性が再定義されつつある。国家優位であった開発主義の時代が終わり、国家と市民社会が共存する時代が台頭している現代において、NGOは民主的な政治体制の一翼として位置づけられている。

しかし、東南アジア諸国における民主的な政治体制は、それがはたして「民主的」であるのかという問いに直面している。藤原（一九九四　一三〇頁）が評しているように、「民主主義を求めながら、現実の民主制が民主主義であるのかを疑うという、このモラル・ディレンマは、東南アジアの政治体制を考える場合、とりわけ深刻な問題となる」。このモラル・ディレンマの背景には、東南アジア諸国の民主制に対するさまざまな批判がある。まず、手続上の公平性や透明性、参加性といった形式だけを重視する手続き的な民主主義としての批判がある（猪口他　二〇〇八　一一頁）。東南アジアの主要国では、議会や選挙制度が確立し、分権化推進の法体制や政策も整備され、NGOの行政参加も推奨されている。つまり、制度的には民主制に他ならない。しかし、民主化というスローガンが政治のレトリックとして使われている可能性を否定できない。たとえば、シンガポールの例を考えてみると、政府は市民セクターに開かれた行政という手続き上の民主化を演出し、政府に協調的なNGOを作為的に利用している。また、フィリピンの場合も、ダールの言うところの近代民主主義が相対的に根づいているとされるが、実際にはNGOのような市民セクターが行政に関わる制度は期待どおりに作動していない。

このような制度の理想と現実のギャップをどのように埋めていくことができるのか。そのためにＮＧＯが求められていることは何であるのか。これらの点について、ＮＧＯの自律性とアドボカシーいう側面から捉え、今後の課題を明らかにしていきたい。

ＮＧＯの自律性

東南アジア諸国のＮＧＯは、一九八〇年代後半から一九九〇年に入ると、政策決定・実施の現場に関わる機会を得、政治的なスペースの拡大に努めてきた。しかし、東南アジア諸国では、ＮＧＯの社会的・政治的な位置づけは往々にして政権の政策に影響・決定されるのであり、その意味において、ＮＧＯの成長は国家の政策枠組みの中で実現したと言える。このことは、国家とＮＧＯの関係性が「対立」する闘争の段階から、「共存」する協同の段階へと移行し、ＮＧＯの政治に関わる形が、体制変革型から制度改革型へと変化していることを示しているだろう。エンパワーメント理論の提唱者であるフリードマン（Friedmann 1992 p.7）が強調しているように、市民社会を中心としたオルタナティブな開発の促進には、常に国家との協力が欠かせない。すなわち、ＮＧＯといった第三のアクターは、仲介者として国家との協調的な関係を組成・維持しながら、従来の「国家に市民が依存する」構図を変えていく役割を課されているのである。

しかし、現代のＮＧＯについては、国家との距離感に係る問題がある。政府の親ＮＧＯ路線が市民セクターの台頭を後押ししている一方、法人格の取得などによってＮＧＯは争議性を失っているという見解もある。つまり、国家との距離が縮まり、パートナーシップが強化された結果、ＮＧＯは詰まるところ国家に懐柔され、社会運動体としての力を失っているとも考えられる。

このような問題意識の中で、社会関係資本（ソーシャル・キャピタル）の重要性が熱を帯びて論じられている。ソーシャル・キャピタルとは、その研究で最も知られるＲ・Ｄ・パットナムによれば、人びとの協調活動が活発化することによって社会の効率性を改善できる、信頼・規範・ネットワークといった社会組織の特徴であると定義され、ソーシャル・キャピタルは人びとの自発的な協力を促進し、民主主義を機能させる鍵である（二〇〇一　二〇六－二〇七頁、二三一頁）。対話を基調とする民主的な政治の確立には、「公」を担う社会アクターとしてのアソシエーションの存在が不可欠であり（岩崎　二〇〇三　三八頁）、ソーシャル・キャピタルの醸成によって自発的で自律的な市民組織といったアソシエーションが発達し、国家や政府から独立した自由な対抗的公共圏が生まれ、「人民による」政治体制の基礎が築かれるということである。こういった議論が高まっている背景には、NGOのような市民セクターの政治的な独立性をいかに保証していくかという課題がある。

ソーシャル・キャピタルの議論に沿って考えると、政府・国家とNGOの関係性は、競争的かつ水平的であることが理想である。しかし、東南アジア地域の文脈では、国家や政府による「上から」の働きかけを度外視してNGOの拡大を説明することは難しい。歴史的にパトロン・クライアント関係や中央集権が支配的な社会であったことを考慮に入れると、東南アジア地域における国家とNGOの関係性は、並立的な「横」の関係ではなく、直列的な「縦」の関係に基づいてしまう傾向がある。そういった「縦」の関係性の中で、NGOの政治的な独立性を確保するには、NGOが行うアドボカシーの範囲を拡げることが重要であろう。しかし、シンガポールやマレーシアでは、NGOのアドボカシーが市民権を得ておらず、またNGOの成長が著しいフィリピンやタイにおいても、NGOのアドボカシーが展開しうる領域は行政の周縁部分にとどまっている。

東南アジア諸国におけるこれからの争点は、政府がどれだけNGOのアドボカシーを容認し、NGOがいかにしてアドボカシー能力を向上していけるかにあるだろう。縦の構造の中でNGOが単なる下請組織に成り下がらず、人民の意志や共通善を実現する政治主体として浮上するには、NGOが国家や政府を監視するカウンターパワーとしてのプレゼンスを発揮できるか否かにかかっている。

民主的な政治体制における「都市性」の問題——開発独裁への回帰か

最後に、現代の民主的な政治体制が持つ「都市性」の問題について触れたい。先述したように、フィリピンやタイにおける下からの民主化運動は、高い教育レベルとグローバルな価値観を持つ新中間層によってもたらされてきた部分も大きい。新中間層の大半が都市部に集中していた点を考えると、下からの民主化とは都市部で強烈に現れた社会運動であるとも言え、東南アジア諸国における民主的な政治体制は、ある種の都市性をもって形づくられてきたと推測できる。

しかし、現在、この新中間層を主軸とした民主的な政治体制のあり方が問われており、主に貧困層を中心として開発独裁への回帰現象とも取れる動きが起きている。この動きはとくにタイにおいて顕在化している。タイの首都バンコクでは、二〇一〇年四月、元首相であるタクシンの復権を巡って激しい闘争が繰り広げられ、非常事態宣言が発令されるまでに至った。この闘争の要因として、タクシンの支持者である農村部の貧困層と、都市部の新中間層との軋轢がたびたび指摘されている。タクシン政権の時代には、農村地域へのバラマキ政策が行われ、強権的な政府によって地域・階層間の格差問題を是正していく姿勢が取られた。地方分権化の実施計画が閣議決定され、民主主義の促進や地域開発における住民参加の奨励が掲げられていたものの、桑島（二〇〇六　一〇三頁）が述べているように、「タクシン政権は、明らかに自治体への権限委譲よりも、中央と地方行政の効率化と強化に通じ、政府の方針を徹底する体制の強化により力を入れていたといえる」。その結果、地方自治を強化する推進力が失速し、大きな政府が中央集権的に行っていく開発政策が再び脚光を浴びるようになったと考えられる。開発主義体制を再燃させるこのような現象は、まだラディカルな運動として形を成していないとはいえ、フィリピンにおいても表面化しつつある。筆者がスラム地区で行ったインタビューでも、かなりの数の住民がマルコス時代の政策をある面で評価し、中央政府主導型の「ガバメント」体制を求める声が上がってきている。こういった動きは、アジア諸国においては、民主主義化するよりも独裁政権の方が有効ではないかという、単純な二項対立図式を一般化させてしまう危険性がある。

開発独裁を肯定する現象の根底には、NGOといった市民セクターの活用を謳った分権型の「ガバナンス」体制が、とりわけ農村部で機能していない現状があるだろう。フィリピンの文脈で例示されているように、NGOの地理的分布はマニラ首都圏に集中する傾向にあり、したがってその焦点も都市問題に偏りがちである。そのため、NGOの活動範囲から抜け落ちる地域が出てきてしまう。市民の声を吸い上げ、それを政策に反映させるべき市民セクターが欠如している状態においては、制度的に政治の多元性が掲げられていようとも、民主的なガバナンスという概念は意味をなさない。

以上のことを勘案すると、開発主義を経験してしまった東南アジア諸国では、いくら政治の民主化が進められていると言っても、権威主義的な国家体制の幻影から逃れることはできないのかもしれない。もし、それが真実だとするならば、東南アジア諸国における国家とNGOの関係性は、程度の差はあるとしても、シンガポールやマレーシアのモデルに収斂していく可能性がある。

東南アジア諸国では、「人民による」の部分を成熟させずに「人民のための」の部分に重きを置いた政治が進められてきた。しかし、グローバルな規模で市民セクターの役割が日増しに顕在化する中、NGOが「人民による」部分の拡大をさらに担っていくことは間違いない。民主主義思想においては、近年になればなるほど、「人民による」部分が強調されてきた。これは、「人民による」政治は民主主義でなければ実現しないのに対して、「人民のための」政治は、別に民主主義でなくても可能だと考えられるからである」(森　二〇〇八　一九三頁)。国家と市民の共依存性が強い東南アジアにおいて、民主的な政治体制が浸透・定着していくには、NGOが活動範囲を広域化するという市民社会側からの働きかけに加え、政府が形式的な市民参加のプロパガンダから脱却し、「人民による」部分を成熟させていくことが求められている。

グローバルな規模でインターネットが普及し、新たな表現の場であるサイバー空間が進化し続ける中、各個人や団体は帰属国家の枠組みにとらわれることなく、独自の政治的活動を展開できるようになっている。たしかに、シンガポールでは拡大の一途にあるインターネットでの政治的活動に対して、厳しい監視システムを敷き、刑罰を課しながら統制しようとしている。とはいえ、今までは「点」と「点」といった個々の活動であったものが、サイバー空間を通して「線」の活動——越境的な連帯——となりうる状況が以前より高まり、国家の意図を超えたレベルで民主主義の議論が活発化することは想像に易い。

しかし、ここで見落としてならない点は、民主主義や民主的な制度は常に物理的な場における実践が最も重要であることだろう。どれほど議論が理論的に発展したとしても、それが人びとの暮らす実際の場において、どれだけ有用・無用なものであるのかを問い続ける必要がある。つまり、生活圏における民主性をどのように担保していけるか。今後、ＮＧＯが取り組んでいくべき課題はここにある。

注

（1）「開発独裁」とは国際的には市民権を獲得している用語ではなく、日本の学術界で頻繁に使われる用語である。日本において有効であるのは、「開発独裁という言葉が、政治体制の分析概念として疑問視されながら、それが経済発展と民主化のディレンマに切り込んだイデオロギーだからである」（藤原　一九九二　三三九頁）。

（2）これらの三国では、一九九〇年代初頭の段階においても、議席の七割以上が政府党によって占められていた（藤原　一九九四　二四四頁）。

（3）最も極端な例を挙げると、インドネシアでは野党の統廃合が政府党によって行われ、一九七三年一月にはイスラム政党の四党が開発統一党に、そしてその他の五党がインドネシア統一党に一括された（藤原　一九九四　二四五頁）。

（4）重冨（二〇〇一　二二頁）によれば、ＮＧＯの経済的スペースは、「市場、国家、コミュニティというシステムが資源配分のうえで十分機能しないとき、ＮＧＯが第四の資源配分主体として登場する余地が存在する。（中略）既存のシステムがカバーしきれない「空き地」があるとき、そこにＮＧＯの活動ができる「場」が生じる。これをＮＧＯの「経済的スペース」と呼ぼう」と詳解している。

（5）世界銀行（World Bank n.a.）の統計による。
（6）同右。
（7）開発主義下における工業化に伴って富裕化した中間層は、伝統的な中小の地主や自営業者などの「旧中間層」とは異なるため、「新中間層」と呼ばれる。
（8）新中間層と民主化の因果関係に対する反論もある。今野（二〇〇六　二〇七‐二〇八頁）によれば、東南アジア諸国の新中間層は、追求する利害が多様であるため凝集力が低く、一枚岩として捉えることはできないとし、さらに、この層は開発主義体制の落とし子であったため、反駁というよりも国家に依存する保守的な存在でもあると論じている。
（9）国際社会が示すグッド・ガバナンスとは、広義に解釈すれば、民主的な政治体制と政策の立案・実施能力が要件とされているが、狭義の意味では、以上の要件の他に、効率的な公的部門や説明責任、透明性、情報公開などの点が構成要素として含まれる（下村　一九九九　六二‐六三頁）
（10）とはいえ、新自由主義的な開発原理が多くの批判にさらされていたのは事実である。たとえば、Ward and Jones（1997 p.172）は、世界銀行のネオリベラリズムに即した開発を「金融政策重視の自由主義」とし、貧困層への住宅問題等に対する政府からの補助金を削減するものとして批判している。
（11）ガバナンスの形態や定義は、種々さまざまである。澤井（二〇〇三　四一頁）の言及にもあるように、「多くの国々で程度の差はあれ、国家・政府の機能不全や失敗に応じて、国家・政府の単独統治構造が崩れ、ガバナンスの担い手（社会的アクター）の多元化とその政治過程への参加度合いに応じて、ガバナンス形態の多様化が進行している」のが現状であろう。しかし、稲田（二〇〇六　七頁）が指摘しているように、「（多様ではあるが）いずれの場合も、ガバナンスの共通要素として、行政機能の効果・効率や透明性・説明責任、政権や政策の手続き的な正統性、法の支配、関係者や社会の構成員の意思決定や執行への参加、といった点を指すことでは共通している」。これらの共通要素が先述した「グッド・ガバナンス」の要件とオーバーラップしていることを鑑みると、現在、途上国で進められているガバナンス改革とは、国際社会による民主化支援のコンディショナリティ（融資・貸付にかかる条件）であるとも言える。
（12）ＴＲＩＣＯＲの分析に関する記述は、筆者が行ったフィールド調査の結果（Takahashi 2009）に基づいている。
（13）このスピーカーズ・コーナーは、ロンドンのハイド・パークにあるものを真似たものであり、市内のホン・リン・パーク内に設けられている。

（14）ただし、シンガポールは多民族・多文化社会であるため、宗教や民族に関する発言は禁止されている。

（15）これらの団体には、政府間組織、産業団体、慈善財団、シンクタンク、ＣＳＲ団体（Corporate Social Responsibility＝企業の社会的責任を行う組織）、そしてＮＧＯが含まれている。

（16）免除の対象となる寄付金は、寄付者が団体を指定して行ったものであり、これをプライベート・ファンドと呼ぶ。それに対して、団体が街頭で集めた寄付金などはパブリック・ファンドと呼ばれ、免除の対象にはならない（Ministry of Community Development, Youth & Sports 2007）。

参考文献

五十嵐誠一『フィリピンの民主化と市民社会—移行・定着・発展の政治力学』成文堂（二〇〇四）。

伊藤述史『東南アジアの民主化』近代文芸社（二〇〇二）。

稲田十一「ガバナンス論をめぐる国際的潮流」下村恭民編『アジアのガバナンス』有斐閣（二〇〇六）。

猪口孝＆Ｍ・カールソン編『アジアの政治と民主主義』西村書店（二〇〇八）。

岩崎育夫「開発体制の期限・展開・変容—東・東南アジアを中心に」東京大学社会科学研究所編『二〇世紀システム　4開発主義』東京大学出版会（一九九八）。

岩崎育夫『アジア政治を見る眼—開発独裁から市民社会へ』中央公論新社（二〇〇一）。

岩崎美紀子「デモクラシーと市民社会」神野直彦・澤井安勇編『ソーシャル・ガバナンス—新しい分権・市民社会の構図』東洋経済新報社（二〇〇三）。

金子芳樹「民主主義—体制移行から体制定着への模索」唐木圀和・後藤一美・金子芳樹・山本信人編『現代アジアの統治と共生』慶應義塾大学出版会（二〇〇二）。

川中豪「フィリピン—代理人から政治主体へ」重冨真一編『アジアの国家とＮＧＯ』明石書店（二〇〇一）。

川中豪「ポスト・エドサ期のフィリピン—民主主義の定着と自由主義的経済改革」川中豪編『ポスト・エドサ期のフィリピン』アジア経済研究所（二〇〇四）。

桑島京子「タイの保健セクター改革とガバナンス」下村恭民編『アジアのガバナンス』有斐閣（二〇〇六）。

今野裕昭「都市中間層の動向」新津晃一・吉原直樹編『グローバル化とアジア社会』東信堂（二〇〇六）。

酒井由美子「インドネシア―あいまいな国家規制としたたかなＮＧＯ」重冨真一編『アジアの国家とＮＧＯ』明石書店（二〇〇一）。

澤井安勇「ソーシャル・ガバナンスの概念とその成立条件」神野直彦・澤井安勇編『ソーシャル・ガバナンス―新しい分権・市民社会の構図』東洋経済新報社（二〇〇三）。

重冨真一「国家とＮＧＯ」重冨真一編『アジアの国家とＮＧＯ』明石書店（二〇〇一）。

重冨真一「ＮＧＯのスペースと現象形態―第三セクター分析におけるアジアからの視覚」『リヴァイアサン』三一号（二〇〇二）。

下村恭民「ガバナンス、経済発展、援助―実効ある政策論議への脱皮を求めて」『開発援助研究』第五巻四号（一九九九）。

下村恭民「民主化支援の再検討」黒岩郁雄編『開発途上国におけるガバナンスの諸課題』アジア経済研究所（二〇〇四）。

ＪＡＮＩＣ（国際協力ＮＧＯセンター）『国際協力ＮＧＯのネットワーキングについての調査研究―より効果的な国際協力の実現に向けて』（二〇〇二）http://www.mofa.go.jp/mofaj/Gaiko/oda/shimin/oda_NGO/shien/NGO_nw/

末廣昭「アジア開発独裁論」中兼和津次編『講座現代アジア　２近代化と構造変動』東京大学出版会（一九九四）。

末廣昭「発展途上国の開発主義」東京大学社会科学研究所編『二〇世紀システム　４開発主義』東京大学出版会（一九九八）。

高橋華生子「フィリピンの脱集権化と都市開発行政の分断―地方分権と広域計画の両立に向けて」『ソシオロゴス』三二号（二〇〇八）。

竹中千春「アジアの市民社会」竹中千春・高橋伸夫・山本信人編『現代アジア研究二　市民社会』慶應義塾大学出版会（二〇〇八）。

田中弥生「シンガポール―権威主義的福祉国家の巧みなＮＧＯコントロール」重冨真一編『アジアの国家とＮＧＯ』明石書店（二〇〇一）。

ダール、Ｒ・Ａ（中村孝文訳）『デモクラシーとは何か』岩波書店（二〇〇一）。

パットナム、Ｒ・Ｄ（河田潤一訳）『哲学する民主主義―伝統と改革の市民的構造』ＮＴＴ出版（二〇〇一）。

ハンチントン、Ｓ・Ｐ（坪郷實・中道寿一・藪野祐三訳）『第三の波―20世紀後半の民主化』三嶺書房（一九九五）。

藤原帰一「『民主化』の政治経済学―東アジアにおける体制変動」東京大学社会科学研究所編『現代日本社会３　国際比較２』東京大学出版会（一九九二）。

藤原帰一「政府党と在野党」萩原宜之編『講座現代アジア　３民主化と経済発展』東京大学出版会（一九九四）。

森政稔『変貌する民主主義』筑摩書房（二〇〇八）。

リンス、J&ステパン、A（荒井祐介・五十嵐誠一・上田太郎訳）『民主化の理論―民主主義への以降と定着の課題』一藝社（二〇〇五）。

ADB (Asian Development Bank), *A Study of NGOs: Philippines*, ADB (1999).

Congress of the Philippines, “Congressional support for Gawad Kalinga program eyed” (2005).

Friedmann, John, *Empowerment*, Blackwell (1992). 邦訳＝フリードマン、J（斉藤千宏・雨森孝悦監訳）『市民・政治・NGO―「力の剝奪」からエンパワーメントへ』新評論（一九九五）。

IO Programme Office, *Factsheet 2009*, Economic Development Board (2009).

Lee, Terence, “The politics of civil society in Singapore,” *Asian Studies Review*, vol.26, no.1 (2002).

Ministry of Community Development, Youth & Sports, *Finalized Guidelines on Public and Private Donations* (2007).

Reimann, Kim D., “A view from the top: international politics, norms and the worldwide growth of NGOs,” *International Studies Quarterly*, vol.50 (2006).

Rodan, Garry, “Embracing electronic media but suppressing civil society: authoritarian consolidation in Singapore,” *The Pacific Review*, vol.16, no.4 (2003).

Strait Times, “Doing good, making money” (15 November, 2008).

Takahashi, Kaoko, “Assessing NGO Empowerment in Housing Development Frameworks: Discourse and Practice in the Philippines,” *International Journal of Japanese Sociology*, vol.18 (2009).

Ward, P.M., G.A. Jones, “Hell hath no fury like an academic scorned: a reply to Pugh (with apologies to Congreve and to women),” *Environment and Planning A*, 29, (1997).

World Bank, “World Development Indicator,”(n.a.). http://web.worldbank.org/

URL

http://www.congress.gov.ph/committees/commnews/commnews_det.php?newsid = 442.b

http://www.io.sg/FINALISED%20GUIDELINES%20ON%20PUBLIC%20AND%20PRIVATE%20DONATIONS.pdf

第三章

NGOと外的環境

NGOとメディアの相互作用の批判的考察

金　敬黙

イラク復興「玄関」狙う

ヨルダン首都でテロ 57人死亡

爆発音・悲鳴「体が舞った」

時時刻刻

支援拠点 街は活況

日本NGOも「衝撃」

「アルカイダ」ネットに声明

2005年11月11日の『朝日新聞』（時時刻刻 イラク復興「玄関」狙う）に掲載されたNGO関連の記事。

一　NGOをとりまく環境とは何か？

関係か構造か

本章では、第一章および第二章のように国家との関係において、あるいは国家の対極としてNGOを見ていくのではなく、むしろそれ以外の市民社会のアクター、とくにメディアとの関係に焦点をあてていくが、まずはじめに、NGOを中心にすえた場合、国際社会をどのように構成すべきかについて、筆者の基本的な考えを説明しておこう。これはすなわち、NGOをとりまく「環境」とは何かという問題でもある。

国際関係論（国際政治学）にとっていまだNGO研究は周辺的な位置づけであろう。とは言うものの、国家を中心的なアクターとして扱ってきた国際関係論において、NGOが今まで全く無視されてきたわけではない。たとえば冷戦時代においても、限定的ではあるが国家の機能を補完したり、代替的な役割を果したりするNGOは多かれ少なかれ存在していたし、戦略的な意図が多分に窺えるがそれらに関する研究も行われてきた。冷戦時代は対立構図が確立されており、また軍事や安全保障などの分野を経済、社会、文化よりも重視する時代的な背景があったからこそ、国家間の対立を回避したり緩和させたりする役割を、逆にNGOに求めていたのかもしれない。

しかし、この時代に重宝されたNGOはまだ、「国家から独立性を保ち、また自律的に意思決定を行ったり、国際社会や主権国家システムに影響を及ぼしたりするアクター」としての意味合いが薄かったに違いない。国家機関からの資金援助に頼っていたり、表向きは民間もしくは非政府組織であっても実態としての役割は政府の下部組織であったりする場合も少なくなかっただろう。まるでスパイ映画を彷彿させるような秘密ミッションが、表向きはＮＧＯの表札を掲げる団体の扉の奥で練り上げられていたかもしれない。

筆者は、現象としての、あるいは研究対象としてのＮＧＯが注目を浴びるようになった背景を、冷戦構造の終焉とグローバリゼーションの深化という、二つの大きな「環境」変化を無視したまま論ずることはできないと考える。けれども、実際には冷戦の終焉とＮＧＯとの関連を明快に説明することは決して容易でないし、同時にグローバリゼーションがＮＧＯの発展にどのような貢献を果たしたのかを語ることも簡単ではない。関連があることは何となく感じ取れるのであるが、具体的に説明することはできない。「心証はあるのだが物証がない」とも言えよう。このような課題を科学的に考察し、追究し、理論化していく作業が急がれる。

表1　NGOをとりまく環境の捉え方

	外的（外部）	内的（内部）
A. 関係（相対）として捉える	①マルチセクター	②ユニセクター
B. 構造（状態）として捉える	③世界を構築（支配）するパラダイム	④サブシステムとしての市民社会

出典：筆者作成。

そのためにも、先ほどやや無頓着に使用した「環境」という概念について、ここでは少し具体的に定義する必要がある。人びとがイメージする国際関係論における「環境」とは、どのような概念として捉えることができるだろうか。**表1**に基づいて分類を試みたい。

一つは、（Ａ）関係または相対として捉えることができよう。すなわち、アクターとアクターの関係性に着目し、その関係が相対的に変化することによって環境変化が伴うと捉える視座である。もう一つは、（Ｂ）構造または状態として捉えることができよう。一定の時間軸や空間軸において、ある構造または状態はアクターの行動に拘束力をもたらす。この構造や状態は一つのシステム（体制や体系）として捉えることも可能である。それは、冷戦構造やグローバリゼーションのように世界規模でインパクトを持つ場合もあれば、宗教や文化のように特定の地域や時代に限られる形で拘束力を発揮することも考えられる。この二つの要因のそれぞれを、さらにNGOを軸とした内的（内部）要因と外的（外部）要因とに分けてみると、NGOをとりまく環境を四つに分類して捉えることが可能となる（**表1**）。

前もって断っておきたいことは、（A）関係、相対として捉えるか、（B）構造、状態として捉えるかによって、NGOをとりまく環境の見方が変わるという点である。もちろん、（A）と（B）の間には、冷戦構造の終焉やグローバリゼーションの深化といった、同じような状況ないし要因が含まれることになろう。

マルチセクター――環境を関係（相対）として捉える外的要因

まず、一つ目の分類、「マルチセクター（multi-sector）」とは、NGOと政府、NGOと軍隊、NGOと企業、NGOと国連といったように、NGOと非NGOとの関係を表す分類である。一口で言えば、アクター間関係を重視したグローバル・ガバナンス論である（O'brien et al. 2000, Weiss et al. eds. 1996）。主権国家の内部において、NGOは政府機関から制度的、政治的な支援や圧力を受けることになる。民主国家であるとしても、政府の思惑とNGOの方針とが一致するかしないかは、重要なバロメーターとなる。

NGOと政府機関との関係と言っても複雑かつ多岐である。比較的一般の人びとにも知られている対人地雷禁止条約（第四章参照）の日本における両者の関係を一例にとって考えてみよう。この条約の交渉においても、内閣府、外務省、防衛庁（現、防衛省）間の利害のすり合わせの中で政府とNGOとの関係は非常に複雑であった。また、条約調印以降も、関係省庁や国際協力機構（JICA）など関連機関との関係は一つの戦略では対応しきれなかった。

ところで、最近は「民軍関係」が話題になることが多い。政情が不安定な紛争（後）地域においては軍隊こそが安全な人道支援を行えるアクターだ、という主張がある一方で、軍が人道支援に関与すれば、非武装かつ中立的な立場で活動する赤十字国際委員会（ＩＣＲＣ）やＮＧＯなどの人道アクターが攻撃の対象になってしまう、という慎重論・反対論もある（金　二〇〇四　三二八頁）。二〇一〇年一月、ハイチで発生した大地震の救援活動に際し、日本政府は国連平和維持活動（ＰＫＯ）の一環として自衛隊の海外派遣（約三五〇人）を決定した。一九九二年のカンボジア派遣（約六〇〇名）、二〇〇二年から二〇〇四年までの東ティモール派遣（約六八〇名）以来の決定であるが、この派遣をめぐっては、連立政府の中でも意見が割れたとされている。

ＮＧＯは企業との関係においても緊張関係に置かれる。景気がよい時代であれば、企業は気前よく、企業のイメージアップを兼ねてＮＧＯに数多くの助成金や支援金を出す。この場合、企業の社会的責任（ＣＳＲ）の一環として独自に支援活動を行うこともあるが、多くの場合は専門性と経験を持つＮＧＯとの（への）協力に重点を置く。しかし、予算やリストラ項目の面で、不況の時代が訪れるとまっさきに削られるのは、採算性の低い事業、なかでもＰＲ部門や国際協力活動等に関わる社会貢献部門である。そこで最近では、ＣＳＲ関連との協力のみならず、軍需産業などへの投資が行われているか否かまでをもチェックする社会的責任投資（ＳＲＩ）という概念が台頭している（目加田　二〇〇九　一九七頁）。

国連をはじめとする国際機関との関係も政府機関とのそれと似ている。たとえば、国連はＮＧＯや市民社会との関係強化を声高に謳っているが、ＮＧＯが国家の集合体である国連と対等なパートナーシップを結ぶことは、特定国家の政府とのパートナーシップ以上に難しいことは自明である。

ユニセクター――環境を関係（相対）として捉える内的要因

次に、二つ目の分類、「ユニセクター（uni-sector）」とは、ＮＧＯ間の関係を表す分類である。ここではＮＧＯの多様性に着目する必要がある。すなわち、ＮＧＯといっても一概に同じような理念や行動規範、技能やノウハウを持っているわけではない。複数のＮＧＯによる集合行為がＮＧＯネットワークとして研究されることも多いが、この場合に注意すべきは、まず個々のNGOの違い（多様性）をNGOネットワークの具体的な事例から実証し、再びそれをNGO一般として理論化できるか、という点である。

たとえば、大手企業並みの財源を持っているNGOもあれば、一般家庭を事務局代わりにして電話とファクスのみで対応しているNGOもある。どちらもNGOの範疇に入ると考えるべきであるが、これほどの違いがあれば、その多様性を抜きにしてNGOを位置づけることはできない。

また、仏教徒の多いカンボジアで開発分野の活動をしている日欧のNGOを比較してみても、例外はあれ、同じことが言える。両者は、同じような理念や行動規範を前提としているにしても、その規模やノウハウの面では格差が歴然である場合が多い。欧米のNGO活動は一般的に、赤十字運動の原点であるような人道主義の精神やキリスト教的なチャリティー主義として語られることが多いが、日本のNGOは必ずしもそうしたチャリティー主義を背負っているわけではないし、かと言って神道や仏教的な教えに基づいて社会貢献や国際協力活動を行っているわけでもない。たとえば、イギリスの開発コンサルタントであるエミリー・パーキンは、アフガニスタンにおける事例を活用しつつ日本のNGOを政治的なアクターとして捉え、欧米諸国のNGOとは異なる「日本的な展開」の背景に、暗示的であれ仏教の慈悲（compassion）の教えが影響していると見ているが、やや飛躍が大きい主張であると筆者は考える（Perkin 2006 pp.38-39）。もちろん、インド出身のランジャナ・ムコパディヤーヤがまとめたような、宗教社会学の観点から日本の仏教の社会参加活動とその倫理を検証した貴重な研究もあることは付記しておかねばならない（ムコパディヤーヤ　二〇〇五）。

いずれにせよ、ここでは、このようなユニセクター間の協力と分業体制は、マルチセクターとのそれよりも効率的であるという仮定をひとまず立てておきたい。

ところで、マルチセクターとユニセクターの違いは、NGOと他のセクターとの関係によって変化する。したがって、本章ではNGOの定義に含まれるアクター間の関係は当然ユニセクターの範疇に入るわけだが、政府の公益機関、ソーシャル・ベンチャー、インディペンデント・メディアなどNGOと一定の価値観を共有するアクターや、同じような行動原理と運営メカニズムを有する市民社会組織（CSO）との線引きは、具体的な個々のケースで判断していくことになる。この点は、後に詳述する。

世界を構築（支配）するパラダイム――環境を構造（状態）として捉える外的要因

一九八九年一一月にベルリンの壁が崩壊してからすでに二〇年という歳月が流れた。大学の学部に籍を置く若い世代にとっては生まれる前後の出来事なので、国際関係論の授業においても、ベルリンの壁の崩壊や冷戦はいまや一つの歴史として学ばれる時代となっている。当時は、冷戦の終焉を「長い平和」の終焉と捉える議論もあったが(Gaddis 1989)、世界中の多くの人びとにとってはむしろ、冷戦の終焉は希望に満ちた新時代の始まりと認識された。いずれにせよ、冷戦時代における東西陣営の分断は、一つの「構造」そのものであったと言える。

その後に生じた東欧の民主化、旧ソ連の崩壊に伴う旧社会主義陣営の地殻変動と世界各地での内戦の激化は、冷戦終焉の希望を厳しい現実に変える一幕であった。また、一方で、冷戦の終焉は核戦争をはじめとする世界規模の戦争の恐怖を緩和させ、グローバリゼーションの加速とともに、ヒト、モノ、情報、カネの越境的な移動を活発化させた。

このグローバリゼーションという言葉もまた、その意味を正確に把握するにはとても厄介な概念であるに違いない。これまで人文科学、社会科学分野の多くの研究者がグローバリゼーションに関する議論を展開し、マクドナルド化、ディズニー化など多様なメタファーを活用した分析を行ってきた（リッツァ 二〇〇八、ブライマン 二〇〇八）。しかし、議論が活発になればなるほど、グローバリゼーションという概念そのものがますます難解なものとして捉えられるようになっている印象も拭えない。そこで、ひとまずここでは、グローバリゼーションを「ヒト、モノ、情報、カネの移動に伴う国際化に、一定の新しい価値や規範が加わった現象や状態」と簡単に定義するにとどめ、議論を先に進めたい（グローバリゼーションをめぐる個々の事象に関する詳しい分析や一般化については金（二〇〇五）を参照）。

さて、先の**表1**に示した三つ目の分類、すなわち、「世界を構築（支配）するパラダイム」について見てみよう。冷戦とその終焉、あるいはグローバリゼーションは地球規模に及ぶパラダイムであると考えられるが、特定の原理や主義（ism）をパラダイムとして考えることも可能である。たとえば、キリスト教やイスラムなどの宗教がその一つである。欧米ＮＧＯの行動原理にはキリスト教的なチャリティー主義というパラダイムが影響を及ぼしている場合がある。

政治や経済のシステムも重要なパラダイムとなりうる。たとえば、国家間の和平合意と紛争後の平和構築を進める際には、資本主義と民主主義という必需品セットが大前提にすえられている（金　二〇〇八）。民主主義とＮＧＯの関係については第二章で詳しく述べられているので省略するが、ＮＧＯにとって自らの活動拠点となる国や地域の政治経済体制を考慮するのは大切なことである。なぜなら、それらは、ＮＧＯの活動に一定の自由度（機会）と拘束力（制約）を付加する要因として作用するからである。また、輸入概念としての民主主義が理念のみにとどまり、実際には地域経済や地域社会を壊す要因となり、ＮＧＯがその伝授者としての役割を担っているケースについての批判的考察も欠かせない（コリアー　二〇一〇）。

サブシステムとしての市民社会——環境を構造（状態）として捉える内的要因

最後に、四つ目の分類、「サブシステムとしての市民社会」という側面からＮＧＯをとりまく環境を見てみよう。これは、ＮＧＯを市民社会の一部として捉え、市民社会の衝動や行動原理、組織文化や運動文化などの側面からＮＧＯをとりまく環境を捉える見方である。言い換えれば、市民社会から見たＮＧＯは、国家や市場から見たＮＧＯとどのように異なるのか、ということである。この部分を明らかにすることがまさに本章の、ひいては本書全体の目的とも言えるが、端的に述べるなら、NGOの行動原理は序論に記されている通り、「他人のために」行動する衝動にあると言えよう。この「他人のために」行動する衝動というものが宗教的なものなのか、愛国心・ナショナリズムに基づくものなのか、それとも個人の名誉や篤心に基づくものなのか、などについては、学問的な理論や方法論を活用しながら考察すべきであろう。しかし、アクターとしてのNGOの行動原理には少なくとも、国家の利害や企業の利得とは異なる衝動が働いていることだけは間違いない。

では、そうした「他人のために」「儲からない」活動を行動原理に持つNGOは、どのような文化を形成・維持し、伝承・継承してきたのだろうか。ここで議論のポイントとして浮上してくるのが次の問いである。

「NGOは社会運動（体）たるべきか、それとも事業組織（体）たるべきか」

これはやや難解な問いであるに違いない。社会運動（体）とは、社会の問題や不条理を解決するために取り組む運動（体）を指している。組織の形態を取る場合もあれば、任意団体や有志が集まる少人数の結社、あるいは個人単位の場合もある。一般に、不特定多数の利益を擁護、追求する場合は「市民運動」と呼ばれ、また、地域エゴという批判が伴う特定集団の利益を擁護、追求する場合は「住民運動」と呼ばれるが、ここにおける「公共性」の範囲を決める境界線は非常に難しい。

他方、事業組織（体）であるためには、常に一定の組織力が求められてくる。事業を推進するための資金確保をはじめ、事業を運用するためには専門性や事業の成果も求められてくるだろう。時には、組織の拡大や維持のために本来の目的や衝動、行動原理が薄れてしまうという危惧すらある。結果的に、行政や外国政府など外部アクターの「下請け」や「代理人」に転落してしまうこともある（Hudock 1999）。

これらの違いとは別に、一つのNGO組織の中にも、本部と支部（現場）の力学には上意下達的な構図のみならず、南北関係の縮図とも言えるものがある（Suzuki 1998）。ＮＧＯの本部・支部（現場）が孕むこうした構造的な要因は、前述したユニセクターの関係性と密接に関連する事柄でもある（社会運動と事業組織の相違については第一章第一節も参照）。

以上見てきたように、今日のＮＧＯは一枚岩的な状態ではない。しかし、依然としてＮＧＯは、国家や企業の運用とは異なる何かを持っていると期待されている。この部分に関する具体的な考察が必要であろう。

二　ＮＧＯとメディアの相互作用

戦争を報じることとナショナリズム

ＮＧＯとメディアの相互作用を考察した研究はそれほど多くない。その理由として二つのポイントが思い浮かぶ。一つは、メディアにとって、いまだＮＧＯはそれほど重要なアクターではないということ。もう一つは、ＮＧＯ側もＮＧＯの影響力を拡大する上でのメディア戦略がいまだ不十分であるということである。最近は、ＮＧＯのメディア戦略に関するマニュアル本やハウ・ツーものも目立ってきたが、個々のＮＧＯが置かれる環境が異なる以上、単純にマニュアル的な適応が可能な状況であるとは思えない。

国際報道はメディアにとって大きな部分を占める領域であるが、自然災害や紛争地帯の報道について考える際、メディアにとっての第一の使命は、何が現場で起きているかを伝えることであるため、外部アクターであるＮＧＯの活動に関しては当然のごとく後回しにされる。後述するように、たしかに最近は、日本のメディアでもＮＧＯに関する記事が増えている。しかし、その特徴は、「日本人ボランティア」や「日本ＮＧＯ」という見出しで取り上げられるケースが多いことからも明らかなように、ナショナルな色彩が浮き彫りにされる傾向は否めない。すなわち、ナショナル・メディアの役割を果たすためのネタにとどまっていると言える。

他方、ナショナリズムの領域を超えていないNGOの存在も指摘しなければならない。序論や第一章でも問題提起されたことであるが、なぜ、NGOは諸外国の人びとを助けるのか。その背後に「国益」や「日本（人）」があるとしたら、その衝動はヒューマニズムや人道主義ではなく、ナショナリズムや国家主義にすぎない。

死に直面している人の前でジャーナリストは、救いの手を差し伸べるべきなのか、それともシャッターを押し続けるべきなのか。この問いは、あるメディアの入社試験で実際に出題されたものらしい。正義感あふれるジャーナリストの写した写真は世界中の人びとに大きなインパクトを与える可能性があり、一枚の写真や現場からの記事が戦争を止めさせるパワーにつながることはありうる。しかし、報道関係者のすべてに、そうした行動や自らの足で取材する良きジャーナリスト像を期待することは難しいかもしれない。多くの記事や映像がパターン化、フォーマット化されるのは当然であり、危ない現場は「安上がりで死を恐れない」フリー・ジャーナリストにアウトソーシングするのが得策である。大手メディアにとっては、そういう思惑が働くこともあるだろう。

メディアと市民社会の親和性

そもそも、メディアは市民社会の一部に含めることができるのだろうか。あるいは、メディアとNGOはどのような関係であるべきなのだろうか。この点を明らかにするために、以下では、市民社会と親和性を持つメディアの現状についていくつかの研究をもとに整理し、メディアとNGOの関係について論じたい。仮に、市民社会と親和性を持つメディアとの関係が深まれば、NGOにとってそのメディアはNGOの外的環境として心強い協力者になるだろう。しかし、言うまでもなく、すべてのメディアが市民社会的なメディアであるはずはない。

メディアが視聴率や広告スポンサーを過度に意識しすぎた結果として商業主義や迎合主義などに陥っている現状に対しては、一般のみならず、ジャーナリズムの現場およびジャーナリズム研究からも批判や懸念の声が上がっている（原　二〇〇〇）。そして、それゆえに、市民社会的なメディアを自ら立ち上げようとする動きも同時に生まれ

「アジアプレス・インターナショナル」のバナー・ロゴ。

ている（武田　二〇〇三）。たとえば「アジアプレス・インターナショナル」はその先駆的なジャーナリスト集団の一つである。「アジアプレス・インターナショナル」の代表を務める野中章弘は日本のNGOが台頭しはじめた一九七〇年代末に東南アジアの現場で活動した経験を持つジャーナリストの一人である。タイやカンボジアで支援活動を開始した当時の日本のNGOに関する記録写真には、若き時代の野中撮影による作品が数多く残されている。野中はジャーナリストとしての使命を次のように語る（野中　二〇〇五　四 - 五頁）。

私は自分を「闘う人間」と意識したことはない。「反権力」を標榜しているわけでもなく、「左翼」と分類されることにも違和感を持つ。「右」でも「左」でもレッテル貼りには興味がない。ただ一生を貫く仕事としてジャーナリストを選んだ以上、守るべき誇りがある。どの職業でも「誇り」は闘いとらない限り、自分の手中に収めることはできない。メディアの世界でも同じことである。

これは、メディアと市民社会との親和性をよりよく表してくれる一文である。

近年に至り、韓国のインターネット新聞「オーマイニュース」に触発されて、日本でもインターネット新聞「Jan Jan（Japan Alternative News for Justice and New Cultures）」や「日刊ベリタ」「日本語版オーマイニュース」などが市民記者制度を謳いつつ相次いで創刊された。しかし、いずれも購読者数の伸び悩みや広告スポンサーの確保で苦戦を強いられ、すでに「日本語版オーマイニュース」は二〇〇八年九月に、「Jan Jan」は二〇一〇年三月に、それぞれ廃刊・休刊に追い込まれている。一方、デジタル時代にあって社会運動と地域社会の取り組みがあらためて議論されるようになっている今だからこそ（松浦　二〇〇六　三三〇‐三四七頁）、こうしたコミュニティ放送はメディアと市民社会の親和性を再構築する一つのヒントになりうると考えられる。

グローバル・メディアとしての責任

グローバリゼーション時代におけるメディアの責任を論じたマーティン・ショー（Martin Shaw）の研究は興味深い（Shaw 1996）。ショーは、遠隔地における不条理な出来事をメディアが表象する際には、メディア自身もグローバル市民社会（global civil society）の一員として、その担うべき責任を全うすべきだと指摘する。すなわち、メディアの関心は往々にして距離や利害と比例しがちとなるものだが、ショーはこれを批判的に捉え、メディアもグローバル市民社会の一部に含めようとする。「市民社会」の定義はさまざまあり、恣意的かつ多義的であるが、ショーはそれを認めた上で、メディア全般を市民社会的な制度やアクターの中に位置づけようとするのである。たしかにこれは、意欲的なアプローチではある。しかし、「アジアプレス・インターナショナル」のような例はともかくとして、ショーの議論はグローバル市民社会というものをやや理想的かつナイーブに捉えすぎている点で考慮が必要である。

一方、グローバル市民社会はメディアをどのように活用すべきか、という視点から議論する際に参考となるのが、『*Global Activism, Global Media*』である（de Jong et al. 2005）。多くの寄稿者による論文集の性格上、寄せ集め的な印象は否めないが、現場で活動するＮＧＯワーカーにとっては示唆に富む部分が多い。

すでに指摘したようなメディアの問題、すなわち、商業主義や迎合主義に基づいた視聴率と発行部数の過度な競争という問題を、早期に改善していくことは至難である。とくに新聞は、デジタルメディアの普及に伴い存続の危機にあると言われ、より興味本位の報道へと向かう傾向にある（武一他　二〇〇三）。ＮＧＯとメディアの今日的関係から考慮すると、むしろＮＧＯ側のエンパワーメントや戦略的な仕掛けによって、メディアとの関係を再構築し

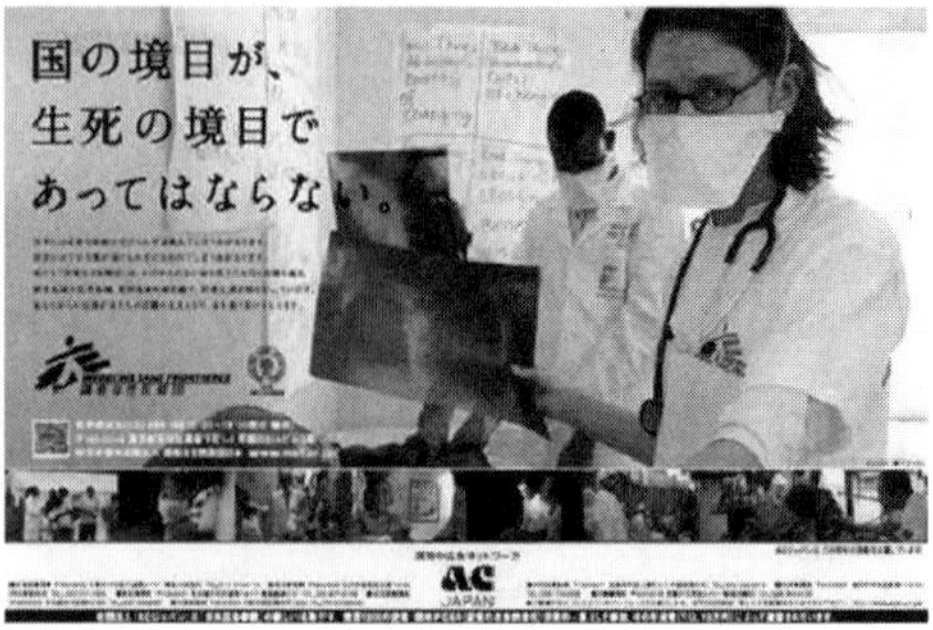

AC 広告。「生死の境目」。
（http://www.ad−c.or.jp/campaign/support/02/index.html）

ていくのが効果的である。つまり、メディアを効果的に活用しようという姿勢がＮＧＯの側に求められる。

とは言え、弱小ＮＧＯには、人的にも金銭的にも、こうした課題に取り組めるだけのキャパシティはほとんどない。そのような状況の中で、ごく限られた最近の初歩的な動きではあるが、「AC Japan（旧、公共広告機構）」が「支援キャンペーン」という制度を活用してＮＧＯのメッセージを発信している。「生死の境目」という「国境なき医師団」のキャンペーン広告もその一例である。この広告（写真参照）は、ＡＣによって全国の新聞や雑誌、駅や街頭に掲載・掲示されているもので、テレビ、ラジオでも流されている。また、「OurPlanet-TV」のように、ＮＰＯ法人の資格を取得して独立系メディアとしての役割を果たす団体も生まれている。

三　メディアが創るイメージ

ステレオ・タイプという「虚像のリアリティ」

メディアは市民社会の一部であるのか。この問いへの一般的な答えがネガティブなものであることは右で述べた。とすれば、ＮＧＯはメディアとの関係を外的環境として認識し、それに基づく戦略を摸索する必要がある。そこで重要な要素となるのが、「外国イメージ」に対する対策である。「外国イメージ」というものはもちろん時代の変化やイシューによって変容する可変的かつ重層的なものであるが、このイメージ形成に大きな影響を与えているのがメディアと教育である。

ＮＧＯが充実した活動を展開するためには、世論の支持と協力を得る必要がある。そして世論の支持と協力を得るためには、メディアというパワーも上手に活用する必要がある。それらができてこそ、政府や企業の「お墨付き」に頼らない、本来目指すべき市民社会的な活動を、安定的に展開していくことができる。この時に世論の関心の決め手となるのが、メディアから流された外国の現場に対して抱く受け手のイメージである。つまり、メディア、なかでもテレビが構築する「虚像のリアリティ」が世論の「外国イメージ」を決定づける重要な要素となる。ＮＧＯにとっては、それによって世論が追い風となるか逆風となるかが決まり、活動資金の調達度やアドボカシー（政策提言活動）の効果が大きく左右されてくると言っても過言ではない。

テレビ映像やテレビニュースが構築するステレオ・タイプの研究はいくつかある。なかでも興味深いのが、慶應義塾大学メディア・コミュニケーション研究所が取り組んできた研究成果である（萩原他　二〇〇四）。同研究所は、一九九八年一〇月から二〇〇二年三月にかけて放映されたＴＢＳ系のバラエティー番組『ここがヘンだよ日本人』や、二〇〇二年のＦＩＦＡワールドカップをめぐるテレビ報道、各種テレビＣＭ、あるいは鳥インフルエンザ、北朝鮮関連、国際テロなどのテレビ報道を題材にして、メディアが抱える問題点について綿密な実証分析を行っている。

メディアが与える負のインパクトに対しては、メディア・リテラシー教育や国際理解教育（地球市民教育、開発教育、平和教育などと呼ばれることもある）などへの取り組みも盛んになっている。二〇〇二年からＮＰＯ法人格を取得して活動している「開発教育協会（ＤＥＡＥ）」も、そうした問題意識を共有する団体の一つである。かつて筆者も同協会発行の機関誌に北朝鮮報道をめぐる論考を寄せたことがあるが、ＮＧＯにとってはこうした活動も、まさに「メディアが作る外国イメージの壁」に対する重要な対策の一つだと言えよう（金　二〇〇三）。

イメージを活用することのパラドクス

ＮＧＯにとって活動資金は、それなしには存続不可能な空気のようなものであるが、それを確保するには映像というイメージの力が大きな影響を与えている。その影響下にあって、それぞれのＮＧＯは、特定の支援地における他のＮＧＯや国連、赤十字社との間ばかりでなく、以前から続く他の支援地との間でも常に競合的関係に置かれることになる。逆説的に言えば、アフリカ難民の子どもに対するそれとは異なり、二〇一〇年のハイチ大地震の惨状に対して地震大国である日本の人びとがほとんど「哀れみ」を抱かなかった最大の原因は、「不幸な」ハイチの「衝撃映像」がほとんど日本に届かなかったからとも言いうる。

実際、アフリカやアジアに対して、日本の人びとはどのようなイメージを思い浮かべるだろうか。いまや「貧困」と「子ども」はこれらの地域に対する欠かせないイメージとなっている。そして、映像というイメージの力はＮＧＯに次のような発想を抱かせることになる。〈それらのイメージをどのように表象すれば、活動資金を一円でも多く集めることができるだろうか〉。笑顔の子どもの写真と苦しむ子どもの写真。「哀れみ」を誘いつつ財布の紐を揺るがしてくれるのは、間違いなく飢餓や病魔と闘う幼い子どもの涙めいたクローズアップ写真の方である。

活動資金の面から戦略的に論じれば、北のＮＧＯは、限りなくこのイメージを活用し、一人でも多くの南の「可哀想な人びと」を助けるために活動資金を集める必要がある。しかし、道義的に論じるならば、「何かをしてあげる」という高みに立った善意は、人間平等の思想から見て、はたして正しいのだろうか、と思い悩むであろう。要するにここでは、平和を創るためには手段を問わなくてもよいのか、という問いに答えなければならなくなる。

視点を少し変えてみよう。友人や家族が病気や怪我で入院をしたら、一日でも早い回復を願って千羽鶴を折って贈る。このような善意の施しはごく自然な風景であり、日本の人たちにとり千羽鶴は「祈る平和」の象徴である。この「祈る平和」と関連するエピソードとして、筆者は先のハイチ大地震の際に、個人的にはとても気がかりな記事を目にすることとなった。記事のあらすじは概ね次のようなものである。

ハイチ大地震の被災者のために千羽鶴を贈ろうと、ある一般女性がインターネットサイトで呼びかけを行った。結果、全国から折鶴が多数寄せられ、その後NGOなどを通して被災地に贈ろうという話になった。ところが、その善意については批判も相次ぎ、結局、呼びかけた女性のサイトは閉鎖される事態となった、という内容である。千羽鶴を贈る運動の気持ちを大切にすべきなのか、それともこのようなナイーブな善意は批判されて然るべきなのか。あるいは、善意を施したがる一市民の要請にNGOはどのように応えるべきなのか。そして、もし食料や医薬品が不足する被災地に千羽鶴が届けられたならば、その折鶴はハイチの人びとにどのような希望と夢を与えることができるのであろうか。

「不幸な」イメージを「売り」にするNGOの戦略や千羽鶴のエピソードは、いずれもどちらが正しい・正しくないとか、善い・悪いといった単純な二分法で決めつけられる問題ではなく、どちらの主張や方法にも一定の理が存在していると見るのが妥当であろう。

四　報道の量的推移と紙面分析

デジタル化のもたらした困難

さて、やや抽象的な議論が長々と続いてしまったが、以下では、NGOの外的環境、なかでもNGOとメディアとの相互作用を理解するために、日本のメディア報道の量的推移を活用した表象（掲載記事）分析について紹介したい。

メディアと言ってもさまざまな形態があり、今日ではデジタル時代の新メディアとしてインターネットの影響力が急拡大しているが、ここでは古典的なメディアの一つ、新聞メディアにおける表象に焦点を当てることにしたい。

その前に、新聞メディアが置かれている現在の危機的状況について、もう一度触れておく必要があろう。二〇一〇年一月一二日、NHKテレビの報道番組『クローズアップ現代』は、「変わる巨大メディア・新聞」と題して日本とアメリカを例に、経営難であえぐ新聞メディアの苦況を報じた。その内容は、デジタルメディアの普及と発展に伴い、人びとが紙媒体を敬遠しはじめていることがこの苦況の主な理由であり、その結果、ピューリッツアー賞を受賞した有力紙「ニューヨーク・タイムズ」や「サンフランシスコ・クロニクル」の記者・職員の多くがリストラにあい、早晩ジャーナリズム業界の再編が確実に到来する、というものであった。世界一位、二位の発行部数を誇る日本の「読売新聞」「朝日新聞」も決して例外ではない。新聞メディアの存続問題の陰で、活字離れをした読者が頼る先は、強烈なインパクトをもたらす映像メディアと、パソコン画面をスクロールしなくても済むほどに切り詰められた細切れ情報の山だけになっている。分かりやすさの裏側で、生きた真実や詳細な情報への人びとの欲望が枯渇の危機へと向かっているのである。

なぜ「朝日新聞」なのか

そのような状況を踏まえた上で、ここでは日本の「朝日新聞」を例に表象分析を試みたい。「朝日新聞」を分析対象にした理由は大きく二つある。一つ目は、「朝日新聞」がNGOの活動を最も頻繁に報じてきたという事実である。言うまでもなく、理念的には中立・公正を追求するとはいえ、各新聞社にはそれぞれの政治的主張や利害関係が存在する。全国紙の中でも「読売新聞」や「産経新聞」は保守系メディアと言われることが多い反面、「朝日新聞」や「毎日新聞」はリベラル系メディアと言われる。筆者は以前「朝日新聞」が日本で最もNGOの報道に積極的な新聞メディアであると論じたことがある（金　二〇〇七　一二–三六頁）。それはNGOの追求するトランスナショナルな行動原理が「朝日新聞」の論調とかみ合った結果ではないかという仮説に基づくものであった。要するに、全国紙四つを比較してみた結果、「朝日新聞」「毎日新聞」の方が、「読売新聞」「産経新聞」よりもNGOの活動に好意的な傾向があり、結果的に前者、とりわけ「朝日新聞」紙上においてNGO関係記事が多くなっているのではないかという推論である。

「朝日新聞」を分析対象にした二つ目の理由は、同紙が構築している充実したデータベース「聞蔵Ⅱビジュアル」の存在に関わる。既存のデータベースには他にも「ＥＬ・ＮＥＴ」など全国の新聞・雑誌記事を検索できるものがある。その中で「朝日新聞」のデータベース「聞蔵Ⅱビジュアル」は、原則として一九四五年から今日までの同紙掲載記事すべてを検索できるシステムになっている。このデータベースを活用することで、「朝日新聞」紙上において、ＮＧＯやその活動がいつ、どれだけ表象（記事として掲載）されたのか、その量的推移を計ることができる。もっとも、表象の計量に限界がないわけではない。第一に、この表象において、ＮＧＯが主に扱われているか、付随的に扱われているかは、ディスコース（言説）分析を行うまでは明らかにならない。

第二に、ＮＧＯが好意的に扱われているか、批判的に扱われているかについても、同じくディスコース分析を行うまでは明らかにならない。事象によっては、ＮＧＯを批判的に報じている記事もありうるが、これもまたディスコース分析を要する。

第三に、ＮＧＯという用語はごく最近普及してきた言葉であるが、この点についても考慮が必要となる。「聞蔵Ⅱビジュアル」で「ＮＧＯ」の用語が最初に使用された記事を検索すると、一九七七年七月二四日付の朝刊第二面（東京本社版）が出てくる。「『原爆、私は間違った』ＮＧＯ調査団ヒロシマ入り」の見出しで、「国際非政府組織（ＮＧＯ）」という言葉が使われている反原爆運動関連の国際シンポジウムの記事である。しかし、この記事よりも以前から、いわゆるＮＧＯ的な活動や組織に関する報道は存在した。「任意団体」「市民団体」「ボランティア団体」などの用語で報道された記事である。したがって、ＮＧＯの定義に含まれる活動の表象は、「ＮＧＯ」の用語が使われる以前からあったということであり、分析の際にはこの点にも注意が必要となる。

この第三の点に関連して、本章では、ボランティア・グループやＮＰＯなどを含めてＮＧＯと表現しているが、「朝日新聞」をはじめとする各種メディアでは、これらの用語を無原則に使用している傾向が見られる。日本では、人道支援や地球環境問題など国際的な活動に関わる組織をＮＧＯ、地域社会の福祉や環境、町おこしなど国内の活動に関わる組織をＮＰＯと称する独得の慣習が定着しているが、その結果として、どのような内容で記事化されるかによって、同じ団体が異なる用語で表象されてしまうことがしばしばある。

たとえば、筆者が過去一〇年間ほど関わっている日本国際ボランティアセンター（ＪＶＣ）というＮＧＯは、開発、人道支援、平和構築などの分野で積極的な活動を展開してきた組織である。「現場主義」を何よりも大切な行動原理としているが、現場で見た視点を日本社会や政府、そして国際社会に伝えていくことも一つの重要な活動として位置づけている。時には一般市民を対象とした啓発活動も展開している。そのためか、「朝日新聞」でＪＶＣの活動が取り上げられる際には、一面や国際面で「政治的」なアドボカシーとして紹介される場合は「ＮＧＯ」として、また、社会面や「マリオン」などの情報欄で「社会的」な啓発活動として紹介される場合は「ＮＰＯ」として表象されることが多い。極端に言えば、同じ日の新聞でも、書いた記者や扱う紙面によって、ＪＶＣは一方ではＮＧＯ、他方ではＮＰＯとして表象されているわけである。

グローバリゼーションと場所（距離）のポリティクス

「ヒト、モノ、情報、カネの移動に伴う国際化に、一定の新しい価値や規範が加わった現象や状態」としてのグローバリゼーションは、国家やナショナリズムの垣根を取り除き、場所や距離のポリティクスを乗り越えることを可能とするのだろうか。

「グローバリゼーションは場所と距離のポリティクスを乗り越える」

もしこの命題が正しいのであれば、メディア表象においても、距離的に遠い南米大陸やアフリカ大陸で起きてい

表2　「聞蔵Ⅱビジュアル」を活用した検索用語と関連ヒット数

	1945―84年	1985―2009年
北朝鮮（朝鮮民主主義人民共和国）	12,836（4,434）	54,819（26,343）
カンボジア（カンプチア）	8,750（357）	17,408（33）
ユーゴ（ユーゴスラビア）	4,879（4,817）	11,863（9,464）
NGO（非政府組織）	55（48）	20,196（10,443）

出典：筆者作成（2010年２月18日に検索を実施。以下同）。

図1　北朝鮮、カンボジア、旧ユーゴの表象

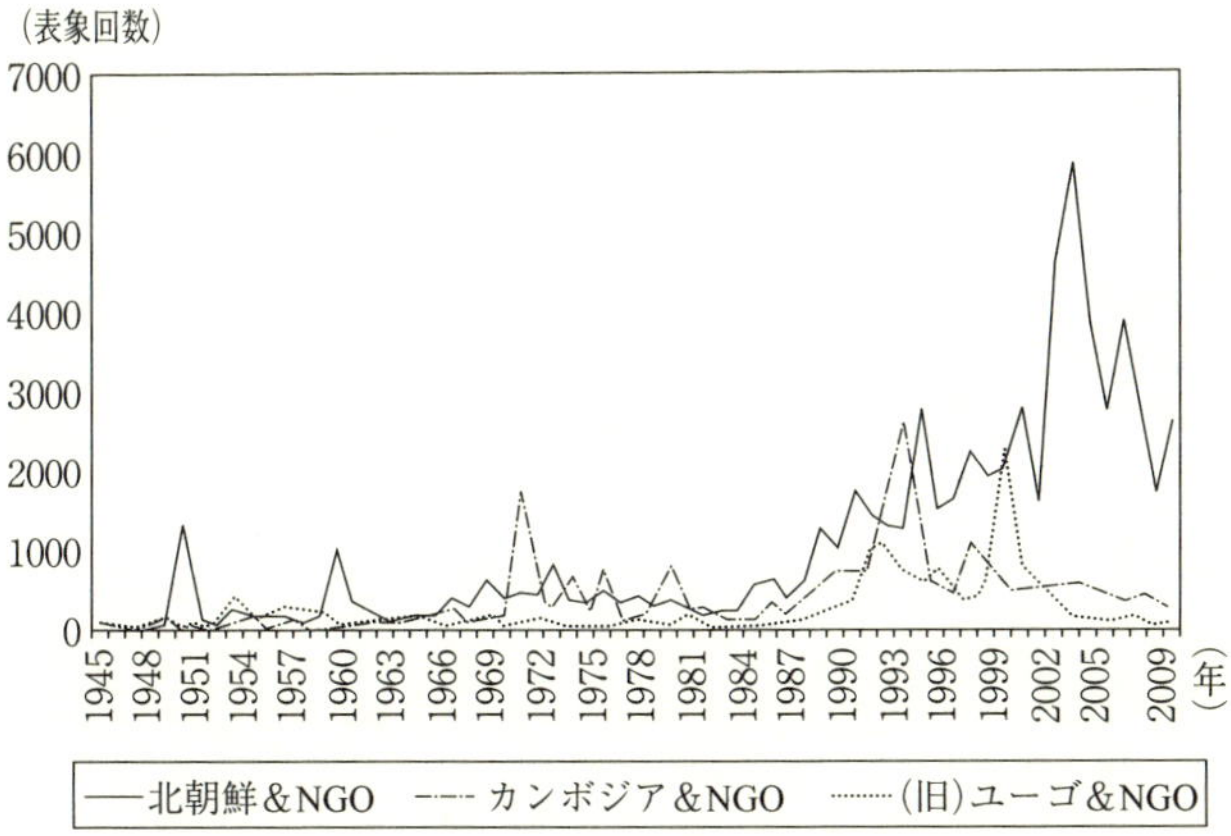

出典：筆者作成。

る事象が、国内や近隣諸国、主要諸外国で起きている事象と同等な比重で報じられていることを、または、そのような傾向に変わりつつあることを、記事の量的推移によって具体的に立証できなければならない。たとえば、北朝鮮、カンボジア、旧ユーゴスラビアのそれぞれで起きた紛争や災害に関する記事の量的推移においても、こうした場所と距離のポリティクスが克服されていることを示さなければならない。

では、メディア表象に見るその実態はどうなのだろうか。「聞蔵Ⅱビジュアル」を活用して「朝日新聞」が取り上げた北朝鮮、カンボジア、旧ユーゴスラビア（以下、旧ユーゴ）に関する記事の量的推移を見てみよう。

まず、「聞蔵Ⅱビジュアル」をもとに、一九四五年から八四年までの「朝日新聞」縮刷版と八五年以降のデータベースを別々に検索する。北朝鮮（朝鮮民主主義共和国）、カンボジア（カンプチア）、ユーゴ（ユーゴスラビア）、そしてＮＧＯ（非政府組織）という用語で検索した結果は**表2**のようになった。

この三国比較でも明らかにされる通り、北朝鮮、カンボジア、旧ユーゴの各表象数は、日本からの距離的な遠さに比例して少なくなる。このデータに基づいて、一九四五年から二〇〇九年にかけての三国の表象回数を年ごとに調べ、曲線グラフに表したものが**図1**である。

「朝日新聞」の表象データ数を活用した**図1**を分析してみると以下の二点を推察することができる。

一つは、三国ともに、表象数が急激に増えた年には当事国内や国際関係で何らかの変動があった。北朝鮮の場合、朝鮮戦争が勃発していた一九五〇年前後に急増し、八〇年代末からは継続して頻繁に表象されている。カンボジアにおいても、七〇年の内戦勃発時や、九二年から九三年にかけて日本が戦後初めて国際平和維持活動（ＰＫＯ）の派遣を開始した時に、表象数が急激に伸びている。同様に、旧ユーゴにおいては、連邦国家分裂の火種となった九一年の内戦勃発時と、九九年の「コソボ紛争」時に急増が見られる。

もう一つは、これらの表象が、冷戦が終結し、グローバリゼーションが本格化する一九八〇年代末から増えてきたということである。その具体的な原因はいまだ推測の域を超えないが、次のようなことが言えるかもしれない。すなわち、グローバリゼーションの深化に伴い世界各地で頻発する事象は人びとの日常においても身近な問題として認知されるようになった。しかしながら、北朝鮮→カンボジア→ユーゴスラビアという順で表象の数が減少することから推察できるように、グローバリゼーションの深化は場所と距離のポリティクスを乗り越えるというよりは、むしろ、場所と距離のポリティクスを以前よりも色濃くしているのではないか。

北朝鮮、カンボジア、旧ユーゴにおけるＮＧＯの政治的スペース

北朝鮮、カンボジア、旧ユーゴは権威主義または社会主義体制の国家である。もちろん、旧ユーゴの場合はある時期に非同盟路線を維持したり、内戦によって政治的な機能が麻痺していたこともあったため、一概にはそうと言

えないものの、基本的には権威主義や社会主義体制の国家である。

「ＮＧＯの活動は民主主義体制の国家のもとでは比較的自由に許され、権威主義体制の国家のもとでは制約される傾向がある」

図２　1985年以降、「NGO」という条件を加えた３か国の表象

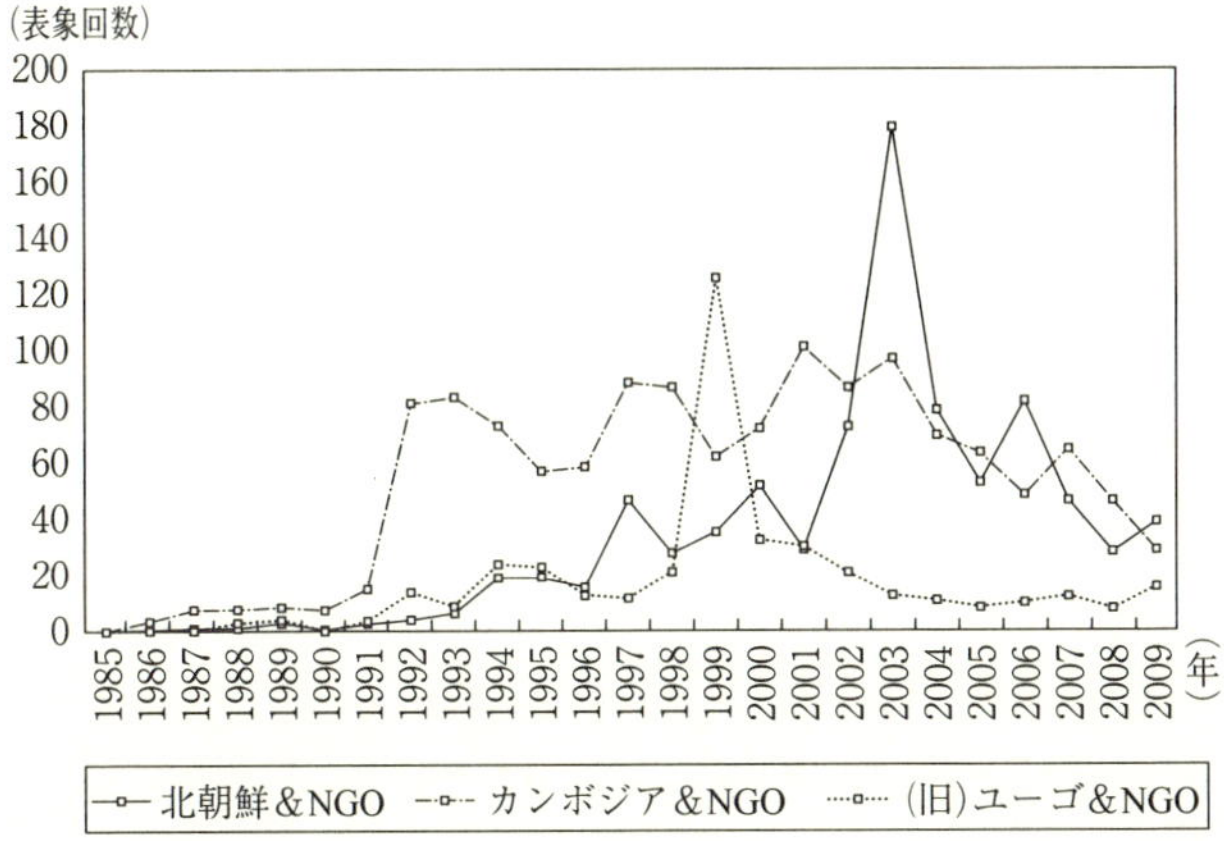

出典：筆者作成。

この命題は決して間違ってはいないだろう。では実際に、このような権威主義的体制下にある北朝鮮、カンボジア、旧ユーゴスラビアで展開するＮＧＯの活動状況を新聞報道の量的推移で見てみるとどうであろうか。

「聞蔵ビジュアルⅡ」の検索によって「北朝鮮＆ＮＧＯ」「カンボジア＆ＮＧＯ」「（旧）ユーゴ＆ＮＧＯ」という「＆」の条件を加えて表象数を調べてみた。その結果が**図２**である。

ここで明らかになるのは、少なくとも「朝日新聞」において、ＮＧＯと関連する表象ではカンボジアが最も多いという点である。カンボジアでは一九九一年の和平合意の調印以降、「国連カンボジア暫定統治機構（ＵＮＴＡＣ）」がイニシアティブをとって復興、開発、平和構築のプロセスを歩んだが、図では、この年以降ＮＧＯの活動スペースが増え、「カンボジア＆ＮＧＯ」の表象数が急激に伸びていることが確認できる。また、旧ユーゴにおいては、九九年の北大西洋条約機構（ＮＡＴＯ）軍の空爆と関連して、日本のNGOを含む国際NGOの人道支援に関する記事が一時的に急増したことが確認できる。北朝鮮については、二〇〇二年から二〇〇三年にかけての北朝鮮報道との関連でNGOが頻繁に表象されたが、これはNGOによる「企画亡命」（北朝鮮の人びとの人権擁護を目的とした亡命支援）がメディアを通してスクープされた「瀋陽総領事館事件」絡みをはじめ、「脱北者」（一九八件が検索）や「北朝鮮難民」（五〇件が検索）という表象とのセットで取り上げられたことによると考えられる。

紙面の内容分析

今度は、特定期間を選び紙面の内容分析を行うことによって、量的推移のみによる表象分析が孕む限界を補完することにしたい。ここでは、その一例としてNATO軍の空爆があった一九九九年旧ユーゴの一年間を事例対象とし、「朝日新聞」紙上において「（旧）ユーゴ」と「NGO」という表象が同一紙面内に現れる記事を検索する。検索ヒット数は**図2**のグラフの示された通り一二六である。この一二六の紙面を取っ掛かりにして、旧ユーゴに関連する記事の中でNGOがどのように表象されているのかを分析する。

分析にあたっては、検索ヒット数一二六のうち、表象された内容が必ずしも旧ユーゴ問題もしくはNGO活動と関連していない四七件は恣意的に排除した（ちなみに、データベースは広告などを含んでいない）。残った七九件のほとんどは「朝日新聞」側の自前記事であったが、読者、識者、NGO関係者によるオピニオン（「論壇」や「声」）も三件含まれている。これら七九件のうち三五件は、NGO（非政府組織）活動を間接的に扱った記事であるため、これも分析対象から排除した。したがって、最終的には旧ユーゴに関わるNGO活動を直接的なテーマとして扱った四四の表象を分析対象に具体的な内容分析を行った（**表3**）。

表3　「朝日新聞」が1999年に掲載した旧ユーゴに関わるNGOの直接的な記事

発行日	朝夕刊	面名	頁	文字数	記事のタイトル（見出し）
1月6日	夕刊	1総	1	1859	「いやし」支援、日本NGO　戦争の痛みがいまも残るボスニア
3月25日	夕刊	2総	4	646	NGOが現地避難　名古屋の女性も　ユーゴ空爆【名古屋】
4月3日	夕刊	2社	14	367	ユーゴ難民へ　救援呼びかけ　日本のNGO
4月13日	朝刊	3社	37	522	ユーゴ空爆、社会的弱者を苦しめている　NGO事務局次長報告
4月15日	夕刊	2総	2	211	ユーゴの豪援助職員拘束、釈放要求にロシア反対　安保理
4月22日	夕刊	2社	14	1153	日本のNGO、支援の輪　長期の支援方法も模索　ユーゴ空爆1カ月
4月23日	夕刊	2社	18	927	欧米NGOが活躍　日本からも医療班向かう　ユーゴ難民キャンプ
5月8日	朝刊	新潟		469	ユーゴ紛争平和解決を　市民団体、現地NGO支援募金開始へ／新潟
5月12日	朝刊	岡山		1564	三宅和久さん　AMDAの医師（この人に聞く）／岡山
5月13日	朝刊	東京		940	あふれるコソボ難民SOS　NGO派遣カメラマン林直光さん／東京
5月14日	朝刊	オピニオン	4	1708	NGO緊急活動支える資金制度を　吹浦忠正（論壇）
5月15日	朝刊	3総	3	1906	平和運動にNATOユーゴ空爆の試練　ハーグ市民会議（時時刻刻）
5月21日	朝刊	2外	8	1429	マケドニアのキャンプ　橋渡し役担う難民（世界NGO最前線）
5月28日	夕刊	2総	2	672	空爆とNGO（窓・論説委員室から）
5月29日	朝刊	鳥取		445	アルバニアの医療、十分とは言えない　AMDA第2次チーム／鳥取
5月29日	朝刊	岡山		496	コソボ救援「医療体制不十分」2次チームの小川さん帰国／岡山
6月3日	朝刊	オピニオン	4	1705	平和構築に実働型NGO生かせ　熊岡路矢（論壇）
6月8日	朝刊	3社	25	244	空爆終了後も医療支援続行　AMDAが方針【大阪】
6月11日	朝刊	茨城		310	「エグザイル・イン・サラエヴォ」を上映　つくば／茨城
6月18日	朝刊	兵庫		553	コソボ難民支援へセミナー　22日から神戸で／兵庫
6月20日	朝刊	大阪		612	コソボ難民支援策探る　22日から神戸市で連続セミナー／大阪
6月22日	朝刊	3社	25	137	アルバニアにスタッフ派遣　NGOの日本国際飢餓対策機構【大阪】
6月25日	朝刊	山口	27	467	地雷禁止運動など報告　NGOの柳瀬房子さん、県立大で講演／山口
6月26日	朝刊	山口	27	127	「地雷放置の土地に難民どんどん帰還」NGOの柳瀬さん／山口
6月29日	朝刊	新潟	27	1190	コソボ難民、心の傷深く　NGOの江口さん、募金呼びかけ／新潟
6月30日	朝刊	2社	38	841	3人の若者、現地で支援　アルバニアの難民キャンプ
7月26日	夕刊	2社	18	386	コソボで働く人募る「難民を助ける会」
8月2日	夕刊	2社	14	1139	日本のボランティア、力こぶ　セーター募集　ユーゴ復興支援
8月6日	朝刊	大阪	23	782	メールでコソボの写真　NGOスタッフ、救援の状況を報告／大阪
8月12日	朝刊	広島	23	528	「医療事情に格差」コソボ派遣調査員帰国で会見／広島
8月15日	朝刊	鳥取	29	1404	戦争を知らない（あすへ　8・15に語り継ぐ：下）／鳥取
8月19日	朝刊	東京	29	1321	コソボの子らに学校を　国際援助団体「ADRA」が修復支援／東京
8月29日	朝刊	3総	3	1902	日本の援助、試金石　コソボ復興、主役はNGO（時時刻刻）
8月31日	朝刊	政治	7	119	コソボNGOの活動視察　自民党現地調査団（永田町霞が関・外交）
9月18日	夕刊	2社	8	683	平和託して　紛争で疲弊のユーゴ子どもたちに贈り物【名古屋】
9月24日	朝刊	特集	15	5153	NGO　日本も最前線に（変革のサポーター・NPO）
10月4日	夕刊	2社	14	191	コソボで「仮設住宅」建設
10月6日	朝刊	東京	30	424	コソボ住宅修復支援の参加者募る　国際援助団体支部／東京
11月9日	朝刊	2外	10	1155	地雷、どう避ける　コソボの子ら「教育」（世界NGO最前線）
11月17日	朝刊	1外	9	361	セルビア人多数殺害　コソボ（地球24時）
12月7日	朝刊	神奈川	35	283	クロアチアの難民支援報告　横浜でNGO代表が講演／神奈川
12月9日	朝刊	オピニオン	5	577	ユーゴを訪ね役に立ちたい（声）
12月11日	朝刊	新潟	26	844	旧ユーゴ支援のNGO、新潟で講演　戦時下の性暴力テーマ／新潟
12月14日	朝刊	新潟	27	695	旧ユーゴ紛争下の性被害訴え講演　クロアチアのボリッチさん／新潟

注：【名古屋】【大阪】は本社版全国記事。面名の「総」は総合、「社」は社会、「外」は外国、地名は各地域名を表す。
出典：「聞蔵ビジュアルⅡ」をもとに筆者作成。

地方版と全国版

「朝日新聞」は東京、大阪、名古屋、西部（北九州）にそれぞれ本社があり、北海道には支社、福岡には本部がある。したがって、地域や版によって記事の内容は全国各地で異なる。このような特徴を踏まえた上で、まず、特定地域に限定された表象がどのような形で表象されているのかを確認した。旧ユーゴに関わるＮＧＯの表象が地域で報じられたのは、新潟（四件）、東京（三件）、大阪（二件）、山口（二件）、岡山（二件）、鳥取（二件）、茨城（一件）、兵庫（一件）、広島（一件）、神奈川（一件）である。記事内容を見るとそのほとんどが、地元出身者がＮＧＯ活動に関わっているか、ＮＧＯによる報告会やセミナーが当地で行われたことに関連する記事であった。名古屋本社版や大阪本社版の記事のように、地域発信の記事が全国レベルで掲載されているケースもいくつか見られたが、地域版記事の基本的な傾向は地元のイベントを紹介したり、地域出身者の活躍を報じたものであった。

日本のＮＧＯと海外のＮＧＯ

抽出した四四の記事の中で、具体的なＮＧＯ名を明らかにしていない記事は三件にすぎなかった。一つは、「ユーゴの豪援助職員拘束、釈放要求にロシア反対　安保理」（四月一五日夕刊・二面・二一一文字）という見出し記事における「オーストラリアＮＧＯ」という表現、他の二つは、「コソボＮＧＯの活動視察　自民党現地調査団（永田町霞が関・外交）」（八月三一日朝刊・七面・一一九文字）および「コソボで「仮設住宅」建設」（一〇月四日夕刊・一四面・一九一文字）という見出し記事における「日本の非政府組織（ＮＧＯ）」という表現であるが、三者ともに短い記事であった。

これ以外の四一件の記事においては、すべて日本または海外ＮＧＯの実名が掲載されている。もっとも多く登場するのが「難民を助ける会（ＡＡＲ）」の九件で、「アジア医師連絡協議会（ＡＭＤＡ）」の七件がこれに続く。「ピースウィンズ・ジャパン（ＰＷＪ）」や「日本緊急救援ＮＧＯグループ（ＪＥＮ）」も複数にわたってその活動が報じられている。「難民を助ける会」のアドボカシー戦略については第四章で対人地雷禁止条約をめぐる具体的な議論が展開されているので省略するが、NGOのアドボカシーのあり方一般を考えた時、ここではとくに、合理的選択論を重視する資源動員の観点からも、あるいはコンストラクティビズム（社会構成主義）における規範を重視する観点からも、次のことを強調しておきたい。すなわち、NGOが目標達成に向かって活動する場合、アドボカシー戦略としていかなるものを持ち合わせているか、なかでもメディアとの間でいかなる距離感を保つかは、その成敗要因に非常に大きな影響を及ぼすということである。

次に、海外のNGO名を見てみると、「ケア」「オックスファム」「国境なき医師団」といった平和人権系の国際NGO、およびイギリスの「MAG」や「ヘイロー・トラスト」といった地雷除去に関わるNGOが「世界NGO最前線」（五月二一日朝刊・八面、一一月九日朝刊・一〇面）というコーナーで表象されている。部分的に旧ユーゴの現地NGOの団体名が登場する記事もあったが、基本的には日本のNGOとの連携を紹介する内容であった。要するにここで明らかになるのは、少なくとも「朝日新聞」の旧ユーゴに関わるNGO活動の記事においては、日本のNGO、すなわち日本人の「活躍」を紹介するところに重心が置かれているということである。

新聞社サイドの特集

NGOの活動そのものに焦点を当てた大きな記事もいくつか目立った。先に挙げた「世界NGO最前線」というコーナーもその一つで、五月二一日の朝刊は「マケドニアのキャンプ　橋渡し役担う難民」の見出しで一四二九文字、一一月九日の朝刊は「地雷、どう避ける　コソボの子ら「教育」」の見出しで一一五五文字と、いずれも海外NGOの現地での活動を焦点化した記事となっている。また、「時時刻刻」というコーナーでも日本のNGOの活躍を五月一五日朝刊・三面と八月二九日朝刊・三面で二度ほど報じているが、ともに一九〇〇文字以上の紙幅が割かれている。同じく、五月二八日夕刊・二面では「窓・論説委員室から」というコーナーにおいて、「空爆とNG

O」の見出しのもと、六七二文字の記事で日本のNGOの声を伝えている。

なかでも最も深層的な報道は九月二四日朝刊・一五面に見られる。「NGO　日本も最前線に（変革のサポーター・NPO）」という見出しを付したこの特集は、五一五三文字の特大記事によって紛争地や災害現場で活動する内外のNGOを詳しく報じている。ここでは、トルコ大地震の救援や東ティモールの民主化支援と平行してコソボ紛争地で活動を行っている日本のNGO「ピースボート」「シャンティ国際ボランティア会（SVA）」「ピースウィンズ・ジャパン（PWJ）」「日本緊急救援NGOグループ（JEN）」「難民を助ける会（AAR）」や、アメリカのNGO「マーシーコー」が取り上げられている。

NGOや市民の投稿

NGOや市民の側からの投稿（「オピニオン」記事）は先述の通り三件である。一つは読者欄「声」（一二月九日朝刊・五面）への学生ボランティアからの投稿（五七七文字）で、「ユーゴを訪ね役に立ちたい」との見出しが付いている。

残り二つは「論壇」記事で、五月一四日（朝刊・四面）の同欄では、「難民を助ける会」の吹浦忠正・副会長（当時）による寄稿文（一七〇八文字）が「NGO緊急活動支える資金制度を」という見出しで、また、六月三日（朝刊・四面）の同欄では、「日本国際ボランティアセンター（JVC）」の熊岡路矢・代表（当時）による寄稿文（一七〇五文字）が「平和構築に実働型NGO生かせ」という見出しで掲載されている。

五　まとめ

以上、NGOをとりまく外的環境について、メディア、とりわけ新聞メディアとの関係から論じてきたが、この関係において今後ＮＧＯはどのような課題に立ち向かうべきだろうか。すなわち、外的環境をより有効に活用するために、今後ＮＧＯはどのようなメディア戦略を考える必要があるのだろうか。

　無論、それはＮＧＯとメディアの相互関係の中で、ともに改善点を見出していくべき課題であろう。また、何よりもＮＧＯ自身が、自らの行動原理（衝動）と使命をもって立ち向かうべき課題でもあろう。その上で、筆者の暫定的なまとめを述べるならば以下の三点となる。

　一点目は、ＮＧＯには自らのプレゼンスとイメージを高める努力が必要だということである。ＮＰＯ法人をはじめとした、法人格を取得するＮＧＯの数は今も増加の一途をたどっているが、ＮＧＯの量的な増加はそのプレゼンスを高める一つの近道であるには違いない。しかし、その一方で量的な増加がもたらすリスクも増大している。ＮＧＯの看板を掲げながら、自らの利害のために活動している外郭団体、擬似団体も増えている。あるいは、事前準備や状況分析が不徹底なまま法人格を取得してしまったために、「倒産」（厳密に言えば解散）の危機に瀕している弱小ＮＧＯも少なくない。これらは、ＮＧＯ一般のプレゼンスやイメージにダメージを与える要因になっている。したがって、ＮＧＯは自らのプラスのイメージを広める努力だけでなく、常に脆弱性や未熟さを潜在的に抱え持つ存在として自覚した上で、メディアで表象化された場合に生じうる負のイメージの連鎖に対して然るべき予防策を構じていく努力が必要となろう。

　そのためには、企業と同様、組織の「社会的責任」に関する制度や規格の整備・普及、あるいは第三者評価やセルフチェックの制度的導入も望まれる。国際関係論の観点から述べるならば、これらは一種の「プライベートレジーム」として説明することができるだろう（山本　二〇〇八）。「プライベートレジーム」は同一セクター内にとどまらず、市場セクターと市民社会セクターとの間など、異なる民間セクター間においても提携・導入されているものである。

　敷衍すれば、二一世紀に入り「ISO26000」など国際ガイダンスの規格・標準化を導入する動きがＮＧＯ関係者

JANICアカウンタビリティ。セルフチェック2008のロゴ。

の間でも本格的に議論されるようになっている。日本では、「国際協力ＮＧＯセンター（ＪＡＮＩＣ）」がＮＧＯのアカウンタビリティ（説明責任）を高める目的で、「アカウンタビリティ・セルフチェック二〇〇八」という制度を導入し、国内の国際協力ＮＧＯ一八団体がすでにセルフチェックの制度に参加している。ＪＡＮＩＣのホームページ（章末ＵＲＬ参照）では当制度の導入の経緯を以下のように報告している。

九〇年代に入り、日本社会においてもＮＧＯの影響力が急速に大きくなり、政府や企業との連携が広がる一方で、ＮＧＯの組織的責任体制や健全な組織運営のあり方が強調されるようになりました。市民からの寄附を的確に協力活動に結びつけるには、社会からの信頼に足る組織づくりにＮＧＯが積極的に取り組む必要があると考えます。こうした時代の変化に応じて、ＪＡＮＩＣでも「ＮＧＯのアカウンタビリティ」のあり方を検討する必要性を感じるようになっていきました。

ＪＡＮＩＣは、アカウンタビリティとは「ある人ないし組織の業績、応答性、さらには倫理性について、利害関係者が持つさまざまな期待に応えること」と考えています。そして、将来ＮＧＯが日本社会で信頼を受けて活躍する上でも非常に重要な要素だと捉え、今回のアカウンタビリティ・セルフチェック二〇〇八を独自のＪＡＮＩＣの事業として作成しました。

さて、まとめの二点目は、ＮＧＯは自らの広報（ＰＲ）戦略の重要性を正しく認識し、これを強化していく必要があるということである。メディアは、グローバリゼーションの今日においてもいまだナショナルな性質を強く保っている。また、先の「朝日新聞」地方版における記事の扱われ方がそうであるように、メディアは発行地域の地元出身者や団体に対して良好な関係を保とうとする傾向が強い。ＮＧＯとメディアの利害関係をつなぐケミカルな触媒は、こうしたメディアの性質をしっかりと把握し、メディアを通じて伝えたいメッセージを戦略的に使い分けていくことによってはじめて生じる。その意味では、この努力はやはりＮＧＯの側に求められるだろう。しかし、「国境なき医師団」のロニー・ブローマンが指摘しているように（ブローマン　二〇〇〇）、メディア戦略を強化するあまり、露出やパフォーマンス中心の罠に陥ってしまう危険もあり、注意が必要である。メディアでの注目度を過度に意識しすぎてしまい、結果としてそれが活動の弊害につながってしまっては意味がない。

最後の三点目は、先に述べたＮＧＯの行動原理（衝動）に帰着する問題である。すなわち、今後、新聞やテレビの時代が何らかの形で終焉を迎え、電子メディアをはじめとする新しい媒体が支配的になっていくにせよ、ＮＧＯの行動原理（衝動）や使命が、それによって曲げられることがあってはならないということである。ＮＧＯというアクターはそれ自体の維持拡大が目的、ゴールになってはいけない。それは社会的公器としてのメディアにおいても同じである。世の中の課題を改善・解決する手段や道具として、ＮＧＯもメディアもともに繁栄すべきであるが、組織の維持拡大の論理が先行してしまっては本末転倒である。ＮＧＯに関わる人びとの「衝動」はあくまでも熱く保たれるべきである。社会運動（体）としての性質が薄れ、事業組織（体）としてのＮＧＯが持てはやされている今日、その点における議論が少ないのはやや心配である。

参考文献

伊藤陽一『ニュースの国際流通と市民意識』慶應義塾大学出版会（二〇〇五）。
伊藤陽一・河野武司『ニュース報道と市民の対外意識』慶應義塾大学出版会（二〇〇八）。

金子智子『NPOのメディア戦略―悩みながら前進する米国NPOからのレッスン』学文社(二〇〇五)。

金敬黙「メディア・リテラシーと開発教育―北朝鮮報道をめぐる問題を中心に」開発教育協会『開発教育』No.48(二〇〇三)。

金敬黙「多文化・多民族共生と平和の模索」三好亜矢子他編『平和・人権・NGO』新評論(二〇〇四)。

金敬黙「グローバル化と市民社会」戦後日本国際文化交流研究会『戦後日本の国際文化交流』勁草書房(二〇〇五)。

金敬黙「なぜ、NGOは政治性と非政治性の狭間でゆれるのだろうか?」金敬黙他『国際協力NGOのフロンティア』明石書店(二〇〇七)。

金敬黙『越境するNGOネットワーク―紛争地域における人道支援と平和構築』明石書店(二〇〇八)。

コリアー、ポール(甘糟智子訳)『民主主義がアフリカ経済を殺す』日経BP社(二〇一〇)。

武一英雄・原寿雄『グローバル社会とメディア』ミネルヴァ書房(二〇〇三)。

武田徹『戦争報道』筑摩書房(二〇〇三)。

野中章弘「総論　メディア変革の時代」筑紫哲也他『ジャーナリズムの条件4　ジャーナリズムの可能性』岩波書店(二〇〇五)。

萩原滋『テレビニュースの世界像』勁草書房(二〇〇七)。

萩原滋・国広陽子『テレビと外国イメージ―メディア・ステレオタイピング研究』勁草書房(二〇〇四)。

原寿雄『市民社会とメディア』リベルタ出版(二〇〇〇)。

ブライマン、アラン(森岡洋二訳)『ディズニー化する社会―文化・消費・労働とグローバリゼーション』明石書店(二〇〇八)。

ブローマン、ロニー(高橋武智訳)『明日への対話』人道援助、そのジレンマ―「国境なき医師団」の経験から』産業図書(二〇〇〇)。

松浦さと子「民主的コミュニティ放送の可能性とデジタル社会―社会運動を接地させる地域社会のメディア環境」日本社会学会『社会学評論』vol. 57, no.2(二〇〇六)。

ムコパディヤーヤ、ランジャナ『日本の社会参加仏教―法音寺と立正佼成会の社会活動と社会倫理』東信堂(二〇〇五)。

目加田説子『行動する市民が世界を変えた―クラスター爆弾禁止運動とグローバルNGOパワー』毎日新聞社(二〇〇九)。

山本吉宣『国際レジームとガバナンス』東信堂(二〇〇八)。

リッツア、ジョージ(正岡寛司訳)『二一世紀版・マクドナルド化した社会―果てしなき合理化のゆくえ』早稲田大学出版部(二〇〇八)。

de Jong, Wilma, Martin Shaw, Neil Stammers eds., *Global Activism, Global Media*, Pluto Press (2005).
Gaddis, John Lewis, *The Long Peace: Inquiries into the History of the Cold War*, Oxford University Press (1989).
Hudock, Ann C., *NGOs and Civil Society: Democracy by Proxy?*, Polity Press (1999).
O'brien, Robert, Anne Marie Goetz, Jan Aart Scholte, Marc Williams eds., *Contesting Global Governance: Multilateral Economic Institutions and Global Social Movements*, Cambridge University Press (2000).
Perkin, Emily, "NGOs as political actors: a Japanese approach?," *Humanitarian Exchange* (2006) no. 35, pp.38-39.
Shaw, Martin, *Civil Society and Media in Global Crises: Representing Distant Violence*, Pinter (1996).
Suzuki, Naoki, *Inside NGOs: Learning to Mange Conflicts: Between Headquarters and Field Offices*, Practical Action (1998).
Weiss, Thomas G., Leon Gordenker eds., *NGOs, the UN and Global Governance*, Lynne Rienner Publisher (1996).

主要日刊紙

「朝日新聞」「読売新聞」「毎日新聞」「産経新聞」。

データベース

「朝日新聞」データベース（「聞蔵ビジュアルⅡ」）。

ＵＲＬ

http://sankei.jp.msn.com/economy/it/100129/its1001291125000-n1.htm（二〇一〇年一月二六日アクセス）。
http://www.ad-c.or.jp/campaign/support/04/（二〇一〇年一月二六日アクセス）。
http://www.dear.or.jp/org/index.html（二〇一〇年一月二六日アクセス）。
http://www.janic.org/more/accountability/background/（二〇一〇年一月二六日アクセス）。
http://www.ourplanet-tv.org/（二〇一〇年一月二六日アクセス）。

第四章

国際法とＮＧＯ

長 有紀枝

ノーベル平和賞受賞時に、ジョディ・ウィリアムズ、スティーブ・グース夫妻から難民を助ける会に贈られたポスターの原画。

一　国際法とＮＧＯ——関心の所在

国際法は、これまで主権国家間の対外関係を規律する法として定義され、ウェストファリア体制とも呼ばれる国民国家体制の国際秩序を維持する法規範の体系として発展を遂げてきた。それは国家間の合意によって成立し、もっぱら国家を拘束する法であり、国際組織や私人が国際法の主体としての地位を与えられることはきわめて稀であった。

国民国家体制が、地球上をくまなく埋め尽くした感のある現在、国民国家を基本単位とする国際秩序の構造に基本的に変わりはない。しかし、現代の国際社会が抱える多くの問題を前に、国民国家の枠組みは必ずしも有効でなくなりつつある。同様に、現代の国際法の過程にも、国家以外のアクターがさまざまな形で参加するようになった。そもそも、非国家主体が国際法の主体となる現象は、グローバル化が進行した現代に特有のものではない。古くは、と言うより、たとえば、国際人道法の一翼を担うジュネーブ法の体系は、ジュネーブに本拠を置く、赤十字国際委員会（ＩＣＲＣ　International Committee of the Red Cross）が編み出し、発展させ、また守護者として中心的役割を担ってきた法体系である。

一九四八年に採択され、五一年に発効したジェノサイド条約（集団殺害罪の防止および処罰に関する条約）は、

「ジェノサイド条約の父」と称される、ユダヤ系のポーランド人法学者レムキン（Raphael Lemkin）の「たった一人の十字軍」的活動により成立した。ここで定義され、国際犯罪として規定されたジェノサイド罪は、その後半世紀を経て設立された旧ユーゴスラビア国際刑事裁判所（ＩＣＴＹ　International Criminal Tribunal for Former Yugoslavia）、ルワンダ国際刑事裁判所（ＩＣＴＲ　International Criminal Tribunal for Rwanda）、さらには国際刑事裁判所（ＩＣＣ　International Criminal Court）においても踏襲され、現在に至っている。一私人の活動が、これら国際法の規程に受け継がれ、国際法上の重大犯罪となったジェノサイド罪という概念を生み出したことは、長く人類の記憶にとどめられるべき偉業である。

他方で、二〇世紀後半以降、国境を越えて、ヒト・モノ・カネ・情報が行き交い、国家間の共通利益や国際社会全体の普遍的利益の存在が確認されるようになると、国際法における非国家主体の位置づけも大きく変貌を遂げている。国際法の主体としても、国際人道法におけるＩＣＲＣや、ジェノサイド条約のレムキンなど、単一組織、一私人の役割というよりも、トランスナショナルなネットワーク組織が、大きく台頭し、国際的な規範形成の場に重要な役割を果たしている。その領域は、軍縮、環境、開発、貿易、国際刑事法廷など多分野・多領域にわたる。

こうした背景を踏まえ、本章ではまず、国際法と非政府主体・非国家主体との関係を整理し、現在の国際法研究の中でＮＧＯがどのように位置づけられてきたか、その議論を概観する。次に、国際法のどのような局面で、どのようにＮＧＯが関わってきたかを対人地雷の廃絶を事例に取り、実体面から論じていく。

なお、筆者は地雷禁止国際キャンペーン（ＩＣＢＬ　International Campaign to Ban Landmines）傘下の日本のＮＧＯ「難民を助ける会（ＡＡＲ）」の職員として、地雷対策、被害者支援とともに対人地雷禁止条約（一九九七年一二月採択、九九年三月発効）の形成過程（オタワプロセス）に関わり、条約成立後の六年間はＩＣＢＬの執行機関である調整委員会委員としてＩＣＢＬの運営や対人地雷禁止条約締約国会議および会期間活動にＩＣＢＬ代表団の一員として携わってきた。また一九九八年から二〇〇八年までＩＣＢＬの年次報告書『ランドマインモニター（Ｌ

M）レポート』（後述）の中国担当リサーチャーを務めている。こうした経緯から、本章のICBLや難民を助ける会に関する記述の中で、とくに出典の明示のないものは、筆者の当事者としての体験によるものである。

二　国際法と非国家主体との関係

用語の確認

本章で扱う用語について、まず若干の整理を試みたい。厳密な意味では国際法過程に関わる国家以外のアクターはすべて非国家主体、ないし非政府主体（NSA　Non-State Actors）と見なされる。しかし、本章では、NSAは国家主体に対する非国家主体一般ではなく、非政府武装勢力・武装組織を指す用語として使用する。また、非国家主体とは市民社会組織（CSO）、非政府組織（NGO）のみを主たる対象とし、国際連合（UN　United Nations）や国連機関（UN Agency）や国際機関（IO　International Organization）、地域機構など、政府間の国際組織（IGO　Intergovernmental Organizations）は含めてはいない。

他方で、「非市民社会（UCS　Uncivil Society）」（最上　二〇〇九　六頁）と呼ばれることもあるテロ組織、犯罪集団、反政府組織、反政府武装勢力については、UCSでなくNSAという用語をあて、しかも、積極的に扱っている。本章で取り上げる地雷の廃絶運動においては、政府以外の武装組織・武装勢力をも地雷廃絶の対象としなければ、問題は解決しないという意味で、議論の対象となる重要なアクターであるからである。また、この集団の中でも、とくに反政府武装勢力の場合、地域や集団によっては、一定の市民社会の利益を代表している場合もないとは言い切れない。以上の理由から、本章では、非市民社会と言われるNSAをも積極的に検討の対象として議論を進める。

国際法と非国家主体・ＮＧＯとの接点

さて従来、古典的な国際法観や枠組みにとって、ＮＧＯを含む非国家主体は理解困難な、かつ「苛立ち」の対象であったと言われる（最上　二〇〇九　一－二頁）。冒頭で述べたような、国家間の関係に基調を置く、国際法秩序・体系の中で、ＮＧＯは法的には全く存在しないか、きわめて狭い範囲でしか存在せず、それゆえ法主体でも、法客体でもない。しかし、それにもかかわらずアクターであるからだ。デュプュイによれば、「ＮＧＯの逆説」とも呼ばれる現象である（Dupuy 2008 p.204）。

デュピュイはＮＧＯが法的に不在であると述べたが、それはＮＧＯが国際法分野において歴史的に新しい現象だから、というわけではない（最上　二〇〇九　三頁）。非国家主体と国際法との接点、つまり今日ＮＧＯと呼ばれる組織、あるいは、政府代表ではない人員の構成する団体やその構成員が、国際会議などに何らかの形で参画し、国際法の定立過程に影響を与えるという接点は、ほぼ二〇〇年の時をさかのぼることができる。

フランス革命とナポレオン戦争終結後のヨーロッパの秩序の再建や、領土の分割を目的とし、後に映画『会議は踊る』の舞台ともなったウィーン会議（一八一四－一五年）では、フランクフルトのユダヤ人共同体や、ハンザ同盟のユダヤ人たちが代表団を送り込み、その代表が会議議長であるメッテルニヒ公（Klemens von Metternich）と面会し請願を提出した。これを受けたウィーン会議の側も、ユダヤ人の市民権を定める規定を承認したとされる（最上　二〇〇九　三頁）。

非国家主体の活躍は、武力紛争における交戦者の行為を規律する国際人道法（武力紛争法。当時は戦争法）分野においてめざましい。とくに、ジュネーブ法の成立・発展過程における赤十字国際員会（ＩＣＲＣ）の働きである。国際法の中心課題は、常に、いかにして戦争を規制するかということにあったと言われる（田中　一九九四　二六四頁）。三〇年戦争（一六一八－四八年）を終結させたウェストファリア条約（一六四八年）によって、中世の封建社会の階層的な秩序が崩壊し、主権を有する多数の国家が並存する近代国際社会、あるいは国民国家体系（nation state system）が成立した。国際法はこのウェストファリア体制とも呼ばれる国際秩序を維持する法規範の体系として発達してきたものである（奥脇　一九九七　二頁）。それゆえ、国際法は戦争法の分野から発達を始めたとさえ言われ、国際法の法典化は戦争法の分野で一層進展したのである（石本　一九九八　三頁）。

その意味で、この領域で非国家主体の活躍が顕著であったことは、非国家主体と国際法の接点を考える際に、とくに重要な意味を持とう。ローターパクトはかつて、「国際法が法の消滅する地点にあるとするなら、戦争法は国際法が消滅する地点にある」[1]という格言を残している（Lauterpacht 1952 p.382）。その意味では、非国家主体が戦争法において、顕著な役割を担ってきたことは、やはり法学あるいは法概念の立場から、そもそも異例なことであったという意味で、偶然のことではないのかもしれない。

国際人道法（武力紛争法）と赤十字国際委員会（ICRC）

国際人道法（武力紛争法）と赤十字国際委員会（ICRC）は、そもそもその萌芽の契機を一にしている。イタリア統一戦争最大の激戦と言われる「ソルフェリーノの戦い」（一八五九年）を偶然目撃したスイスのビジネスマン、アンリ・デュナン（Henri Dunant）は、この戦争と負傷者の惨状を一冊の本『ソルフェリーノの思い出』（一八六二年）にまとめ二つの提案を行った。まず第一に、平時から敵味方の区別なく戦争犠牲者を救護する組織を創設すること、第二に、その組織の活動を国際的な約束として保護することの二点である。言うまでもなく前者が後にICRCに、そして後者が国際人道法（ジュネーブ法）として、世界に広がることとなる。国際法と非国家主体の最初の交錯点とも言える当時の状況を見てみよう。

デュナンの提案に賛同したモワニエ（Gustave Moynier）、デュフール将軍（Guillaume-Henri Dufour）、戦傷外科医アッピア（Louis Appia）、医師モノワール（Theodore Maunoir）の四名は、デュナンとともに、一八六三年ICRCを設立した（井上　二〇〇三　四六‐四七頁）[2]。この組織は、委員会を構成する委員の数が五名であったことから、通称「五人委員会」と呼ばれることになる。そして翌六四年八月、この五人委員会の働きかけで、八日から二二日までの一四日にわたり、ジュネーブに一六か国の政府代表二六名を集め、「戦地にある軍の衛生要員の中立に関する国際会議」が開催された。会議の目的は、軍の衛生部隊の要員と施設、救急馬車を局外中立とするための国際条約を締結することであったが、この会議には、先の五人委員会のメンバー全員が参加した。ここで注目すべきはこれら五名の立場である。

レーマン博士（スイス連邦軍軍医総監）とともにモワニエとデュフール将軍はスイスの政府代表として、残るデュナン、アッピア、モノワールの三名は、オブザーバーとしての参加であった。これを可能とするために、会議冒頭の開会式で、議長を務めたスイスの政府代表デュフール将軍は、スイスの政府代表ではないデュナン、アッピア、モノワールの三名と、オランダのヴェルデ（**Van de Velde**）将軍をオブザーバーとしてこの会議への参加を認める旨の採決を行い、この会議を開始したという（井上　二〇〇三　七七-七八頁）。国際法過程への非国家主体の関与の創生期の逸話としても興味深い。

さて、国際人道法（武力紛争法）は、害敵手段（戦闘の手段と方法）を規制とした「ハーグ法」と武力紛争の犠牲者の保護に関する「ジュネーブ法」とに分類される[3]。国際人道法は、一般に、軍事的必要性と、人道的配慮のバランスの上に成り立つと言われるが、前者に重きを置くのがハーグ法、後者に重きを置くのがジュネーブ法の特徴でもある[4]。そうした経緯もあり、ジュネーブ法は、ＩＣＲＣを中心に発展したが、ハーグ法の中核は、一八九九年と一九〇九年の二度のハーグ平和会議で採択され法典化されたハーグ諸条約とその付属規則である。その源は、古代・中世に起源を持つ戦争の法規慣例と呼ばれる慣習法規にある。これらは一九世紀半ば以降、リーバー法典（一八六三年）、ブリュッセル宣言（一八七四年）、国際法学会の『オックスフォード・マニュアル』（一八八〇年）といった重要法規を下敷きに、まず、サンクト・ペテルブルク宣言（一八六八年）において法典化されハーグ条約へとつながっていく。

ハーグの法典化に大きな役割を果たしたこの『オックスフォード・マニュアル』にも、ＩＣＲＣは色濃く影響を与えている。このマニュアルの起草者は、ＩＣＲＣの創設者の一人であるモワニエである（ピクテ　二〇〇〇　九六頁）。このマニュアルは、戦争法の原則を明快にまとめ、人道的要請と軍事的要請の間に適度な均衡を確立したとされる重要な法典である。その意味において、ＩＣＲＣは、ジュネーブ法のみならず、ハーグ法にも大きく関与していたと言えるだろう。

現代国際法過程とＮＧＯ

以上、非国家主体・ＮＧＯと国際法の接点はほぼ二〇〇年の歴史があることを確認した。戦争をいかに規制するかという国際法の中心的課題である戦争法・武力紛争法の領域においてさえも、である。しかし前出のデュピュイによれば、ＮＧＯは、過去二〇〇年において、法的に不在であったと指摘される。この理由を、最上は、当初から国際法と接点を持ちつつ、少なくとも二世紀以上の歴史を重ねている非国家主体あるいはＮＧＯという存在が、法的に不在というのであれば、それは、新しい現象だから説明しきれないとか、構造的に国際法の中に包摂するすべがないということではなくて、むしろ、国際法が原理的に非国家主体を疎外してきたと言えるのではないか、と分析している（最上　二〇〇九　四頁）。

とはいえ、最上がその論考の中で、非国家主体やＮＧＯの位置づけを論じているように、ＮＧＯの活動を国際法の中に、どう理論的に位置づけていくかという問題は、国際法学者の避けて通れない課題となっている（奥脇　二〇〇五　五頁）。

国際連盟・国際連合とＮＧＯ

国際連盟の時代には、多くの民間団体が連盟の設立そのものの推進力ともなった。英米の平和強行連盟、国際連盟協会、平和と自由のための女性国際連盟（WILPF　Women's International League for Peace and Freedom）などがそれであり、とりわけWILPFは国際連盟規約に対する修正案も提出している（最上　二〇〇九　三 - 四頁）。

国際連合（国連）は、当初より経済協力を第二次世界大戦後の国際社会の安寧確保の柱の一つと位置づけ、経済社会理事会（ECOSOC　Economic and Social Council）を設置した。そのECOSOCについて定めた国連憲章第一〇章経済社会理事会第七一条には、以下の通りNGOが明記された。

> 経済社会理事会は、その権限内にある事項に関係のある非政府組織（nongovernmental organizations）と協議するために、適当な取極を行うことができる。この取極は国際組織（international organizations）との間に、また、適当な場合には、関係のある国際連合加盟国と協議した後に国内組織（national organizations）との間に行うことができる。

では、この時代、NGOという言葉は、どのような組織を念頭に使われていたのだろうか。またここに登場する国内組織とは何を指していたのか。

国連憲章を起草した一九四五年の「国連機構に関する連合国会議（サンフランシスコ会議）」において、ソ連が「世界労働組合連盟（WFTU　World Federation of Trade Unions）」に対して例外的に、政府あるいは専門機関並みの特権を認めさせようとしたので、これに対抗してアメリカは、一国内団体である「アメリカ労働総同盟（AFL　American Federation of Labor）」を推し、両者の間に確執が生じることとなった。最終案は、両者の主張を盛り込む形で決着したが、そのために「国際組織」と「国内組織」が併記されることになったと言われている（馬橋　一九九六　六 - 七頁）。

そもそも七一条が「世界労働組合連盟」を対象としたようにECOSOCが捉えるNGOの幅は広く、ECOS

OCとの協議資格を持つNGOには営利団体や政党を除き、経営者団体、社会福祉団体、宗教団体、消費者団体、職能団体、女性団体、青少年団体、平和団体、労働組合、協同組合など多様な市民社会組織（CSO）が含まれている。その意味では、この国連憲章のNGOは、国際法との関わりを考える際のNGOとは、一線を画して考えるべきものである。ただ、先に見た通り、国連システムにおいては、まずECOSOCがその成立と同時にNGOに対し、門戸を開いていたことになる。

冷戦後は、国連が主催する会議にも、今日的意味でのNGOが正規の代表として、参加を認められるようになった。一九九二年にリオ・デ・ジャネイロで開かれた国連環境開発会議（UNCED　United Nations Conference on Environment and Development＝通称、地球サミット）とは異なり、二〇〇二年にヨハネスブルクで開催された「持続可能な開発に関する世界首脳会議（WSSD　World Summit on Sustainable Development）」では、国連に登録したNGOは、政府間交渉の会議場に入ることが許された。また後に詳しくみるように、対人地雷禁止条約の成立過程、オタワプロセスにおいては、NGOが中心的役割を担った。対人地雷禁止条約成立の翌年一九九八年に成立した国際刑事裁判所（ICC）ローマ規程においても、NGOが果たした役割は計り知れない。

NGOの国際法過程への関与は、こうした環境や人権・人道分野にとどまらない。国際金融や国際貿易、よりマクロな政策形成に関わる通貨危機の処理や債務累積問題、知的所有権や社会権問題においてもまたしかりである（奥脇　二〇〇五　四‐五頁）。

NGOが現代国際法制度へ関わる態様

NGOと現代国際法制度との関わりの局面は、大別して、国際法制度の形成に関わる局面と、その成立後における実施過程の、二つの局面に分けることができる。そして、それぞれ、賛同国（条約の成立前）や当該制度の当事国である条約の締約国を通じて、間接的に関わる方法と、直接、国際法制度の形成および実施の過程に関与する方法の二つがある。本節では、柴田の論考を参照しつつ論を進める（柴田　二〇〇五　九‐一五頁）。

第一に、当事国政府を通じて間接的に関わる場合、ＮＧＯは、当該政府に専門性の高い情報や知見を提供し、ロビー活動を行い、世論形成を行い、場合によっては、政府代表団の一員となって影響力を行使する。ＮＧＯの国際法制度へのさらなる関与が望まれる今日にあっても、ＮＧＯの関与の大部分を占めているのがこの第一のルートである。というのは、この間接的関与が効果的であるのと同時に、第二の直接的に関与するルートが依然として法的にさまざまな障害を持つためである。とはいえ、ＮＧＯのこうした間接的な関与とその影響力は、国際法制度の側からみれば、表に出る国家の政策・立場の背後にあるにすぎず、国家と区別されるＮＧＯ独自の国際法的地位ないし機能を見出すことは難しいとも指摘される（柴田　二〇〇五　一〇頁）。

第二のルートは、ＮＧＯが直接、国際法制度の形成および実施の過程に関与する方法である。ただし、国際法制度の正式な交渉・採択過程においては、ＮＧＯは投票権を有さず、会議に参加するオブザーバーの地位しか持たない。オブザーバーには、通常文書の配布や議場での発言などが認められる。こうしたオブザーバーに認められる行動は会議の手続き規則に定められるが、この手続き規則を採択するのは国家であり、またいずれの団体をオブザーバーとして招待するかを決めるのも国家である。この意味において、柴田は、いまだＮＧＯには国際法の形成過程にオブザーバーとして参加する国際法上の権利さえ与えられていないと主張する。

とはいえ、ＮＧＯが関連する国際法制度の形成および実施の過程における最近の特徴は、条約制度の目的実現のため、条約義務の履行や制度運営に、公式にＮＧＯを関与させる条約規定ないしは実行が増加している点にある。

では、なぜ、こうした傾向が顕著になったのか。それは、まず、第一には、当該分野におけるＮＧＯの専門性や、経験、知見に基づいた情報提供能力にあると言えるだろう。これらが、ＮＧＯの参加を通じて出来上がる条約制度の実効性を高めている（柴田　二〇〇五　一一頁）。さらに、条約作成過程へのＮＧＯの参画は、国際制度に対する国家の外交政策決定過程の民主的正統性を高める、すなわち、制度の形成過程の透明性を高める、市民社会への説明責任を果たす、代替案を提示する、などにより、一般の人びとの選択・決定の実質化に貢献する意義も持つといえよう（柴田 二〇〇五 一一頁、小寺 二〇〇四 六九-七八頁）。

なお、国際法に限らず、国際社会へのＮＧＯの関わりや影響力の行使に関する態様と方法は本章のみならず他の章でもそれぞれ主要テーマの一つであり、読み比べることをお勧めする。

三 対人地雷の禁止と地雷禁止国際キャンペーン（ＩＣＢＬ）

先行研究と本章の特色

地雷禁止国際キャンペーン（ＩＣＢＬ）と対人地雷禁止条約の関わりについては内外に多くの優れた先行研究がある。(5) また、当事者であるＩＣＢＬやそのメンバー団体、さらにはＩＣＢＬメンバーではないが、市民社会のもう片方の一翼を担った赤十字国際委員会（ＩＣＲＣ）などの会議の報告書や資料集もある。(6)

キャンペーンの詳細や意義についての議論は、これら先行研究や資料に譲り、本章では国際法という切り口から、対人地雷禁止条約成立までの過程、さらには成立後の実施に関する国際法制度に、直接、間接それぞれのルートでＮＧＯや市民社会がどのように関わってきたかを確認していく。本例の場合、条約の形成過程は、既存の国際法の枠組みの改善を目指した特定通常兵器使用禁止制限条約（ＣＣＷ Convention on Certain Conventional Weapons）再検討会議（一九九六年五月）までの局面と、賛同国政府とともに直接関与しながら、禁止条約を既存の条約の交渉の枠外で作り上げていったオタワプロセスの二つの局面に区別される。(7) 紙面の限られた本章では、内外に貴重な先行研究が多いオタワプロセスにおけるＮＧＯ、市

表1 NGO（ICBL）による対人地雷禁止条約体制に対する関与

	条約の形成過程		条約の実施過程
	CCW	オタワプロセス	
直接的関与	×（不可能）	○（B）	○（C）
間接的関与	○（A）	—	—

出典：筆者作成。

民社会の関与（**表1**の(B)の部分）は割愛し、その形成過程と実施過程におけるＮＧＯ、市民社会の間接・直接の事例として、同表の(A)と(C)に絞って議論を進めていく。

地雷問題とは

対人地雷が引き起こす問題が人道問題として位置づけられるようになったのは、冷戦の終結後、一九九〇年代に入ってからのことである。紛争下の救援活動の現場や紛争終結後平和が来たはずの社会で、何の罪もない無辜の市民がぼろきれのように手足を吹き飛ばされ命を落としていく。こうした惨禍を目の当たりにしたＮＧＯが「地雷禁止国際キャンペーン（ＩＣＢＬ）」を組織し、国連や賛同国、ＩＣＲＣらとともに対人地雷の廃絶を目指した運動を展開していくのである（長 二〇〇八 一八〇‐一八二頁）[8]。

核兵器を除き、対人地雷をはじめとする通常兵器の廃絶にＩＣＲＣやＮＧＯが取り組んだのは、歴史上類を見ないことであった。反戦平和運動に従事した団体は別として、途上国や紛争地で支援活動を行ってきたＮＧＯは、とくに冷戦下では、軍事問題や政治問題に関与することを避けてきた。どちらの陣営にも属さずに中立・独立な立場で活動を行うことが、まさにＮＧＯのレゾンデートル（存在理由）でもあったからだ。

他方、ＩＣＲＣは、国際人道法（ハーグ法系列）の三つの原則、①戦闘員と非戦闘員、軍事目標と民用物の区別原則（軍事目標主義）、②攻撃の軍事的必要性とその攻撃から生じる損害や犠牲に対する人道的配慮の均衡性の原則、③戦闘員に対する攻撃であっても、不必要な苦痛を与える武器や戦闘方法を禁止する原則、これら三つの原則に抵触する通常兵器や戦闘方法に対しては、さまざまな規制を試みてきた。対人地雷については、一九八〇年の特定通常兵器使用禁止制限条約（ＣＣＷ）がそれである。しかし、人道法的観点から、非人道的な兵器の規制や使用の制限を目指すことはあっても、そうした被害を及ぼす兵器そのものの正統性に疑問を投げかけ、廃絶を目指すという、軍縮条約的手法はＩＣＲＣの歴史にはなかったことである。

ＩＣＲＣや、従来の反戦平和運動、あるいは兵器の廃絶運動とは無縁の、いわゆるオペレーショナルな（現場での支援活動実施型）ＮＧＯを中心とする団体をして対人地雷の廃絶活動に向かわせたものは何だったのだろうか。彼らに、地雷問題を、軍事や政治問題ではなく「人道問題」として廃絶運動に向かわせたものは何だったのだろうか。

それは、対人地雷の持つ残存性、無差別性、残虐性という三つの特徴である。一個数百円から入手できる安価で手軽なこの兵器は、生産国・輸出国の増加（地雷が蔓延する過程においては、三六〇種類の対人地雷が約五五か国で生産され、およそ三六か国が輸出に関わっていた）、戦争の質やアクターの変化（正規軍による国家間の紛争から、武装勢力や不正規軍による内戦へと変化した）、兵器の使用法の変化（戦場での防衛を目的とした「戦術」兵器から、政情を不安定化するための「戦略」兵器へと変化した）、製造技術の飛躍的進歩（探知を一層困難にしたプラスチック製地雷や金属片をほとんど含まない地雷、マイクロチップや磁気センサーなど、除去を妨げる高度な取り扱い防止機能付きの地雷、そして一度に大量散布が可能な遠隔散布地雷といったハイテク地雷が出現した）、そして優れた費用効率など、さまざまな理由が作用しあい、あたかも疫病のように世界に蔓延したのである。

さらに、戦闘員と非戦闘員の区別を意図的にぼかしつつ戦われるゲリラ戦や、土地の占領を目的としない紛争などで、戦闘員よりも一般市民に大量の犠牲者を生んだ近年の民族紛争においては、対人地雷は、住民を居住地から追い出し無人化する、農地の使用を不可能にして敵対勢力の食物源を根絶する、難民を流出させる、交通・通信網を遮断して住民の恐怖心をあおる、といった特定集団の崩壊を目的とする総合的な「攻撃・戦略」兵器として濫用されたのである。その結果、地雷問題が顕在化した一九九〇年代初頭には、七五か国以上が地雷や不発弾に汚染され、年間一万五〇〇〇～二万人が被害を受け、うち半数が命を落とす結果となった。

対人地雷が被害を及ぼすのは犠牲者本人に限らない。保険制度や福祉制度などが整わない途上国では、治療費の捻出で経済的に破綻し、極度の貧困に陥る家庭も多い。そればかりか、地雷原となり使用できなくなった農地や宅地を持つコミュニティ、社会、国全体が対人地雷の被害者と言える。

地雷禁止国際キャンペーン（ＩＣＢＬ）とその正統性

国際的な人道支援活動に携わる欧米のＮＧＯの間で対人地雷の非人道性が議論されるようになったのは、先に見た通り一九九〇年代初頭のことである。一九九一年一一月、アメリカのベトナム退役軍人財団（ＶＶＡＦ　Vietnam Veterans of America Foundation）とドイツのメディコ・インターナショナル（ＭＩ　Medico International）が対人地雷の全面禁止に関する国際キャンペーンの開始を合意した。米独のわずか二団体で始まったイニシアティブを、「米独地雷禁止キャンペーン」ではなく、当初から地雷禁止「国際」キャンペーン（ＩＣＢＬ）と命名したのは、地球規模で広まった対人地雷の廃絶を実現するためには世界規模の取り組みが不可欠という認識があったためである。ＶＶＡＦとＭＩは、中南米で支援活動の経験を持つアメリカ人ジョディ・ウィリアムズ（Jody Williams）をコーディネーターとして採用し、九二年一〇月にはさらに四団体――フランスのハンディキャップ・インターナショナル（ＨＩ　Handicap International）、イギリスのマインズ・アドバイザリー・グループ（ＭＡＧ　Mines Advisory Group）、アメリカのヒューマンライツ・ウォッチ（ＨＲＷ　Human Rights Watch）、人権のための医師団（ＰＨＲ　Physicians for Human Rights）――を加えてニューヨークで会合を持ち、キャンペーンの開始を正式に決定した。

その後、ＩＣＢＬはわずか七年で、世界九〇か国を超える国々の、一〇〇〇を超えるＮＧＯのネットワークに成長した。そして一九九七年一二月には、対人地雷禁止条約成立に多大な貢献をした功績が認められ、この年のノーベル平和賞をコーディネーターのウィリアムズとともに共同受賞している[9]。この間の詳しい経緯については割愛し、本章ではＩＣＢＬが国際法過程に関与する正統性を担保した理由について重点的に、紙面を割いていきたい。

ＮＧＯの正統性と説明責任・透明性

ＮＧＯの正統性や説明責任・透明性に関する議論は、けっして近年の産物ではない。一九～二〇世紀にかけてイギリスをはじめとする欧州のチャリティー団体も、その萌芽期から支援者たる商人や企業に対し、①受領した寄付金の総額とその使途、②団体が支援した裨益者の人数、③管理費の額（事業の実施に要した経費と資金調達に要した経費）に関する報告を求められてきた（Slim 2002）。とくに③の管理費の比率は、非営利セクターにおける当該組織の高潔性や効率性を示す最も重要な指標として評価の基準とされ[10]、こうした傾向は今日まで連綿と続いている。

こうしたＮＧＯの正統性や説明責任・透明性を求める声は冷戦崩壊後、とくに一九九〇年代後半から顕著な傾向となっている。巨大化したＮＧＯの弊害が現場で指摘され、またアドボカシー（政策提言活動）や市民に対するキャンペーンを通じて、ＮＧＯが政策に深く関与し、多大な影響を及ぼす事例が増えたからである（今田他　二〇〇四　二六、三〇、三一頁）。それは、従来の難民支援や環境分野にとどまらず、ＩＣＢＬの例が顕著に示すように一国の国防問題にまで発展した。その結果、緊急・開発ＮＧＯなど支援実施型ＮＧＯに対しては「成果の説明責任（performance accountability）」が、また人権ＮＧＯなどアドボカシー型ＮＧＯには「声の説明責任（voice accountability）」（後述）が強く求められるようになった（Slim 2002）。こうした要請に応じるために、あるいはＮＧＯ自らの自浄努力の結果として、支援実施型ＮＧＯについては、さまざまな行動規範やガイドライン、最低基準の設定という形で、「ＮＧＯコミュニティ」としての積極的な対応がなされている。

アドボカシー型ＮＧＯにとっての正統性

ＮＧＯにとっての正統性とは、「一般に社会の中に存在し何かをする権利、すなわちその組織が選択した活動の過程において、その組織が合法的で、容認され、また正当化されているという感覚」（Edwards 2000 p.20）と定義されている。こうした定義を踏まえた上で、ブラウンは、今日のアドボカシー型、すなわち政治や政策関与型のＮＧ

Oにとって正統性とは、政策の形成や履行過程において、影響力を行使する権利を認知されることとし、その基盤として①道徳的正統性、②技術力・目標達成能力由来の正統性、③政治的正統性（内的・外的正統性）、④法的正統性の四点を挙げた（Brown 2001 pp.64-65）。

①の道徳的正統性とは、道徳的価値に基づいて行動する際に基盤となる正統性であり、その組織がどの程度、この道徳的価値を反映して行動しているかが正統性獲得の基準となる。②の技術力・目標達成能力由来の正統性とは、NGOが持つ専門性、知識、情報、能力が、政策などに関与する組織の行動を正統化する源泉となるというものである。③の政治的正統性とは、当該組織が、その構成員や会員に対し、組織の民主性や透明性をどのように確保し、また参加をどのように担保しているかに由来する正統性である。NGOが組織の民主的正統性を主張する場合には、内的正統性と外的正統性に分けることができる（Brown 2001 p.65）。どちらも組織の意思決定に及ぼす影響の度合いを示すが、内的な正統性とは、構成員の参加や組織の透明性、説明責任を担保する過程において、これらの構成員・会員を代表していると主張できるためのものである。外的正統性とは、NGOの公的な意思決定に対し、一般市民がこれを非公式に支持することによって担保される。本節ではこれに加え、文字通りの意味での「政治的」正統性をいかに担保したかも射程に含めてICBLの正統性を論じていく。④の法的正統性は、当局により求められる法的規則や要請、責務を遵守し、基準を満たすことによって確立される。

さらに、本節ではブラウンの言うこれら四点に、⑤財源の多様性、⑥当事者性の二点を加えてICBLの正統性を議論する。⑤の財源の多様性については、上記の①から④のすべてを満たしたとしても、その財源を特定の政府や企業、あるいは特定の個人・団体に依存していては組織の独立性は担保できず、その独立性を基盤として築かれる①道徳的正統性、②技術力・目標達成能力由来の正統性を担保することも不可能となろう。その意味で、財源の多様性はNGOの正統性確保の上で絶対的に重要な項目である。⑥については、誰が誰を代表しているのか、という点として議論していく。

道徳的正統性

まずＩＣＢＬの道徳的正統性であるが、人道的観点から対人地雷問題を取り上げた点において、その道徳的正統性は当初から担保されていたと言ってよいだろう。ただし、ＩＣＢＬは、その道徳的正統性を、罪のない民間人を死傷させる非人道的な兵器に由来する所与のものと捉えて安穏とあぐらをかいていたわけではない。それを維持・発展させるために綿密な戦略を持ってキャンペーンを行っていた。たとえば、筆者が所属する「難民を助ける会」が地雷を禁止するキャンペーンを日本で開始するにあたり、ＩＣＢＬの創設団体の一つであるＭＡＧの創設者マグラス（Rae McGrath、当時の代表）から得た助言は、とにもかくにもこのキャンペーンを従来の反戦平和運動とは明確に一線を画した運動にすること、他の兵器には一切触れず、対人地雷の廃絶のみに焦点を絞ったシングルイシューのキャンペーンとして展開すること、の二点である。この明快な助言によって、漠然としていた運動の方向性が明確に意識化され、細心の注意を払いつつ、公の場での発言に生かされるようになった。こうした戦略的視点は、遅れてＩＣＢＬに参加した後発のＮＧＯや各国のキャンペーンにも確実に伝えられ、ＩＣＢＬの道徳的正統性を強めることはあっても、けっして揺るがせることはなかった。

さらに、キャンペーンを展開するにあたっては正確な情報発信を心がけること、キャンペーンにとってどれほど有利な情報でも、それが正確な情報でなければけっして発信してはならないこと、これも筆者がキャンペーンの初期に、ロシア製の蝶々型の対人地雷ＰＦＭの情報をめぐってマグラスから教示された教訓の一つである。ＰＦＭはとくにアフガニスタン侵攻の際、山岳地などに隠れたムジャヒディン（アフガン・ゲリラ）対策として旧ソ連軍により多用された。ＰＦＭは蝶々型地雷とも呼ばれ、その別名のとおり蝶々の形状をした手のひらサイズの対人地雷である。ヘリコプターなどを使用し空中から散布され、着弾する地域の自然や風土に合わせ、緑や茶色など複数色があった。そのため、玩具と勘違いした子どもたちがこれを拾い、死亡したり、一命を取り留めても、両手を肘から失い、顔面や胸部に大けがを負う、失明する、といった多くの悲惨な事故が発生した。ＰＦＭの形状や色は、空中から散布され着弾した際に転がっていかないように、また、植物や土壌の色と一体化しカモフラージュできるように、という機能的な目的に沿って開発・採用されたものである。しかし、ユニセフ（ＵＮＩＣＥＦ＝国連児童基金）はキャンペーンの初期に「子どもを狙ったおもちゃ型の地雷がある」としてこれを取り上げ、対人地雷の残酷さをアピールするための言説として用いていた。

これに対してマグラスは、「キャンペーンにとってどれほど都合のいい情報でも、誤った情報を発信すると、そこからキャンペーンそのものの信頼性が損なわれ、キャンペーンそのものが瓦解する。事実のみを正確に伝えるべき」として、蝶々型地雷が子ども向けに作られたとする誤情報をけっして利用してはいけないと主張した。

また、ＩＣＢＬ内部では、一九九七年のノーベル平和賞受賞直後から、コソボ紛争が激化した九九年にかけて、ノーベル平和賞受賞団体として、対人地雷の廃絶に限らずシエラレオネなどの子ども兵やクラスター弾の問題にも積極的に関わるべき、という意見がわき起こった。とくにコソボ紛争後、被害が多発していたクラスター弾に対する意見は強く、「調整委員会（ＣＣ Coordination Committee）」においても激しい議論が交わされた。しかし結論は、ＩＣＢＬの限られた能力は現時点では対人地雷の廃絶にこそ集中すべきというもので、その後約七年にわたり、ＩＣＢＬは引き続き対象を対人地雷一本に絞って活動を行うことになった。

このような経緯を経たものの、二〇〇六年一二月、ＩＣＢＬはクラスター弾の廃絶にも尽力していくことを決定する[11]。もっとも、すでにＩＣＢＬの一部参加団体は二〇〇三年に発足した「クラスター弾連合（ＣＭＣ Cluster Munition Coalition）」のメンバーとしてその廃絶に取り組んでいた。ＩＣＢＬによるこの決定は、不発弾化する割合の多いクラスター弾が結果として対人地雷同様の惨禍を残し続けており、その禁止運動が決定的に重要な局面を迎えていると判断したためである。

二〇〇七年二月、ＩＣＢＬはＣＭＣに正式に参加、以来、クラスター弾の廃絶過程であるオスロプロセスの正式な一員として活動に参加することになる。以後、対人地雷のみならず、同様の「性質」を持つ兵器に対しても廃絶活動を展開することとなるが、こうした持続的なプロセスも、ＩＣＢＬが継続して道徳的正統性を確保し続けている一因と指摘できるだろう。

道徳的正統性について犠牲者・被害者支援の立場からつけ加えるならば、ＩＣＢＬは被害者支援を行う際、対人地雷の被害者と他の障害者を区別して、対人地雷の犠牲者のみを支援・救済せよ、というメッセージを発信することはけっしてなかった。ＩＣＢＬによる「対人地雷の犠牲者」の定義は、「直接・間接に対人地雷により被害をこうむる人びとや地域」であるが、こと支援については、「対人地雷の犠牲者に特別の配慮」をしつつ、「当該国の障害者全般を対象とすること」を訴え続けた。

技術力・目標達成能力由来の正統性

技術力・目標達成能力由来の正統性とは、換言すれば、その専門性と実務能力に関わる正統性のことである。ＩＣＢＬの場合、これらは多種多様な参加団体の知見と行動力によって担保され、それがインターネットや、会議の際のワークショップなどで他のメンバーＮＧＯに伝達・共有された。

兵器としての対人地雷そのもの、あるいはその除去に関する知識については、もと軍人が多く所属したＭＡＧやＮＰＡ（Norwegian People's Aid）といった地雷除去ＮＧＯが担当し、対人地雷がもたらす被害や犠牲者の苦境については、当事者である地雷被害者個人や地雷汚染国のＮＧＯ、そしてＨＩなどの被害者支援のＮＧＯが担当した。また、対人地雷の輸出入など国際的な取引に関する情報は、ＨＲＷが担当した。国際会議の場では、各国政府や自国政府に対するキャンペーンの手法やメディア対策について情報を共有する場も設けられた。こうしてＩＣＢＬは、政府代表に勝るとも劣らない情報・知識の宝庫となり、それがメンバー団体に共有された。

実務能力については、加盟した一〇〇〇を超える団体すべてが地雷対策事業を実施していたわけではない。しかし、とくに中心的役割を果たしているコアメンバーが、地雷除去（ＭＡＧ、ＮＰＡ）、被害者支援（ＶＶＡＦ、Ｈ

Ｉ、イエズス会難民サービス〔ＪＲＳ〕カンボジア、ランドマインサバイバーズネットワーク〔ＬＳＮ〕、難民を助ける会など）、地雷回避教育（ＭＡＧ、ＨＩ、セーブ・ザ・チルドレン〔ＳＣ〕、ＮＰＡなど）、地雷汚染国の復興開発（ＭＩ他多数）といった重要テーマで、実際に現場で支援活動を行い、それぞれの分野で作業部会（ワーキンググループ）を作り、課題の集約を行い、ＩＣＢＬを通じて確実に会議場に伝えていった。そして、こうした現場の声が、各ワーキンググループの議長や条約交渉を中心に行うＩＣＢＬメンバーあるいはコーディネーターによって各国政府に発信され、条文として条約に盛り込まれていったのである。

政治的正統性――内的正統性

政治的正統性は、ＩＣＢＬが戦略的に、かつ細心の注意を払って生成し、またその維持や発展に最も神経を使った分野であろう。既述の通り、政治的正統性、ことに民主的な正統性は、構成員の参加や組織の透明性、説明責任を担保する過程で問われるものである。一般に政治的正統性は、当該組織がその構成員や会員を民主的に代表していると主張できるかを問う内的正統性と、団体の公的な意思決定に対して一般市民が、非公式に支持を表明することによって担保される外的正統性とに分けられた。

まず、内的正統性から確認しよう。事務局を持たないＩＣＢＬの運営は、発足後一九九六年までは、ＩＣＢＬの発起団体のＶＶＡＦが雇用するコーディネーター、ウィリアムズを中心に、創設時の米・独・仏・英という欧米四か国の六団体（ＨＩ、ＨＲＷ、ＭＩ、ＭＡＧ、ＰＨＲ、ＶＶＡＦ）からなる「運営委員会（Steering committee）」によって行われていた。九六年五月からは、地理的配分を考慮し、有数の地雷汚染国であるカンボジア（Cambodia Campaign to Ban Landmines）とアフガニスタン（Afghan Campaign to Ban Landmines）のナショナル・キャンペーン（後述）や、スウェーデンのラッダバーネン（Radda Barnen＝Save the Children Sweden）がこれに加わった。さらに翌九七年には、アフリカから、ケニア（Kenyan Coalition Against Landmines）と南アフリカ（South African Campaign to Ban Landmines）のナショナル・キャンペーンが加わり、計一一団体が、運営を担うこととなった。

その後、対人地雷禁止条約成立後の一九九八年二月にフランクフルトで初の総会が開催され、一四団体による「調整委員会」が発足した。この時、新たに選出されたのが、難民を助ける会を含む六つのナショナル・キャンペーンと団体である。その後も、数団体の入れ替えを経て、二〇〇四年以降は調整委員会の中央集約的な意思決定システムからの脱却を図り、マネージメント委員会、助言委員会が調整委員会に取って代わり、現在に至っている。こうした中で、ICBLが配慮したのが南と北、地雷汚染国と援助国といった地理的多様性や、各組織の専門性といった分野の多様性、さらには個別の団体とナショナル・キャンペーンとのバランスである。

二〇〇四年までの間、ICBLの運営委員会、調整委員会メンバーとして活動したのは、団体としては、VVAF、PHR、HRW、MI、HI、MAG、ラッダバーネン、難民を助ける会、NPA、LSN、ルーテル世界連盟（LWF）というずれも北の先進国の一一団体であり、難民を助ける会（日本）を除きすべて欧米の団体である。また、人権NGOであるHRWを除き、他の一〇団体は実際に現場で支援活動を行ってきたオペレーショナルなNGOであることもその特徴である。

他方、各国のNGOや個人が所属するカントリー・キャンペーン（別名ナショナル・キャンペーン）として加わったのは、カンボジア、アフガニスタン、ケニア、南アフリカ、コロンビア、ドイツ、イタリア、カナダ、スリランカ、ブラジルである。これらのキャンペーンの特徴は、前出のような特定の突出した団体によって代表されるものではなく、少数の例外を除き、基本的には地雷廃絶を求めるアドボカシー主体のNGOや個人によって構成されていることである。

ノーベル平和賞受賞前は、創設六団体によって運営委員会のメンバーが決められていたが、受賞後は総会における選挙（実際には運営委員会から推薦されたメンバーに対する信任投票）によって調整委員会のメンバーが選出された。また受賞後はICBLとして初めて独自の予算も持つことになり、総会では透明性を意識した会計報告がなされることとなった。しかしメンバーシップ自体はきわめてゆるやかで、少なくとも対人地雷禁止条約成立までは、どのような団体であれ、ＩＣＢＬを代表するコーディネーターに参加希望を明記したファックスあるいは電子メールを一本送ればそれで事足りたという、外に限りなく開かれた組織であった（カントリー・キャンペーンについては、それぞれのキャンペーン単位で規則があった）。

ＩＣＢＬはその会議の開催場所も同様の注意を払って選択していた。発足会議はニューヨーク（一九九二年一〇月）、第一回はロンドン（九三年五月、四〇団体から五〇名が参加）、第二回はジュネーブ（九四年五月、七五団体から一一〇名が参加）と北で開催されたが、第三回はプノンペン（カンボジア、九五年六月二～四日、四二か国から四〇〇名参加）、第四回はマプート（モザンビーク、九七年二月二五～二八日、六〇か国から四五〇名参加）と地雷汚染が最も深刻な二大陸で開催された。

政治的正統性――外的正統性

外的正統性は、市民社会一般からの広範な支持や、キャンペーン・イベントへの市民参加の度合いによって測られる。ＩＣＢＬはその参加団体によるユニークな取り組みでも知られている。エッフェル塔前に市民から寄せられた片足の靴を集めた「シューピラミッド」（ＨＩフランス）、国連欧州本部前の広場に一本の脚が折れた巨大な木造椅子を飾ったキャンペーン（ＨＩスイス）、オタワプロセス中のブリュッセル会議の際、目抜き通りに、地雷で片足を吹き飛ばされた犠牲者のズボンを模した、片足だけの巨大なジーンズを張ったキャンペーン（ＨＩベルギー）、全米をキャラバンでミニバスが回った「廃絶バス」イベント（アメリカ）、イギリスの地雷除去ＮＧＯであるヘイロー・トラスト（HALO Trust）の職員としてモザンビークで除去作業中に事故に遭い、右手右足を切断したマラソンランナー、クリス・ムーン（Chris Moon）によるマラソン・キャンペーン（カンボジア・キャンペーン）、地雷廃絶キャンペーン絵本『地雷ではなく花をください』の発行や、銀座の街で地雷被害者を模した着ぐるみを使用

地雷廃絶キャンペーン絵本『地雷ではなく花をください』
シリーズ５冊。

しての「着ぐるみ行進」（難民を助ける会）など、実例を挙げると枚挙にいとまがない。

一九九八年二月に開催された長野冬季五輪開会式では、難民を助ける会が長野冬季五輪組織委員会（ＮＡＯＣ）と開閉会式の総合プロデューサー浅利慶太氏に働きかけて、片手片足のランナーとしてＩＣＢＬの象徴的存在となったムーンの最終聖火ランナー起用を提案し、実現した[12]。

同様に、長野五輪を通じて対人地雷の廃絶と被害者救済を世界に訴えようと、ＮＡＯＣ、日本オリンピック委員会（ＪＯＣ）、社団法人「日本歩け歩け協会」、信濃毎日新聞社、難民を助ける会の五者で「長野オリンピックピースアピール」実行委員会を結成し、会長には小林実ＮＡＯＣ事務総長が就任した。実行委員会は五輪期間中に長野市と東京都内でチャリティーウォークやオークション、地雷展など一連のキャンペーンを実施、小林会長は一九九七年一二月の記者会見で「対人地雷問題は全面禁止条約調印などで全世界的な課題になっている。対人地雷の廃絶を中心に広く世界に平和をアピールしたい」と述べた[13]。キャンペーンの実現には、同年六月に結成されていた超党派の国会議員で作る「対人地雷全面禁止推進議員連盟」の会長、長野選出の小坂憲次衆議院議員（当時）による協力もあった。最終的に、このピースアピールでは、チャリティーウォーク参加費、オークション売り上げ、寄付金などで合わせて一億一五六万円の収益があり、うち六四五〇万円が難民を助ける会を通じてカンボジアの地雷除去費に充てられた[14]。

長野五輪の一連のアピールはＩＣＢＬ内でも注目され、二〇〇〇年のシドニー夏季五輪に際しては、オーストラリアのナショナル・キャンペーンから難民を助ける会宛にさまざまな問い合わせが入り、経験を伝達した経緯もあ

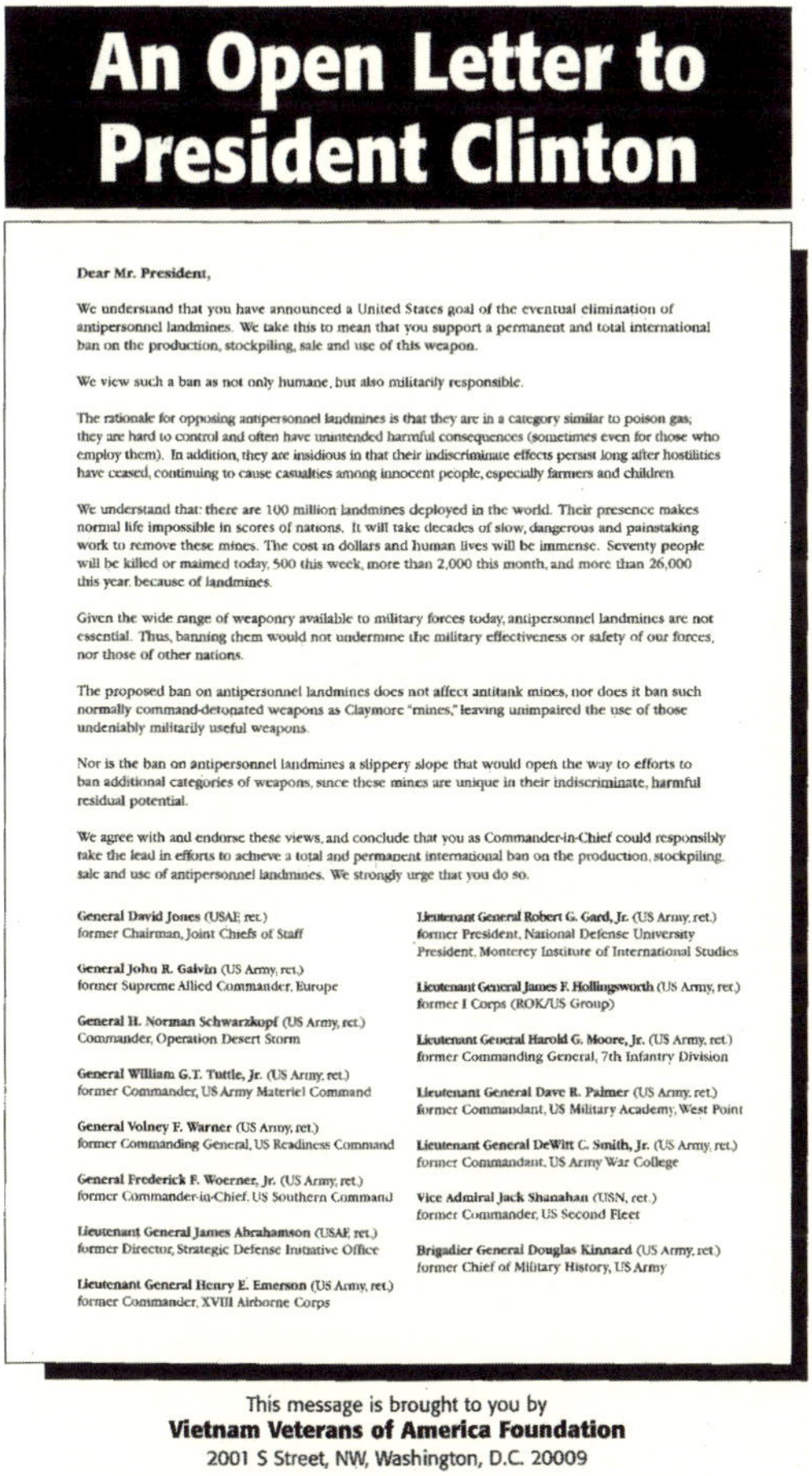

An Open Letter to President Clinton

Dear Mr. President,

We understand that you have announced a United States goal of the eventual elimination of antipersonnel landmines. We take this to mean that you support a permanent and total international ban on the production, stockpiling, sale and use of this weapon.

We view such a ban as not only humane, but also militarily responsible.

The rationale for opposing antipersonnel landmines is that they are in a category similar to poison gas; they are hard to control and often have unintended harmful consequences (sometimes even for those who employ them). In addition, they are insidious in that their indiscriminate effects persist long after hostilities have ceased, continuing to cause casualties among innocent people, especially farmers and children.

We understand that: there are 100 million landmines deployed in the world. Their presence makes normal life impossible in scores of nations. It will take decades of slow, dangerous and painstaking work to remove these mines. The cost in dollars and human lives will be immense. Seventy people will be killed or maimed today, 500 this week, more than 2,000 this month, and more than 26,000 this year, because of landmines.

Given the wide range of weaponry available to military forces today, antipersonnel landmines are not essential. Thus, banning them would not undermine the military effectiveness or safety of our forces, nor those of other nations.

The proposed ban on antipersonnel landmines does not affect antitank mines, nor does it ban such normally command-detonated weapons as Claymore "mines," leaving unimpaired the use of those undeniably militarily useful weapons.

Nor is the ban on antipersonnel landmines a slippery slope that would open the way to efforts to ban additional categories of weapons, since these mines are unique in their indiscriminate, harmful residual potential.

We agree with and endorse these views, and conclude that you as Commander-in-Chief could responsibly take the lead in efforts to achieve a total and permanent international ban on the production, stockpiling, sale and use of antipersonnel landmines. We strongly urge that you do so.

General David Jones (USAF, ret.)
former Chairman, Joint Chiefs of Staff

General John R. Galvin (US Army, ret.)
former Supreme Allied Commander, Europe

General H. Norman Schwarzkopf (US Army, ret.)
Commander, Operation Desert Storm

General William G.T. Tuttle, Jr. (US Army, ret.)
former Commander, US Army Materiel Command

General Volney F. Warner (US Army, ret.)
former Commanding General, US Readiness Command

General Frederick F. Woerner, Jr. (US Army, ret.)
former Commander-in-Chief, US Southern Command

Lieutenant General James Abrahamson (USAF, ret.)
former Director, Strategic Defense Initiative Office

Lieutenant General Henry E. Emerson (US Army, ret.)
former Commander, XVIII Airborne Corps

Lieutenant General Robert G. Gard, Jr. (US Army, ret.)
former President, National Defense University
President, Monterey Institute of International Studies

Lieutenant General James F. Hollingsworth (US Army, ret.)
former I Corps (ROK/US Group)

Lieutenant General Harold G. Moore, Jr. (US Army, ret.)
former Commanding General, 7th Infantry Division

Lieutenant General Dave R. Palmer (US Army, ret.)
former Commandant, US Military Academy, West Point

Lieutenant General DeWitt C. Smith, Jr. (US Army, ret.)
former Commandant, US Army War College

Vice Admiral Jack Shanahan (USN, ret.)
former Commander, US Second Fleet

Brigadier General Douglas Kinnard (US Army, ret.)
former Chief of Military History, US Army

This message is brought to you by
Vietnam Veterans of America Foundation
2001 S Street, NW, Washington, D.C. 20009

アメリカのNGO・VVAFによる地雷廃絶を求めるニューヨークタイムズ紙の全面意見広告。

る。こうしたイベントは、実際の集客にとどまらず、国内のメディアや、世界にニュースを配信するAPやUPIなどの通信社を通じて報じられることにより、広範な支持を集めていった。そして地雷廃絶というイシューの認知度を上げ、ICBLの外的な政治的・民主的正統性を積み重ねていった。

これらに加え、対人地雷禁止の反対勢力に影響力のある退役軍人や、王室・皇室、著名人などそれぞれの社会の主流派を積極的に活用・動員し、「政治的」な正統性を得ていったこともICBLの典型的な手法、戦略である。まず、主要国の軍事関係者を巻き込んでいった戦略を確認する。

赤十字国際委員会（ICRC）が中心になって行った対人地雷の軍事的有効性をめぐる研究（ICRC 1996）や関連シンポジウムが大きな成果や反響を得ていた中で、ICBLメンバーも同様に軍事関係者を積極的に活用した。

アメリカでは、対人地雷使用の一年間のモラトリアムが実施された直後の一九九六年四月、名だたる退役

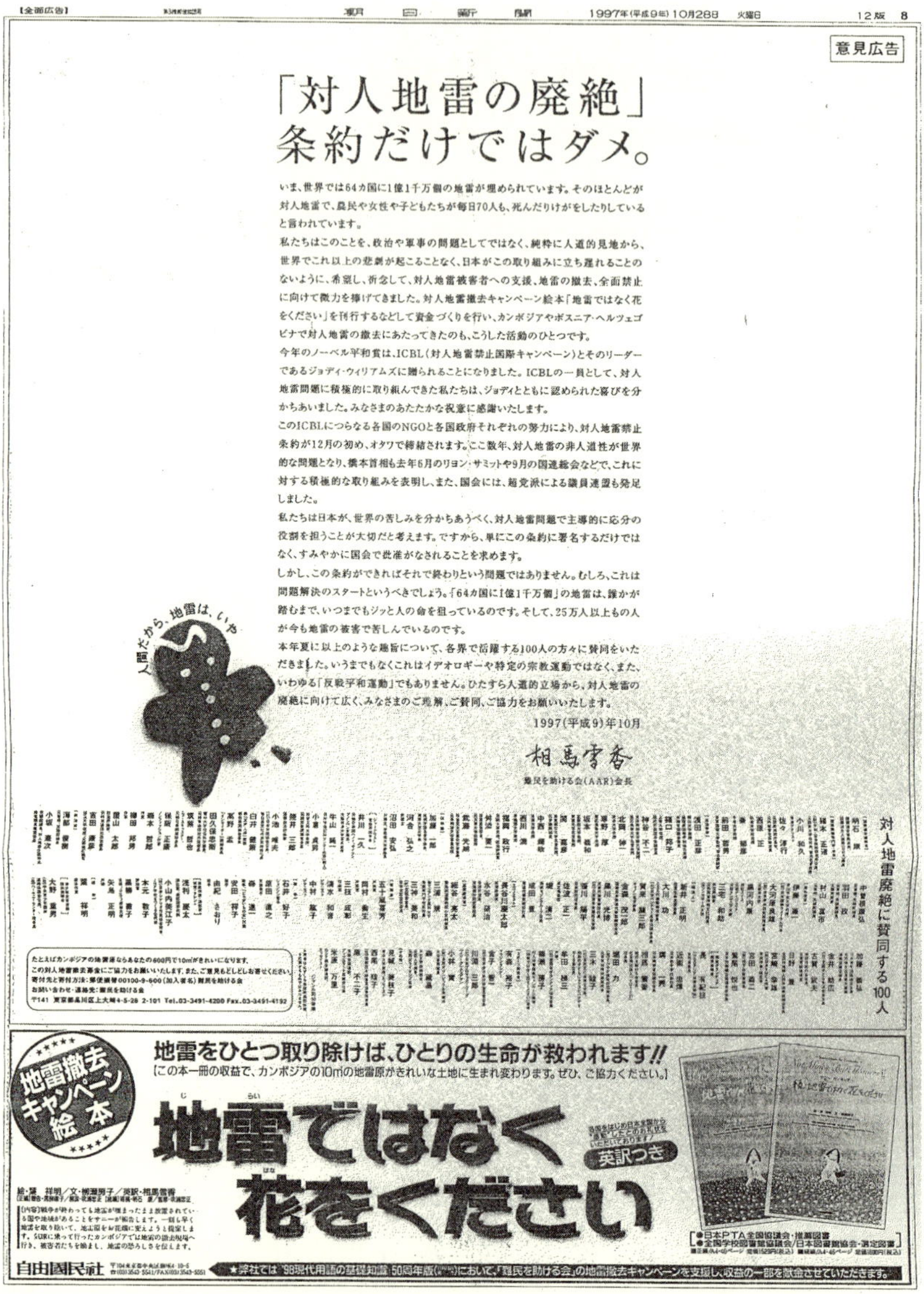

【全面広告】　朝日新聞　1997年(平成9年)10月28日　火曜日　12版　8

意見広告

「対人地雷の廃絶」条約だけではダメ。

いま、世界では64カ国に1億1千万個の地雷が埋められています。そのほとんどが対人地雷で、農民や女性や子どもたちが毎日70人も、死んだりけがをしたりしていると言われています。

私たちはこのことを、政治や軍事の問題としてではなく、純粋に人道的見地から、世界でこれ以上の悲劇が起こることなく、日本がこの取り組みに立ち遅れることのないように、希望し、祈念して、対人地雷被害者への支援、地雷の撤去、全面禁止に向けて微力を捧げてきました。対人地雷撤去キャンペーン絵本「地雷ではなく花をください」を刊行するなどして資金づくりを行い、カンボジアやボスニア・ヘルツェゴビナで対人地雷の撤去にあたってきたのも、こうした活動のひとつです。

今年のノーベル平和賞は、ICBL（対人地雷禁止国際キャンペーン）とそのリーダーであるジョディ・ウィリアムズに贈られることになりました。ICBLの一員として、対人地雷問題に積極的に取り組んできた私たちは、ジョディとともに認められた喜びを分かちあいました。みなさまのあたたかな祝意に感謝いたします。

このICBLにつらなる各国のNGOと各国政府それぞれの努力により、対人地雷禁止条約が12月の初め、オタワで締結されます。ここ数年、対人地雷の非人道性が世界的な問題となり、橋本首相も去年6月のリヨン・サミットや9月の国連総会などで、これに対する積極的な取り組みを表明し、また、国会には、超党派による議員連盟も発足しました。

私たちは日本が、世界の苦しみを分かちあうべく、対人地雷問題で主導的に応分の役割を担うことが大切だと考えます。ですから、単にこの条約に署名するだけではなく、すみやかに国会で批准がなされることを求めます。

しかし、この条約ができればそれで終わりという問題ではありません。むしろ、これは問題解決のスタートというべきでしょう。「64カ国に1億1千万個」の地雷は、誰かが踏むまで、いつまでもジッと人の命を狙っているのです。そして、25万人以上もの人が今も地雷の被害で苦しんでいるのです。

本年夏に以上のような趣旨について、各界で活躍する100人の方々に賛同をいただきました。いうまでもなくこれはイデオロギーや特定の宗教運動ではなく、また、いわゆる「反戦平和運動」でもありません。ひたすら人道的立場から、対人地雷の廃絶に向けて広く、みなさまのご理解、ご賛同、ご協力をお願いいたします。

1997(平成9)年10月

相馬雪香

難民を助ける会(AAR)会長

人間だから、地雷は、いや

対人地雷廃絶に賛同する100人

たとえばカンボジアの地雷原ならあなたの600円で10m²がきれいになります。
この対人地雷撤去募金にご協力をお願いいたします。また、ご意見もどしどしお寄せください。
寄付先と寄付方法：郵便振替00100-9-600（加入者名）難民を助ける会
お問い合わせ・連絡先：難民を助ける会
〒141 東京都品川区上大崎4-5-26 2-101 Tel.03-3491-4200 Fax.03-3491-4192

地雷をひとつ取り除けば、ひとりの生命が救われます!!
[この本一冊の収益で、カンボジアの10m²の地雷原がきれいな土地に生まれ変わります。ぜひ、ご協力ください。]

地雷撤去キャンペーン絵本

地雷《じらい》ではなく花《はな》をください

英訳つき

絵・葉 祥明／文・柳瀬房子／英訳・相馬雪香

●日本PTA全国協議会・推薦図書
●全国学校図書館協議会／日本図書館協会・選定図書

自由国民社

★弊社では「'98現代用語の基礎知識」50周年記念において、「難民を助ける会」の地雷撤去キャンペーンを支援し、収益の一部を献金させていただきます。

難民を助ける会による、対人地雷禁止条約批准を求める朝日新聞の全面広告。

軍人による対人地雷禁止に賛同する全面意見広告がニューヨークタイムズ紙に掲載された[15]。この広告はＶＶＡＦが企画・実施し、九一年の湾岸戦争を指揮したシュワルツコフ（Norman Schwarzkopf）将軍はじめ著名な退役軍人一五名が「対人地雷の廃絶は人道的であるのみならず、軍の責任でもある」と主張したもので、その影響力は甚大であった。日本でも難民を助ける会がこの全面広告の手法を生かそうと、筆者が九七年四月にＶＶＡＦに出向き、退役軍人一五名によるキャンペーンへの参加が実現した背景、経緯などについてヒアリングを行った。ＶＶＡＦでは当時、士官学校出身のジャーナリストでペンタゴン関係者に幅広い人脈を持つペリー（Mark Perry）が政治顧問を務めており、この全面広告の実現に中心的な役割を果たしていた。同氏へのインタビューを経て、この企画は同年一〇月の朝日新聞の全面広告、「対人地雷廃絶に賛同する一〇〇人」のアピールに発展した。

対人地雷禁止条約署名式控室で、ウィリアムズのメッセージ入りのポスターを手渡される小渕恵三外相（当時）。

これには著名人ら一〇〇人が賛同したが、その第一号として難民を助ける会がアプローチしたのが中曽根康弘元首相であった。防衛庁長官を務めた唯一の首相経験者であり、当時もなお日本の防衛政策に多大な影響力を保持していたからである。一九九七年五月、難民を助ける会の吹浦忠正副会長（当時）、柳瀬房子事務局長（当時）、筆者の三名で、砂防会館にあった中曽根事務所を訪ね、対人地雷廃絶賛同の署名を呼び掛けたところ、「地雷問題は軍事問題ではなく人道問題、地雷は生産よりも輸出入の方が問題なのだろう」と論評しつつ署名に応じた。重ねて難民を助ける会が、絵心のある同氏に地雷廃絶のポスター用に絵の制作を依頼したところこれも快諾。この絵を原画としたポスターは、同年一一月二〇日からニューヨークで開催された対人地雷禁止のポスター展にも出展された。そして、このポスターにウィリアムズがメッセージを書き入

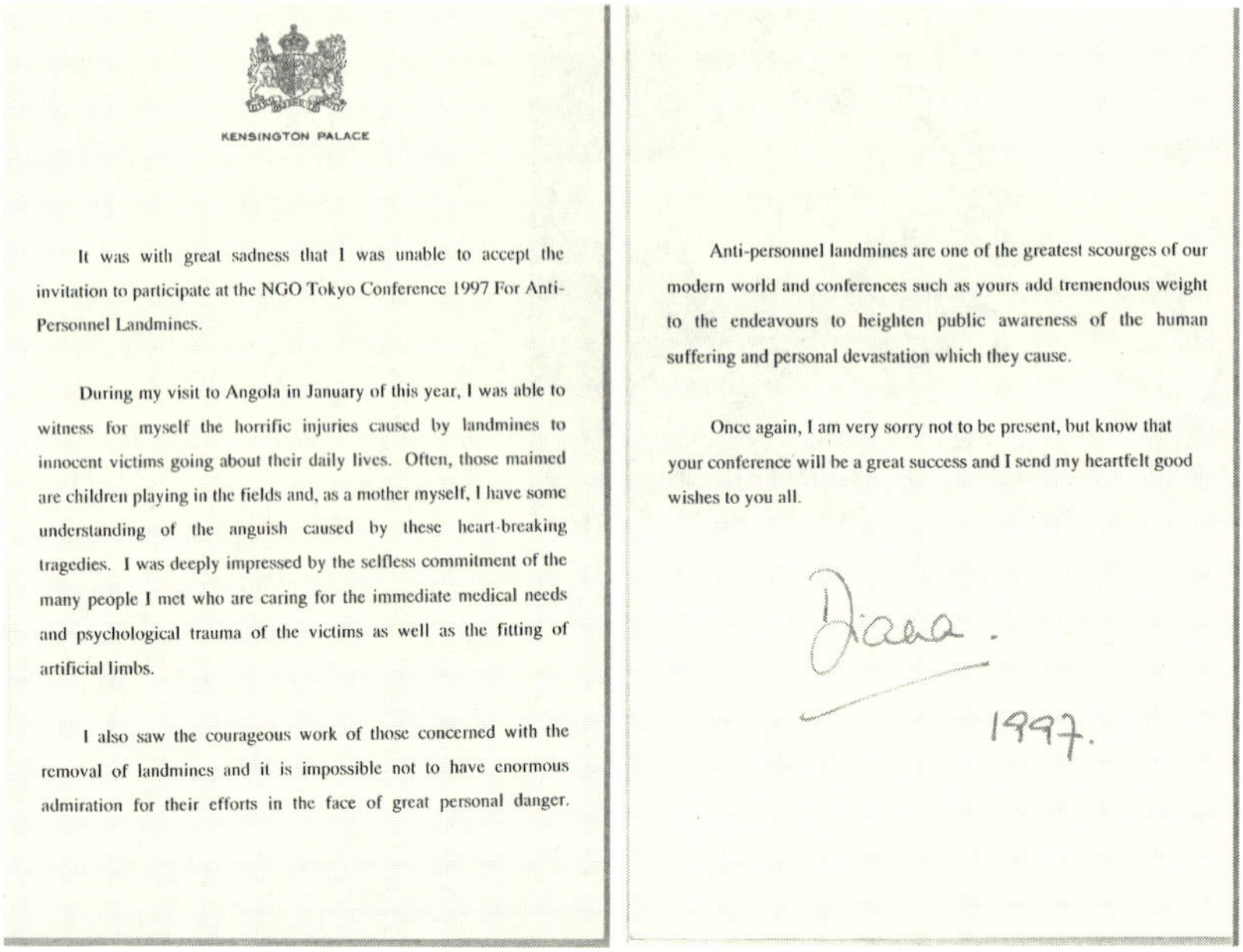

KENSINGTON PALACE

It was with great sadness that I was unable to accept the invitation to participate at the NGO Tokyo Conference 1997 For Anti-Personnel Landmines.

During my visit to Angola in January of this year, I was able to witness for myself the horrific injuries caused by landmines to innocent victims going about their daily lives. Often, those maimed are children playing in the fields and, as a mother myself, I have some understanding of the anguish caused by these heart-breaking tragedies. I was deeply impressed by the selfless commitment of the many people I met who are caring for the immediate medical needs and psychological trauma of the victims as well as the fitting of artificial limbs.

I also saw the courageous work of those concerned with the removal of landmines and it is impossible not to have enormous admiration for their efforts in the face of great personal danger.

Anti-personnel landmines are one of the greatest scourges of our modern world and conferences such as yours add tremendous weight to the endeavours to heighten public awareness of the human suffering and personal devastation which they cause.

Once again, I am very sorry not to be present, but know that your conference will be a great success and I send my heartfelt good wishes to you all.

Diana.

1997.

難民を助ける会主催「第１回NGO東京地雷会議（1997年）」に寄せた、故ダイアナ元イギリス皇太子妃からの自筆サイン入りメッセージ。

れた一枚は、対人地雷禁止条約署名式でウィリアムズから日本の署名者である小渕恵三外相（当時）に手渡された。

さらに難民を助ける会は、軍事アナリスト小川和久氏の助言を得て防衛庁・自衛隊ＯＢとの人脈を築き、「第三回ＮＧＯ地雷会議」のパネリストとして元自衛官・官僚の参加を実現した[16]。

次に、王室・皇室の協力を得たのもＩＣＢＬの特徴である。イギリスのダイアナ元皇太子妃は一九九七年一月、イギリス赤十字社の招聘でアンゴラの地雷原を訪問している。地雷被害者の少女と語らい、また防護服を付けて地雷原を歩く姿は通信社を通じて全世界に配信され、大きな反響を呼んだ。この時、地雷原を案内したのが同じくイギリスの地雷除去ＮＧＯ、ヘイロー・トラストである。ダイアナ妃は、同年五月、ロンドンでＭＡＧ主催の対人地雷廃絶のための会議に出席、基調講演も行った。その衝撃的な事故死の約二週間前の八月中旬には、アメリカのＬＳＮの招聘でボスニアの地雷原を訪問、ここで地雷被害者と語る姿は再び世界に大々的に報じられた。このダイアナ妃の事例はあまりにも有名だが、他にも、ベルギー王室、オランダ王室、ヨルダン王室などがＩＣＢＬやその参加団体の主催するイベント、会議に積極的に参加し、地雷廃絶運動に一種のお墨付き、外的正統性を付与することとなった。

日本では、難民を助ける会が地雷廃絶キャンペーンの一環として行った中村紘子氏のチャリティー・ピアノコンサート（一九九七年四月、オーチャードホール）に皇后陛下が参列、同様の趣旨で開催されたバイオリンコンサート（九八年七月、サントリーホール）には高円宮殿下および同妃殿下が参列した。ともに対人地雷の廃絶そのものではなく、対人地雷の除去支援を目的に掲げたコンサートではあったが、少なくとも、対人地雷廃絶というイシューに皇室も賛同しているというメッセージは発信され、難民を助ける会もその趣旨でこのコンサートイベントを広報した。中村紘子氏は、以前から難民を助ける会の支援者であり、政官の著名人を招いたホームコンサートを定期的に自宅で開催し、その収益金を難民を助ける会に寄付してきた。また、小渕恵三外相（当時）、夫人の千鶴子氏、長女暁子氏もこのコンサートに参加しており、難民を助ける会では小渕外相の家族との交流を通じても対人地雷の廃絶を訴えかけた。

赤十字の貢献

ＩＣＢＬあるいは地雷廃絶というイシューの政治的正統性の確保に、赤十字国際委員会（ＩＣＲＣ）をはじめとする赤十字組織[17]が果たした役割も指摘されるべき重要なポイントである。ジュネーブに本拠地を置くＩＣＲＣが赤十字組織の筆頭となって、対人地雷の廃絶を鮮明に打ち出したのは、一九九四年二月のことである。ＩＣＲＣのソマルガ（Cornelio Sommaruga）総裁（当時）が、「世界規模の対人地雷の全面禁止のみが、唯一のそして真実の解決策である」として正式に「人道的な観点から」対人地雷廃絶への賛同を表明したのである[18]。紛争地での医療支援や義肢支援の活動から得られた医学的なデータ・資料を公開・発信し、各国の赤十字社もこれらを駆使しながら独自の活動を開始した。日本では日本赤十字社が地雷廃絶日本キャンペーン（JCBL　Japan Campaign to Ban Landmines）のメンバーとなり、イギリスでは既述の通りイギリス赤十字社がダイアナ元皇太子妃のアンゴラ地雷原視察を企画するなど、積極的な対応を取っていった。

ICRCをはじめとする赤十字組織の関与は、以下の三つの次元でICBLの活動に大きな影響を与えた。

第一に、そのデータや情報発信能力である。ICBLの参加団体にも医療系の団体、義肢支援を行う組織はあったが、ICRCの規模やネットワークはそれを凌駕するものであり、ICRCと協力し、またそのデータを積極的に利用することによりICBLの活動にある種の権威づけを行うことが可能となった。

第二に、国際法のアクターとしての正統性である。国際人道法の生みの親であり、守護者でもあるICRCは、すでに認知された国際法のアクターであり、かつ当事者としても長い歴史を持っていた。そのICRCが積極的に対人地雷の廃絶に関与したことは、国際法のアクターとしては全く無名のICBLに国際法のアクターとしての正統性を与え、これにより地雷廃絶運動は一部の先鋭NGOが取り組むマイナーなイシューではなくなった。

第三に、各国内における影響力である。赤十字・赤新月社は、各国の王室や皇室、あるいは、時の権力者の夫人がその総裁を兼ねる例が多いなど各国のエスタブリッシュメントの階層が支持しており、政治的に主流派に属する組織である。その赤十字社が地雷の廃絶に関わるということは、それぞれの国で対人地雷問題が権力者層の間でも主流化すること、あるいは、対人地雷問題に関わることが政治的タブーではなくなることを意味した。このことは、韓国のナショナル・キャンペーンが相対的に弱小であることと無関係ではない。対人地雷を軍事や政治問題ではなく人道問題として扱うことは、各国の軍事関係者の根強い抵抗や批判はあったものの、欧米先進国のNGOの間では比較的容易であった。これ対し、三八度線に地雷原を持ち、地雷問題は即、国内最大の政治・軍事問題である北朝鮮問題と直結する韓国では、対人地雷は人道問題では済まされない事情があった。こういう政治的・社会的背景があるため韓国の赤十字社は対人地雷の廃絶運動に一切関与していない。その意味でも、赤十字組織がICBLや各国のキャンペーンに付与した政治的な正統性の意義は計りしれない。その政治的な正統性は、そのまま国際アリーナでの国際法のアクターとしての正統性に直結していたのである。

法的正統性

次に、ＩＣＢＬの正統性を確認する四つ目の視点、法的正統性について見ていく。ＩＣＢＬは対人地雷の廃絶のみを共通項とする、国境を越えた各国のＮＧＯや市民のネットワークである。そうした特徴を反映し、法的正統性という側面はＩＣＢＬにとって最も欠けていた部分であり、少なくともノーベル平和賞受賞まではほとんど注意が払われなかった領域である。ＩＣＢＬ参加団体の中でもとりわけ中心的な活動をしていたいくつかの団体は、いずれも支援実施型か、ＨＲＷのように長い活動経験を有する組織であり、それぞれの母国や本拠地とする国々ですでに法人格を有していた。そのため、対人地雷の廃絶のみを目標に、事務局も規則も会費もない、参加団体によるゆるやかなネットワークとして発足したＩＣＢＬを、あえて法人格を持つ組織とする必要性はなかったのである。

当初、事務局を持たないＩＣＢＬそのものの運営費は、コーディネーターとしての専属職員であるウィリアムズの人件費と彼女自身の出張費、通信費に限定され、すべてその雇用主であるＶＶＡＦが負担していた。国際会議などへの参加費は、先進国のＮＧＯの場合は各ＮＧＯが自己負担し、途上国のＮＧＯや地雷被害者の場合は会議ごとに主催ＮＧＯがドナーを募り、その旅費や滞在費を賄うという方式が取られていた。

こうした状況を一変させたのが一九九七年一二月のノーベル平和賞の共同受賞であり、受賞を境にＩＣＢＬは法人化した。これはノーベル委員会が法人化を要求したという意味ではなく、ノーベル委員会が副賞として授与した一億円のうちＩＣＢＬ宛の半額五〇〇〇万円を受け取るための銀行口座がＩＣＢＬにはなく、銀行口座を開設するには開設地での法人格が必要であったというきわめて実務的な理由からである。この問題は当時の意思決定機関である調整委員会で議論されたが、法人登録を行う場所をめぐって議論が紛糾した。国際的なネットワークの法的登録地の決定には、銀行口座の開設以上に、政治的あるいはネットワークの拠点としての象徴的な意味合いが含まれていたからである。アフリカの国々は、マプート（モザンビーク）やナイロビ（ケニア）、ヨハネスブルク（南アフリカ）を登録地として主張したが、現実的理由から却下され、最終的には、リヨンに本部を置くフランスのＨＩが会計業務なども担うということでフランスに決着した。

他方、対人地雷禁止条約成立後は、条約そのものがＩＣＢＬに法的正統性を与えることとなった。ＩＣＢＬは、ＩＣＲＣとともに条約前文に明記され、また条約本文には同条約で制定されたすべての会議（締約国会議、検討会議、改正会議）にオブザーバーとして出席できることが謳われた。詳細は後述するが、対人地雷禁止条約レジーム（体制）内において、ＩＣＢＬの法的地位は未締約国や国際機関と同等と言えるものとなったのである。

財源の多様性

では、五つ目の視点、財源の多様性から見たＩＣＢＬの正統性についてはどうであろうか。ノーベル平和賞受賞までのＩＣＢＬは、前述の通り独自の予算を持たなかった。その意味でＩＣＢＬは完全に「民」の組織であり、その活動の直接的な財源は関与したＮＧＯと、そのＮＧＯを支えていた各国の寄付者、市民であった。こうした状況が一転したのが、対人地雷禁止条約の成立とノーベル平和賞の受賞であった。

これらを契機にＶＶＡＦはウィリアムズとの雇用関係を終了し、ＩＣＢＬの運営母体である調整委員会の委員を辞任した。また、ウィリアムズ自身もコーディネーターとしての職責を辞任したことから、ＩＣＢＬはウィリアムズの後任を独自で雇用し、そのための事務所スペースを確保することとなった。そして、ここから派生する人件費等の経費は、調整委員会メンバーのうち、難民を助ける会をはじめ、先進国のＮＧＯが負担することとなった。

こうした事態をさらに大きく変化させたのがＩＣＢＬとしての初のプロジェクト、『ランドマインモニター（ＬＭ）レポート』の発行である。ＬＭは一九九九年以来、ＩＣＢＬが対人地雷禁止条約の年次締約国会議に合わせて毎年発行している千数百頁にも及ぶ報告書で、二〇一〇年一一月発行の最新刊までに計一二巻が出されている。

ＬＭ報告書ではＩＣＢＬメンバーを中心に世界各地から一〇〇人近いリサーチャーを集め、現場での調査も毎年行っている。そのカバー範囲は、対人地雷の使用・製造・移転、貯蔵地雷の破壊、地雷汚染状況、被害者の発生状況やドナー国による国際協力の状況、さらには地雷対策や条約に対する各国の立場の違いにも及び、締約国のみならず未締約国からも地雷問題の「バイブル」として尊重されている。調査や発行のための資金はオタワプロセスの中核国や国際機関に依存している。ちなみに二〇一〇年版の資金拠出国はオーストラリア、オーストリア、ベルギー、カナダ、フランス、ドイツ、アイルランド、ルクセンブルク、ニュージーランド、ノルウェー、スペイン、スウェーデン、スイス、バチカン、国連児童基金（ＵＮＩＣＥＦ）という一五の国と機関であり、他にはこれまでに、ＥＵ、オランダ、チェコ、デンマーク、イギリス、日本（二〇〇〇年版に一度のみ）、国連開発計画（ＵＮＤＰ）などが拠出を行っている。[19]

ＬＭプロジェクトが開始される一九九八年までは、ＩＣＢＬに参加するの個々のＮＧＯが政府資金で地雷対策を行ったり、オタワプロセスと並行して開催されるＩＣＢＬの会議の開催地政府が開催費用の一部を助成するといったことはあっても、ＩＣＢＬ自体が特定政府から継続して資金提供を受ける仕組みはなかった。もともと会費制度を持たないＩＣＢＬは、運営委員会を中心としたＮＧＯによる自発的な拠出金でその経費を賄うことによってＮＧＯとしての独立性を担保していた。しかし禁止条約成立後、とくにＬＭというＩＣＢＬ独自のプロジェクトを持つようになってからは、この独立性が維持できているとは言い難い状況にある。

もっとも、ＬＭの創生期には、アメリカ政府からの二度にわたるＬＭへの資金提供の申し出を、調整委員会での徹底した討議の末に二度とも断った経緯がある。資金的に非常に厳しい状態にあった時の申し出であったため、とくに資金調達を担当していた調整委員会のメンバーＮＧＯの中からは、アメリカは未加入国とは言え世界最大の地雷対策資金の拠出国でもあり、受け入れを前向きに検討してもよいのではないか、という声もあった。しかし、対

カンボジアの地雷除去現場。

人地雷の廃絶に反対している未加入国の資金をＬＭ作成のために受け入れることはＩＣＢＬの信頼性や正統性を著しく損なうものとする根強い反対意見があり、結局アメリカの資金を受領することはなかった。

当事者性

最後に、ＩＣＢＬの正統性を確認する六点目として、ＩＣＢＬの当事者性について確認したい。人権ＮＧＯをはじめ、アドボカシー型ＮＧＯに対し、「声の説明責任」が強く求められるようになったのは既述の通りである。言うまでもなく、対人地雷問題の当事者は、対人地雷の被害者自身、その家族、地雷に汚染された国や地域に住む人びとである。しかし、地雷の製造国とはいえ、地雷の汚染とは無関係な欧米の国々のＮＧＯによって設立されたＩＣＢＬ自身も、ある意味ではもう一方の当事者であった。地雷に汚染された国々に事務所を置いて、被害者支援や地雷除去、地雷回避教育や除去後の土地開発といった問題に取り組んでいたからである。地雷問題の解決に、カンボジア、モザンビーク、アフガニスタン、パキスタンといった現場で、直接活動に携わるＮＧＯ主体のＩＣＢＬだからこそ、当事者としての正統性は確保されていた。なかには、前出のムーンやアメリカ人のルスフォード（Ken Rutherford）[20]のように、被害者としての顔を持つメンバーもいた。

犠牲者や被害者の声の反映という点では、「ＮＧＯはどのように声を上げているのか」についても厳しく問われていた（Slim 2002）。すなわち、「当事者として（speaking as）」なのか、「当事者とともに（speaking with）」なのか、「当事者に代わって（speaking for）」なのか、「当事者に関して（speaking about）」なのか、という問いである。この点で、ICBLにはこれらすべての当事者がいた。とりわけ重要なのは、ICBLは当初から、当事者の声に配慮し、地雷被害者を積極的にキャンペーンのスポークス・パーソンとして起用したことである。代表的な人物は、カンボジア・キャンペーンのチャンナレット（Tun Channareth）、同じくカンボジアのコサル（Song Kosal）、ウガンダのオレク（Margaret Arach Orech）の三名であるが、彼らは、ウィリアムズ、二代目のコーディネーターを務めたバーンスタイン（Liz Bernstein）とともに、ICBLの大使を務めている（就任時未成年であったコサルはユース大使）。また、締約国会議の際などに、必ず、関係国の被害者に登壇してもらいスピーチの機会を設けたのもICBLの戦略である。これは、地雷原を一度も訪れたことのない締約国の政府高官に対し、被害者の生の声を伝え、事態の深刻さをより正しく理解してもらうため、というのが公けの理由であったが、同時に、ICBLの当事者としての正統性を担保し、外国どころか出身地域さえ出たことのない、ましてや人前でスピーチするなど経験したこともない地雷被害者に対し、その能力強化（キャパシティ・ビルディング）の機会を作ることも念頭に置いての戦略であった。

四　対人地雷禁止条約成立までの関与——特定通常兵器使用禁止制限条約（CCW）を対象に

特定通常兵器使用禁止制限条約（CCW）の欠陥

そもそも地雷禁止国際キャンペーン（ICBL）は、赤十字国際委員会（ICRC）同様、当初から対人地雷の全面禁止条約の実現を目指していたわけではなく、国際人道法の既存の枠組み、すなわち「特定通常兵器使用禁止制限条約（CCW）」[21]での全面禁止の実現を目指していた。CCWとは、一九八〇年一〇月に採択され、八三年一二月に発効した国際人道法の一つで、正式名称は「過度に傷害を与えまたは無差別に効果を及ぼすことがあると認められる通常兵器の使用の禁止または制限に関する条約」である。その名称が示す通り、兵士に過度の障害を与え、または、国際人道法の大原則、兵士と文民の区別原則を無視して、無差別に効果を及ぼす可能性があると見なされる通常兵器の使用を禁止・制限するもので（兵器そのものを廃絶する条約ではない）、条文そのものでは、禁止されるべき兵器の性質・枠組みのみを示していることから、「枠組み条約」とも通称されるものである。具体的な兵器の特定・規制については、付属する議定書に明記されたが、八〇年の採択時には、検出不可能な破片を利用する兵器に関する第一議定書、地雷・ブービートラップ（仕掛け爆弾）および類似の装置に関する第二議定書、焼夷兵器に関する第三議定書が定められた。二〇一一年三月現在、これに目潰しレーザー兵器の第四議定書（一九九五年採択、九八年発効）、爆発性戦争残存物（ERW Explosive Remnants of War）に関する第五議定書（二〇〇三年採択、二〇〇六年発効）が追加されている。

ICRCおよびICBLが最初に目指したのは、このCCW第二議定書（地雷議定書）の改訂である。対人地雷の規制については、それと明記はされていないものの、均衡性ないし比例性の原則、軍事目標主義、無差別攻撃の禁止を示した一九七七年採択のジュネーブ条約第一追加議定書[22]（第三五条の一・二項、第四八条、第五一条の四・五項）がその根拠を与えていた。しかしこれら国際人道法・ジュネーブ条約の諸条項に強制力はなく、当時はCCWこそが、対人地雷を規制する唯一の条約であった。

CCWおよび同第二議定書には、それぞれ以下のような欠点があった（長　一九九七　一一一‐一一二頁）。

第一に、CCWの普遍性に関する事柄である。CCWは締結から一〇年を経過した一九九〇年一〇月時点で、加入国数はわずか三〇、CCW再検討会議が始まる九五年九月時点でもその数は五一か国にすぎなかった。条約の拡大・普遍化が危急の課題であった。

第二に、CCWは国際紛争にのみ適用され、内戦には適用されない、という点である。対人地雷問題を引き起こした紛争の大半が国内紛争、内戦であったことを考えればまさに致命的な欠陥であった。

第三に、第二議定書には、①プラスチック性などの探知不可能な地雷を禁止していない、②民間人に対する対人地雷の意図的な使用は制限しても、軍事目的に使用された地雷が紛争終結後に民間人に及ぼす被害の無差別性についての記載はない、③あらかじめ計画された地雷原の記録作成は義務づけても、あらかじめ計画された地雷原がいかなるものかの定義はない、④敷設した地雷の除去について明確な責任規定がない、などの問題があった。

特定通常兵器使用禁止制限条約（ＣＣＷ）改正の動き

そこで、ＩＣＢＬはＩＣＲＣとともに、このＣＣＷの改正、規定の強化を当初のターゲットとして活動を開始したのである。

ＣＣＷ第八条によれば、「いずれの締約国もこの条約の効力発生後いつでも、この条約または自国が拘束されるこの条約の付属議定書の改正を提案することができる。改正案は寄託者に送付する。寄託者は改正案をすべての締約国に通報し、改正案を検討するために会議を招集するか否かについて締約国の意見を求める。過半数の締約国（一八以上の締約国であることを条件）がこれに同意する場合には、寄託者は速やかにすべての締約国を招請して会議を招集する」とある。規定上、ＩＣＲＣやＩＣＢＬがＣＣＷの改正を試みるには、この条項に沿って、締約国を通じた間接的な働きかけを行っていくことが唯一の方法であった。

一九九二年一〇月、ＩＣＲＣはＣＣＷの適用範囲の拡大（国内紛争への適用）の検討を提唱、これを受けて一二月には欧州議会がＣＣＷの批准と国内紛争への適用拡大、五年間の輸出停止を呼びかける決議を採択した。また翌九三年一二月には、フランス政府などの要請を受けた国連総会がＣＣＷ強化を求める総会決議を採択した。

フランス政府にこうした役割を演じさせたのが、ＩＣＢＬの創設団体の一つであり、運営委員会メンバーであったフランスのＮＧＯ、ＨＩである。以後、ＨＩの積極的な働きかけを受けたフランス政府（ミッテラン政権）が主体となり、一九九四年二月、五月、八月と、九五年一月にＣＣＷ強化に関する準備会合（政府専門家会議）が継続的に開催され、九五年九月、ついに再検討会議本会議が開始されるに至ったのである。

ＣＣＷ再検討会議

予想されたことながら、ＣＣＷ再検討会議は大きく紛糾し、本会議は合意に至る一九九六年五月まで三度にわたり開催された。(23) 残念ながら、九六年五月三日、ジュネーブで採択された改正第二議定書は、「この会議は道徳上の、そして政治的、法的な歴史的義務を担っている」というＩＣＲＣのソマルガ総裁の言葉もなしく、廃絶には程遠い内容となる。

改正第二議定書は、適用対象の拡大（国内紛争、内戦にまで拡大）、地雷の使用制限の大幅強化（探知不可能な対人地雷の使用の禁止、対人地雷および遠隔散布型地雷への自己破壊装置・自己不活性化型機能の付加の義務づけ、地雷が機能を停止した後も、機能を継続するような取扱防止装置の付加の禁止）、使用が禁止されている地雷および国家以外の者への移転の禁止、第二議定書の実施状況のレビュー制度の設置、といった改善点はあるものの、これらの改正は、実際には一部の地雷の使用の規制に留まり、すべての対人地雷を対象とした全面的な禁止には至らなかったからである。

スマート地雷も問題

また、改正第二議定書では、スマート地雷（自己破壊装置・自己不活性化型機能付きの新型地雷）の導入も大きな批判を呼んだ。ＩＣＲＣの「国際人道法で初めての例、きわめて遺憾」という指摘の通り、ＣＣＷ再検討会議がスマート地雷という新兵器の宣伝の場となり、そこで採択された改正第二議定書がこのスマート地雷の開発と使用を保障してしまったためである（長　一九九七　一一六頁）。ＩＣＢＬはスマート地雷が安全であるという見解に疑問を投げかけると同時に、スマート地雷の導入がもたらす対人地雷の規制・廃絶へのマイナス効果を指摘した。途上国が入手できる安価な対人地雷の使用が違法化・禁止される一方で、先進国のみが享受できる高価なハイテク地雷は合法化・使用可とされるという矛盾ある条約では、貧しい国々、とくに実際に対人地雷を使用してきた国からの反発は必至だからである。また、改正第二議定書の発効は二〇か国が加入してから半年後と定められたが、採択後一年以上が経過した一九九七年八月時点でも、第二議定書の加入国は一〇か国に満たなかった。抜本的な解決策とはならずとも、多くの国が受け入れ可能な取り決めを作り、CCWを拡大しようという当初の目的とは裏腹に、改正後のCCWも改正前と同様、普遍化（加入）の問題を抱え込むことになった。さらにこの第二議定書では、探知不能な対人地雷の禁止や、スマート地雷への移行については、同議定書の効力発生から九年間の猶予期間が与えられた。探知できない対人地雷の禁止は当面実行の目途さえ立たなかったのである。

このように対人地雷の廃絶とは程遠い内容が議論される中、CCWの改正を通じての全面禁止を目指してきたICBLは、焦りや怒り、失望を露わにし、国際法過程に直接関与する新たな道を模索しはじめる。これが、賛同する国だけを集めて、NGOとともに全面禁止条約の締結を実現しようという「オタワプロセス」に発展していったのである。

五　対人地雷禁止条約成立後の実施過程の関与

NGOへの法的根拠付与

オタワプロセスの特徴は、従来の全会一致による軍縮交渉の枠から離れて、各国が自己選択方式で条約交渉に臨んだこと、地雷禁止国際キャンペーン（ICBL）や赤十字国際委員会（ICRC）という従来の軍縮交渉ではアクターになりえなかったNGO、市民社会もこの交渉プロセスに関与したことである。先に述べたように、先行研究の多いオタワプロセスにおけるこれら非政府組織の関与については紙幅の都合上割愛するが、対人地雷禁止条約成立後（オタワプロセス以後）における非政府組織の関与はどのような形で可能になったのだろうか。本節では対人地雷禁止条約レジーム（体制）に参加した法的根拠（正統性）をまず確認し、その後、実際の過程への関わりを議論していく。

対人地雷禁止条約成立後、その条約体制・レジームにおいてＩＣＢＬの活動の正統性が担保され、発言力が増したのは、禁止条約そのものの中にＩＣＢＬがＩＣＲＣとともに明示されたからである。これ自体がオタワプロセスにおけるＩＣＢＬの積極的関与の成果であった。ＩＣＢＬはＩＣＲＣとともにまず、条約前文第八段で、「対人地雷の全面的禁止の要請に示された人道の諸原則の推進における公共の良心の役割を強調し、また、このために国際赤十字・赤新月運動、「地雷廃絶〔地雷禁止〕国際キャンペーン」その他の世界各地にある多数の非政府機関が行っている努力を認識し」と固有名詞入りで明記された。

また条約本文には、同条約で規定されたすべての会議、すなわち締約国会議、検討会議、改正会議においては「この条約の締約国でない国、国際連合、その他関連する国際機関、地域的機関、赤十字国際委員会および関連する非政府機関に、合意される手続き規則に従いオブザーバーとして出席するよう招請することができる」（第一一条四項、一二条三項、一三条二項）と謳われることとなり、これにより対人地雷禁止条約レジーム内におけるＩＣＢＬの法的地位は、ＩＣＲＣとともに、未締約国や国際機関と同等と言えるものとなった。

これを象徴するように、年一回開催される締約国会議開閉会式では、議長とともにＩＣＢＬ大使でありノーベル平和賞受賞者のウィリアムズや、地雷被害者の立場から同じくＩＣＢＬ大使を務めるウガンダのオレクらに、スピーチの機会が与えられた。また、二〇〇四年一二月に開催された対人地雷禁止条約第一回検討会議の最終日における政府代表スピーチの際には、ＩＣＢＬはオブザーバーの中で未締約国政府団より先に登壇する機会が与えられた。

締約国会議・常設委員会への参加

対人地雷禁止条約そのものの特徴については割愛し(24)、条約履行の核となる締約国会議におけるＩＣＢＬの役割を見てみよう。

対人地雷禁止条約の締約国会議は、その下部組織として問題領域ごとに四つの常設委員会（「条約の一般状況と実行」「地雷除去、地雷回避教育および地雷対策技術」「犠牲者支援および社会経済的統合」「貯蔵地雷の破壊」）を設け、これら委員会が年二回、ジュネーブで開催される常設委員会の会期間活動において実質的な討議や準備作業を行い、締約国会議がそれを承認し、あるいは積み残しになっていた議論を引き取る形式を取ってきた。

一方、ＩＣＢＬも、「条約」「被害者支援」「地雷対策」「非政府主体」という四つの作業部会（Working Group）を独自に設け、部会ごとに電子メールのメーリングリストを活用して意見交換や情報交換を行い、その結果を、年二回の会期間活動に合わせ、各部会の議長が集約する形式を取ってきた。

ＩＣＢＬはまた、こうしたＩＣＢＬ作業部会の声を常設委員会に効果的に反映させるため、担当職員を会期間活動が行われるジュネーブに配置し、このジュネーブ駐在の職員が各常設委員会の議長国や書記を務める次期議長国と連携し、常設委員会の議題の設定、発表者の選定・調整などを共同で行ってきた。とくに、「地雷除去」と「犠牲者支援」の常設委員会では現場の問題が最も重要であることから、ＩＣＢＬの関与度は非常に高く、公式議題の中では、地雷除去に携わるＩＣＢＬ傘下のＮＧＯや地雷被害者、および被害者支援に関わるＮＧＯが壇上に立ち、政府団に対して、プレゼンテーションを行う機会も得てきた。

こうして正式なオブザーバーとして対人地雷禁止条約レジームに参加することとなったＩＣＢＬは、事前準備・会議・会議後のフォローアップや、締約国会議・常設委員会などのあらゆる局面に参加することとなり、対人地雷禁止条約レジームの紛れもないアクターとして現在も活動している。

検証措置の補完

対人地雷禁止条約は軍縮条約と国際人道法双方の性質を併せ持ち、両者のハイブリッドとも称される条約である。しかし、遵守確保の形式は整えたものの事実上の検証を伴わない条約となっており、「検証規程を持たない人道法」的側面が強いと指摘されている（浅田　一九九八A）。ICBLはこうした弱点を補う存在としても重要な役割を果たしてきた。

ＩＣＢＬは締約国会議におけるオブザーバーとして積極的に発言してきたが、その発言や追及内容は、通常の締約国会議であれば、当事国間の暗黙の了解として忌避されるような議論も含まれている（長　二〇〇七　二五〇‐二五一頁）。たとえば、条約違反が疑われる政府に対しては、締約国・未締約国を問わず名指しで批判した例や、条約第三条の例外規定を根拠に七万個近い対人地雷を保有していた締約国を正面から批判し、その廃棄を加速させた例がある。ＩＣＢＬのこうした態度は、ときに「政府の外交交渉になじまない」といった批判も聞かれる。しかし、「仲よしクラブ」[25]内のピアサポート的な水準にしかない対人地雷禁止条約の検証措置、あるいは国際コントロールは、クラブ内の鬼子であるものの、「ノーベル平和賞受賞者」であり、既述のさまざまな正統性に裏づけられ、各国のメディアや世論に一定の影響力を持つＩＣＢＬの存在により確実に補完されている。

また、ＩＣＢＬには、締約国会議や常設委員会でのＩＣＢＬの発言を裏づける、強力なモニタリングのツールも担保されている。既述のＩＣＢＬ年次報告書『ランドマインモニター（ＬＭ）レポート』である。対人地雷禁止条約成立当初から、その検証規定の欠如を問題視していたＩＣＢＬは、条約の発効前の一九九八年六月にオスロで会合を開き、締約国のみならず未締約国も含めた世界各国の対人地雷に関する調査結果を詳細な報告書としてまとめることにした。それが『ＬＭレポート』である。一九九九年以来毎年発行されてきたこの重厚な報告書は、締約国のみならず未締約国からも地雷問題の「バイブル」として尊重され、モニタリングのツールとしての透明性を高めてきた。とはいえ、この取り組みは先に指摘したように、調査・発行のための資金を賛同国政府や国際機関に依存していることから、ＮＧＯの独立性という面ではＩＣＢＬの弱点ともなっている。

オタワプロセスは元来、政府と市民社会が前代未聞の形で連携し、それが対人地雷禁止条約という形で結実したものである。地雷のない世界を目指して活動を続けるための一手段として、政府との連携を財政面からも強化していこうというＩＣＢＬの戦略自体はけっして悪いことではない。各国政府の、継続的な政治的・財政的コミットメントがあればこそ、対人地雷禁止条約レジームやそれを補完するＩＣＢＬの機能も維持・強化されるからである。しかし他方では、パートナーでありドナーである各国政府に対して、ＩＣＢＬはもはや表立った批判や議論が許されない環境に自らを追い込んでいる、とも指摘できる（長　二〇〇七　二五二‐二五三頁）。また、アメリカ政府をはじめとする未締約国の地雷対策や地雷使用の疑惑、地雷埋設国政府の腐敗、あるいはＬＭで助成関係にない日本政府の対応等に対しては舌鋒が鋭いＩＣＢＬも、オタワプロセスのパートナーであるドナー国に対しては保つべき緊張関係が失われているとの指摘もある（百瀬　二〇〇五）。ＩＣＢＬ自体が「クラブ」の有力メンバーとなり、対人地雷禁止条約レジームを支える自他ともに認める重要アクターとなったがゆえに、それだけ、当レジーム内で果たしうるＩＣＢＬの補完メカニズムが機能しにくくなっているということである。(26)

六　非政府主体への働きかけ

対人地雷禁止条約での非政府主体の扱い

さて、地雷禁止国際キャンペーン（ＩＣＢＬ）の活動のもう一つの特徴は、反政府の軍事組織、非政府の武装勢力とも積極的に関わりを持ち、対人地雷禁止条約の普遍化を進めたことにある。

対人地雷が世界規模で人道的問題を引き起こした要因の一つは、その安価なコストや利便性から、正規軍のみならず満足な装備や資金を持たない非政府の軍事組織、ゲリラなどもこれに依存し、濫用したところにある。しかし、条約の当事者たりうるのは、国家のみであり、非政府主体（ＮＳＡ）と呼ばれるこれら武装勢力はそもそも規制の対象外であった。

すでに確認した通り、ＣＣＷ改正第二議定書では条約（＝ＣＣＷ）の当事者問題に対して一定の努力が払われた。

一九九六年五月のCCW再検討会議では適用範囲が拡大され、それまでの国際紛争のみならず、国内紛争、内戦においても規制対象に含まれることとなった。一方、NSAをめぐる議論を経て翌九七年に成立した対人地雷禁止条約ではあるが、その適用対象（条約の当事者）については、従来の国際法のまま国家に限定された。禁止条約成立当初は致命的欠陥とも批判されたこの問題に対し、条文を起草したオーストリア政府のハイノッチ（Thomas Hajnoczi）は、「調印の見込みのない主体を当事者とすることはあまりに非現実的で、そのような条約に調印する国はない」とその立場を表明した（長　一九九七　一二八‐一二九頁）。

ただし、禁止条約第九条の「国内の実施措置」では、「締約国は、この条約によって締約国に対して禁止されている活動であって、自国の管轄若しくは管理の下にある者によるものまたは自国の管轄若しくは管理の下にある領域におけるものを防止しおよび抑止するため、立法上、行政上その他のあらゆる適当な措置（罰則を設けることを含む）を取る」と明記され、少なくとも締約国政府にはNSAによる地雷使用の防止または抑止義務が課されることとなった。

また、禁止条約前文では、「武力紛争の当事者が戦闘の方法および手段を選ぶ権利は無制限ではないという国際人道法の原則、武力紛争においてその性質上過度の傷害または無用の苦痛を与える兵器、投射物および物質ならびに戦闘の方法を用いることは禁止されているという原則ならびに文民と戦闘員とは区別されなければならないという原則に立脚して」という文言により、国際人道法において、NSAを含むすべての紛争当事者に、履行義務がある条約であることが謳われていた。

「ジュネーブ・コール」

しかし、当然ながらこうした文言の実効性には明らかな限界があった。そこで、この問題に対処することを主たる目的として二〇〇〇年三月に設立されたのがスイスのNGO「ジュネーブ・コール（Geneva Call）」である。代表は、設立者であり、ICBLのNSAワーキンググループの議長も務めた元ジュネーブ州議会議員（二〇〇〇年当時は同議長）ワーナー（Elisabeth Decrey Warner）である。[27] 同団体は、対人地雷禁止条約に署名する立場にない非政府アクターのために、同条約の補完的プロセスとも言える「対人地雷の全面禁止の遵守と地雷対策への協力を約束する誓約書（DOC）」[28]を用意し、各地の反政府組織や武装勢力に署名の呼びかけを開始することとなる。

この誓約書においてNSAは、①いかなる場合にも対人地雷や同様の性質を持つ爆発物を使用しないことを宣言し、②貯蔵地雷の廃棄や廃棄に向けた協力、③地雷除去、④被害者の支援、⑤地雷回避教育の促進、⑥「ジュネーブ・コール」によるモニタリングや検証への協力を約束することになっている。また、対人地雷禁止条約は国連の事務総長が寄託者であるが、国連が関知しないDOCにおいては、ジュネーブ州政府がこの試みの後見人として機能することとなり、対人地雷の全面禁止に賛同したNSAは、DOCに署名するか、独自に準備した地雷廃絶の宣言文書をジュネーブ州に寄託できる仕組みになっている。

これまでにイラク、イラン、インド、スーダン、ソマリア、トルコ、西サハラ、フィリピン、ブルンジ、ミャンマー（ビルマ）の九か国・一地域で活動する三九の武装勢力が署名を行い、ジュネーブ州政府がこれを保管している。具体的なNSA名は**表2**（次頁）の通りだが、このうちイラン、インド、ソマリア、ミャンマーの四か国は禁止条約未加入国である。また「ジュネーブ・コール」によれば、署名したNSAはおおむねDOCを遵守しており、地雷除去や貯蔵地雷の破壊、被害者支援、地雷回避教育などを実践しているとしている。[29]

紛争国政府の態度

「ジュネーブ・コール」によるDOCの取り組みは、締約国一般からはある程度好意的に受け取られているが、署名したNSAを抱える、紛争当事国とも言える政府は否定的な態度に終始している。対人地雷の廃絶という活動目的に異議を唱えているわけではないが、「ジュネーブ・コール」がDOCの署名者であるこれらNSAに働きかけ

表 2　DOC に署名した NSA の一覧

国名 禁止条約加入日	NSA 名	署名日
ア　フ　リ　カ		
ブルンジ 2003. 10. 22	Conseil National pour la Défense de la Démocratie–Forces de Défense de la Démocratie (CNDD–FDD)	2003. 12. 15
ソマリア （未加入）	Banadiri	2002. 11. 11
	Hiran Patriotic Alliance / Somalia Reconciliation and Restoration Council (HPA/SRRC)	2002. 11. 11
	Jowhar Administration	2002. 11. 11
	Juba Valley Alliance (JVA)	2002. 11. 30
	Puntland State of Somalia	2002. 11. 11
	Rahanweyn Resistance Army (Shatigudud)	2002. 11. 11
	Rahanweyn Resistance Army (Madobe)	2002. 11. 11
	Somali African Muki Organization (SAMO) / SRRC / Nakuru	2002. 11. 11
	Somali National Front (SNF) / SRRC	2002. 11. 11
	Somali Patriotic Movement (SPM) / SRRC (Gabyow)	2002. 11. 11
	Southern Somali National Movement (SSNM) / BIREM	2002. 11. 11
	Southern Somali National Movement (SSNM) / SNA / SRRC	2002. 11. 11
	United Somali Congress / Somali National Alliance (USC / SNA) / SRRC	2002. 11. 11
	暫定政府（TNG）	2002. 11. 11
	USC / North Mogadishu / SRRC	2002. 11. 11
	USC / SNA / SRRC / Nakuru	2002. 11. 11
	USC / Somali Salvation Army (SSA)	2002. 11. 11
スーダン 2003. 10. 13	Sudan People's Liberation Movement / Army (SPLM / A)	2001. 10. 4
西サハラ	Popular Front for the Liberation of Saguia el Hamra and Rio de Oro, Polisario Front	2005. 11. 3
ア　ジ　ア		
ミャンマー ／ビルマ （未加入）	Arakan Rohingya National Organisation / Rohingya National Army (ARNO)	2003. 10. 17
	Chin National Front / Army (CNF / CNA)	2006. 7 . 31
	Lahu Democratic Front (LDF)	2007. 4 . 16
	National Unity Party of Arakan / Arakan Army (NUPA)	2003. 10. 17
	Palaung State Liberation Front (PSLF)	2007. 4 . 16
	Pa'O Peoples' Liberation Organisation / Army (PPLO/PPLA)	2007. 4 . 16

（次頁に続く）

国名 条禁止約加入日	NSA名	署名日
インド （未加入）	Kuki National Organisation (KNO)	2006. 8. 9
	National Socialist Council of Nagalim – Isac / Muivah faction (NSCN–IM)	2003. 10. 17
	Zomi Re–unification Organisation (ZRO)	2009. 2. 20
フィリピン 2000. 2. 15	Moro Islamic Liberation Front (MILF)	2002. 4. 7
	Revolutionary Workers' Party of Mindanao (RPM–M)	2002. 9. 10
	Revolutionary Workers' Party of the Philippines / Revolutionary Proletarian Army–Alex Boncayao Brigade (RPM–P / RPA–ABB)	2003. 9. 11
欧　州		
トルコ 2003. 9. 25	Kurdistan People's Congress / People's Defence Forces (KONGRA–GEL / HPG / PKK	2006. 6. 24
中　東		
イラン （未加入）	Democratic Party of Iranian Kurdistan (PDKI)	2007. 12. 4
	Komala Party of Kurdistan	2009. 4. 7
	Komala Party of Iranian Kurdistan	2009. 6. 16
	Komalah – The Kurdistan Organization of the Communist Party of Iran	2009. 4. 7
イラク 2007. 8. 15	Kurdistan Regional Government – Erbi	2002. 8. 11
	Kurdistan Regional Government – Sulaimanyia	2002. 8. 10

出典：「ジュネーブ・コール」およびICBLホームページから筆者作成。

たり、これらNSAが同NGO主催の会議に出席するため海外に出張し、いわゆる国際社会に参加することは、当該NSAの認知度や正統性を高めることにつながるからである。正統な国際法主体である国家の側からみれば、きわめて自然な反応である。しかし、他方で、対人地雷の廃絶という目標に照らしてみれば、国際人道法と同様に法的拘束力はないものの、対人地雷の禁止という規範を非政府主体へと広げた点で、DOCの試みは非常に大きな意味を持つと言える。

また、内戦が続く一部の途上国、地域においては、「先進国とは異なり、今日の政府主体、つまり政府（SA　State Actor）は明日のNSAであり、今日のNSAは明日のSAである」。これは、「ジュネーブ・コール」の生みの親とも言える「地雷廃絶スイスキャンペーン」が二〇〇〇年三月にジュネーブで主催した会議「地雷廃絶におけるNSAとの連携」(30)の際に、スーダン人民解放軍（SPLA　**Sudan People's Liberation Army**）の代表者が会場に向かって発した言葉である。ほぼ満員の会場を埋め尽くしていたのはＩＣＢＬメンバーに加え、同時並行で開催されていた禁止条約の会期間会議に参加していた当事国政府の関係者であり、この発言に場内は、好意的な爆笑とともに、冷笑にも包まれた。しかしながら、はたしてこの五年後、ＳＰＬＡは実際にスーダン政府の一部となった。一九八三年以来二〇年以上にも及ぶアフリカ最長の紛争とも言われた北部のスーダン政府と南部のスーダン人民解放運動・スーダン人民解放軍（ＳＰＬＭ・ＳＰＬＡ）との紛争は、二〇〇五年一月に幕を閉じた。この時結ばれた南北包括和平合意（ＣＰＡ　Comprehensive Peace Agreement）に基づき、同年七月に統一暫定政府が樹立され、北部出身のバシール（Omer Hasan Al-Bashir）が大統領に、南部出身のＳＰＬＡ最高司令官ガラン（John Garang）が第一副大統領兼南部大統領に就任したのである[31]。

スーダンはアフリカ諸国の中で禁止条約への加入が最も遅れた国の一つである。現在、サハラ以南のアフリカでは、ソマリア以外、すべての国が禁止条約に加入しているが、スーダン政府は、このソマリアを除き、エチオピア（二〇〇四年一二月一七日批准）、ブルンジ（二〇〇三年一〇月二二日批准）に次ぐ、三番目に遅い二〇〇三年一〇月一三日に批准している（二〇〇四年四月一日発効）。一方、ＳＰＬＡのＤＯＣ署名は二〇〇一年一〇月四日だが、これは、署名した三九のＮＳＡの中では最も早く、署名第一号である。ＳＰＬＭのＤＯＣ署名が、スーダン政府の禁止条約批准に一定の影響力を持ったことが窺えよう。

七　イシュー選択の正統性

戦略と成功

以上、本章では、国際法とＮＧＯというテーマの下で、世界九〇か国を越える国々の、一〇〇〇を超えるＮＧＯのネットワーク、地雷禁止国際キャンペーン（ＩＣＢＬ）の活動に焦点を当てて論を展開してきた。国際法に関わる局面としては、条約の成立過程および成立後の履行のプロセスの二つに焦点を当てたが、最後に条約の成立過程以前の問題、すなわち、一定の課題をイシュー化することの意義について論じ、本章のまとめとしたい。

そもそも対人地雷やクラスター弾が、それぞれ、オタワプロセス、オスロプロセスという異例の条約交渉過程を経ながら条約として結実し、その全面禁止へとつながっていったのはなぜだろうか。対人地雷とクラスター弾がとくに、非人道的被害を及ぼしていたから、というのは理由にならない。なぜなら、これまで赤十字国際委員会（ICRC）が取り組み、失敗を重ねてきた兵器やテーマは限りなくあり、イシューそのものが持つ人道性、という観点だけでは説明できないからである。

対人地雷を禁止しようという運動が対人地雷禁止条約として結実した最大の要因は、やはり、本来の国際法のアクターではないICBLというトランスナショナルな市民社会組織（CSO）の活躍によるところが大きい。そして、その最大の功績は、ICBLが対人地雷問題をイシュー化し、これを主流化することに成功したからに他なるまい。もちろん、ICRCがオタワプロセスに果たした役割も甚大であり、ICRCの協力抜きにICBLが地雷禁止条約を成立させることは困難であったかもしれない。しかし、他方で、ICRC単独の活動であったなら（現にICRCは、ICBL誕生以前から、国際人道法上の問題として、対人地雷問題に取り組んでいた）、条約を成立させることは不可能であったに違いない。いずれにせよ、ICBLという前代未聞のネットワーク組織が一国の防衛政策・安全保障政策に多大な影響を及ぼし、時にそれを根底から転換させる結果となった。だからこそ、地雷禁止条約が成立した後、ICBLの、NGOとしての正統性が問われたのである。一体、どのような立場で、誰を代表して特定のイシューを選択し、それをメインストリーム化しているのかと。それゆえ、本章では、ICBLの正統性について、かなりの紙幅を割いて議論を行った。

この議論において私たちが忘れてならないのは、ICBLが運動の初期に行った選択、そしてそのために取った戦略である。

対人地雷と対戦車・対車両地雷

なぜＩＣＢＬは対人地雷のみを全面禁止の対象としたのか。

地雷には、人を標的とする対人地雷（ＡＰＭ　Anti-Personnel Mines）と戦車を標的とする対戦車地雷（ＡＴＭ　Anti-Tank MInes）、さらには双方を射程に入れた対車両地雷（ＡＶＭ　Anti-Vehicle Mines）の三種類がある。後者二つは「対人地雷以外の地雷」という意味でＭＯＴＡＰＭ（Mines other than Anti-Personnel Mines）とも呼ばれている。

対人地雷は小型かつ軽量で、兵士（成人男性）一人の手足を吹き飛ばす程度の火薬が含まれ、およそ五キログラムの重力が加わると起爆するように設計されている。他方、対戦車地雷や対車両地雷は、大型で、戦車や車両を破壊するに足る大量の火薬が含まれているが、対人地雷と異なり八〇～一〇〇キログラム超の重力が加わらなければ爆発しない。

ＭＯＴＡＰＭには、これを除去しようとするのを妨げるための装置（ＡＨＤ　Anti-Handling Devices）が取りつけられたものもある。ＡＨＤには信管やセンサーにさまざまな機能が付与され、人の接近で反応するもの、除去用の地雷探知機の磁場に反応して起爆するもの、傾けると爆発するものなどさまざまな種類がある。対人地雷が五キログラム以上の重量があれば人でも動物でも、兵士でも女性・子どもでも区別なく殺傷するように、ＡＨＤ付きＭＯＴＡＰＭも、除去しようとする敵側の兵士と、近くを通過する民間人あるいは紛争後除去活動に従事する除去要員とを区別することはない。それゆえ、民間人や除去要員、さらには地雷汚染地で活動する人道支援団体・ＮＧＯの職員にも多くの犠牲者を生んでいる。

対戦車地雷・対車両地雷の除外

このようにさまざまな地雷があり、それぞれが深刻な被害を及ぼしているにもかかわらず、ＩＣＢＬが対象としたのは対人地雷のみであった。ＩＣＢＬは当初から対人地雷のみを対象に設立されたネットワークである。対戦車地雷や対車両地雷も民間人に被害を及ぼしていることは認めつつも、対人地雷より犠牲者が少なく、かつ軍事的有効性が高いとされているため、これらを含めて対象にすると地雷禁止の実現が困難になる。こうしたきわめて現実的かつ戦略的な判断からの選択であった。

対戦車地雷・対車両地雷による被害件数は、たしかに対人地雷のそれよりは少ない。しかし、真に人道的な見地に立つというのであれば、これらも対象にして然るべきだという考えも当然出てくる。現に、ＩＣＢＬのメンバーの中でもドイツのＭＩは、当初より一貫して、対人地雷同様、対戦車地雷についても廃絶の対象として運動を行ってきた。さらにこれを引き継いだドイツ・キャンペーンや、オーストラリア・キャンペーンも対戦車地雷の廃絶に積極的な活動を展開している（Kuchenmeister 2000, International Campaign to Ban Landmines Australian Network INC 2004）。

また、ＡＨＤ付きの対車両地雷[32]は、とくに地雷除去要員に大きな被害をもたらすことでも知られ、オタワプロセス中から一貫して、イギリスのＭＡＧが中心となり、これを対人地雷の一種として廃絶の対象に含めることが主張されていた。ＩＣＢＬも、オタワプロセスの最終局面まではこれを主張していたが、結局全体の賛同が得られず断念した経緯がある。しかし、ＭＡＧをはじめとする地雷除去団体には、これは許されざるべき事態であるとする考えが強く残った。ノーベル平和賞授賞式で、ＩＣＢＬの代表として演説を行ったＭＡＧの創設者マグラスは、そのスピーチの中で、一週間前に署名式を行った対人地雷禁止条約の最大の欠陥としてこの事実を指摘して抗議し、さらに、授賞式の三週間前にアンゴラで実際に発生したＡＨＤ付きの対車両地雷による、熟練した除去要員の死亡事故について声を上げている[33]。

対人地雷禁止条約による対人地雷の定義

オタワプロセスの一連の交渉において検証措置とともに議論が紛糾したのが、条約の根幹をなす第二条の対人地雷の定義である（長　一九九七　一二九－一三五頁）。対人地雷禁止条約は、対人地雷の開発・生産・取得・保有・移譲・使用にわたるすべての局面を禁止し、埋設ずみか否かを問わず、当事国の領域・管轄圏内のすべての対人地雷の除去・廃棄を義務づけた包括的な条約である。しかし、根本の対人地雷の定義次第では、包括的どころか抜け道だらけの規制になる可能性を秘めていた。

オーストリア政府の草案では、対人地雷の定義として、基本的に一九九六年五月に採択されたＣＣＷ改正第二議定書の第二条三項の定義を踏襲していた。すなわち「対人地雷とは人の存在、接近または接触によって爆発するように第一義的に設計された地雷であって」というものである。しかし、この「第一義的に（primarily）」という副詞の挿入は対人地雷の定義を曖昧にするというＩＣＢＬやＩＣＲＣ、賛同国の強い反対があり削除され、最終的には以下の定義となった。

「「対人地雷」とは、人の存在、接近または接触によって爆発するように設計された地雷であって、一人若しくは二人以上の者の機能を著しく害しまたはこれらの者を殺傷するものをいう。人ではなく車両の存在、接近または接触によって起爆するように設計された地雷で処理妨害のための装置を備えたものは、当該装置を備えているからといって対人地雷であるとはされない」（第二条一項）。

しかし、ここで解釈の問題となるのは、後半の「人ではなく車両の存在、接近または接触によって起爆するように設計された地雷〔つまり対車両地雷〕で処理妨害のための装置〔ＡＨＤ〕を備えたもの」でなく、前半の「人の存在、接近または接触によって爆発するように設計された地雷であって、一人若しくは二人以上の者の機能を著しく害しまたはこれらの者を殺傷する」地雷をどう判断するか、という問題である。ＩＣＢＬやＩＣＲＣは、すべてのＡＨＤ付き対車両地雷ではなく、人の存在、接近または接触によって爆発する特定のＡＨＤ付き対車両地雷を対人地雷の定義に含めるような解釈を提案しているが、これについては二〇〇四年と二〇〇九年に行われた二度の検討会議を経てもなお議論されず、引き続き各国の解釈に任されている。

ところで、三種類の地雷の中で法的に規制されたのは対人地雷のみであったが、実際の除去の現場ではどのような活動が行われてきたのだろうか？　地雷対策の一環として除去活動が行われる場合、汚染現場で除去の対象となるのは、対人地雷のみならず、ＭＯＴＡＰＭを含むすべて地雷、クラスター弾を含むすべての不発弾、すべての兵器・遺棄弾薬などの、爆発性戦争残存物（ＥＲＷ）である。なぜなら、除去活動の目的は、法的規制の対象となっている対人地雷のみを取り除くことではなく、除去の対象地から一切の危険物を取り除き、安全な土地に転換して地元住民の生活、復興・開発に資することにあるからである。当然、回避教育の対象も、対人地雷のみではなく、その土地で発見されるすべての地雷、ＥＲＷである。

こうした現実を前に、ＩＣＢＬが地雷の中から対人地雷のみを選定し、活動を行ったことは、人道的な目的や現実性、という点だけからは説明しきれない課題を残した。

ＮＧＯが国際法に関与する際には、どのイシューを選択し、何を課題とするのか。ＮＧＯの影響力がますます増大し、法的アクターとしてもその重みを増し続けるであろう現実を考える時、このことは繰り返し議論されるべき問題であり、だからこそ、そうした特定イシューの選択を行うＮＧＯの正統性が重要になるのである。

注

（1）"...if international law is, in some ways, at the vanishing point of law, the law of war is, perhaps even more conspicuously, at the vanishing point of international law."

（2）ＩＣＲＣの成り立ちについては、他に Willemin & Heacock（1984）や Durand（1984）などを参照のこと。

（3）両者は、一九七七年の二つの追加議定書において合体したので、両者の際は歴史的なものでしかない、という指摘もある。

（4）歴史的展開過程や法形式を異にするこの二つの法の系列は、一九四九年のジュネーブ諸条約に追加された七七年の二つの議定書において、その名称が示す通りジュネーブ法がハーグ法を取り込む形で融合し、一体化した。それゆえ今日両者は不可分一体をなして補完関係にあり、現在その違いは歴史的、教訓的意味しかないという指摘もある（トレッリ　一九八八

一八 - 一九頁、ICRC 2002 p.4)。

(5)目加田(二〇〇三)、足立(二〇〇四)、Cameron et al. eds.(1998), Matthew et al. eds.(2004)など参照。

(6)ICBL(1997AB, 2003)、難民を助ける会(一九九七、一九九八、一九九九)、Maslen et al.(1998)など多数。

(7)「オタワプロセス」という言葉自体は、カナダ政府の主導で一九九六年一〇月にオタワで開催された「対人地雷全面禁止に向けた国際戦略会議」閉会式で、アックスワージー外務大臣(当時)が、禁止条約の署名式を翌九七年一二月オタワで開催する旨宣言した時から、九七年一二月の署名式までのプロセスを指し、厳密には、九六年五月のCCW以後、一〇月までの過程は含まれない。しかし、本章では、便宜上、九六年五月から一〇月までも、広義のオタワプロセスとして捉えていく。

(8)地雷対策という用語が、公式に認められるようになったのは一九八八年一〇月、国連がアフガニスタンにおける人道目的の地雷除去の支援を各国に要請した際である。

(9)受賞理由や受賞式でのウィリアムズおよびICBLの代表スピーチについては、以下のノーベル委員会のホームページに全文が公開されている。http://nobelprize.org/nobel_prizes/peace/laureates/1997/index.html(二〇一〇年三月一五日アクセス)。

(10)当時、この管理費の比率は実際の事業の効果よりもはるかに重要な精査項目と見なされた。スリムはこれを、プロテスタントの倫理と資本主義のチャリティーの精神の特徴であるとした。

(11)ICBLホームページ、キャンペーンの歴史より。http://www.ICBL.org/index.php/ICBL/About-Us/History(二〇一〇年三月一五日アクセス)。

(12)この働きかけは一九九七年初夏より開始された。当初NAOCは、地雷で右手右足を失ったランナー、ムーンの起用に難色を示し、パラリンピックへの働きかけを示唆していた。しかし冬季五輪そのものに的を絞った交渉を続けたところ、開閉会式の総合プロデューサー浅利啓太氏(劇団四季主宰)を紹介された。そして同氏に対し、対人地雷問題の非人道性をアピールし、趣旨説明を行った結果、同氏の賛同が得られ、ムーンの最終聖火ランナーが実現した。

(13)「信濃毎日新聞」一九九七年一二月八日。会見には、オークションに提供するTシャツをデザインしたコピーライター糸井重里氏、新たに長野五輪アンバサダー(親善大使)に選ばれた歌手の森進一氏、西田ひかる氏、元フィギュアスケート五輪選手の渡部絵美氏らも出席した。

(14)「信濃毎日新聞」一九九八年四月一六日。

(15)“An Open Letter to President Clinton”, *The New York Times*, 3 April, 1996.

(16) 一九九八年二月に開催された第三回ＮＧＯ東京地雷会議では、柳井俊二外務省事務次官（当時）とともに、長谷川重孝元陸上自衛隊東北方面総監が基調報告を行った。また現職の近藤洋防衛庁防衛局計画課長（当時）も分科会でパネリストを務めた（難民を助ける会　一九九九）。

(17) 一八六三年に設立された赤十字国際委員会（ＩＣＲＣ）は、戦争、内戦または国内騒乱の犠牲者に対する人道的支援を中心に活動し、国際人道法の下、捕虜や被拘束者、傷病者、紛争によって被害を受けた市民に対して、中立な立場で任務を行う永久的な権限を有している。中立を保つことができるように、委員会はスイス人のみで構成され、ジュネーブに本部を置く。また、世界一八六か国に各国単位の赤十字社・赤新月社がある。これら各国の赤十字・赤新月社の国際的連合体が国際赤十字・赤新月社連盟（ＩＦＲＣ　International Federation of Red Cross and Red Crescent Societies）であり、主に災害被災者のための活動を行っている。

(18) The call of the ICRC for a global ban on anti-personnel mines, Geneva, Switzerland, 24 February, 1994, Statement of Cornelio Sommaruga, President of the ICRC（Parlow 1995 pp.391-410）.

(19)『ＬＭレポート』では、毎号、巻頭の前文の中に謝辞として必ず、国や機関のドナーリストが掲載されており、ＩＣＢＬのホームページにも、常に最新のドナーリストが掲載されている。

(20) ルスフォードはアメリカの被害者支援ＮＧＯ、ランドマインサバイバーズネットワーク（ＬＳＮ）の共同代表。アメリカの人道支援ＮＧＯ、国際救援委員会（ＩＲＣ　International Rescue Committee）の職員としてソマリアで支援活動中に地雷事故に遭い、両足を切断する。

(21) Convention on Prohibitions or Restrictions on the Use of Certain Conventional Weapons Which May Be Deemed to Be Excessively Injurious or to Have Indiscriminate Effects, CCW.

(22) 対人地雷がとくに関係するのは、一九七七年採択のジュネーブ条約第一追加議定書であるが、九六年当時の当事国数は、ジュネーブ四条約が一八八、同第一追加議定書が一四七、同第二追加議定書が一三九であり、当事国の数から考えれば普遍性は大変高かった。しかし、国際人道法・ジュネーブ諸条約には、罰則規定がなく、紛争の現場では甚だしい国際人道法違反が相次ぎ、対人地雷も世界七〇か国以上で使用されていた。

(23) 一九九五年九月二五日〜一〇月一三日（於ウィーン）、九六年一月一五〜一九日（於ジュネーブ）、同年四月二二日〜五月三日（於ジュネーブ）。

（24）対人地雷禁止条約の特徴については、浅田（一九九八Ａ）、浅田（一九九八Ｂ）、岩本（一九九八）、長（二〇〇七）など参照。

（25）対人地雷禁止条約は、賛同国のみが集まって条約交渉を行ったその成立形態から、ときに「仲よしクラブ」と揶揄されることもあった。

（26）日本政府は過去一度だけ二〇〇〇年版のＬＭに助成を行った。ＩＣＢＬの活動に理解を示した小渕首相（当時）の政治的決断による。

（27）ワーナーの略歴については、以下参照。http://www.genevacall.org/about/staff-president.htm（二〇一〇年四月一日アクセス）。

（28）"Deed of Commitment for Adherence to a Total Ban on Anti-Personnel Mines and for Cooperation in Mine Action". http://www.genevacall.org/resources/deed-of-commitment/f-deed-of-commitment/doc.pdf（二〇一〇年四月一日アクセス）。

（29）http://www.genevacall.org/Themes/Landmines/landmines.htm（二〇一〇年四月一日アクセス）。

（30）この会議には三〇か国から一二〇名が参加した。会議録は以下を参照。http://www.genevacall.org/resources/conference-reports/f-conference-reports/pre/g-2000-24mar-geneva.pdf（二〇一〇年四月一日アクセス）。

（31）同年七月三〇日にガランの乗ったヘリコプターが墜落、ガランが死亡したことで、後任としてＳ・キール（Silva Kir）ＳＰＬＭ指導者が第一副大統領兼南部大統領に就任している。

（32）ＡＨＤ付き対車両地雷については、本文中に挙げたドイツやオーストラリア・キャンペーンの文書の他に以下参照。Mines Advisory Group（1997）, International Committee of the Red Cross（1998）, Hiznay et al.（2000）, Gravett（2001）.

（33）Nobel Lecture, Oslo, 10 December, 1997 by Rae McGrath on behalf of the International Campaign to Ban Landmines. http://nobelprize.org/nobel_prizes/peace/laureates/1997/ICBL-lecture.html（二〇一一年二月八日アクセス）。

参考文献

浅田正彦「対人地雷の国際的規制―地雷議定書からオタワ条約へ」『国際問題』第四六一号（一九九八Ａ）。

浅田正彦「対人地雷禁止条約」『法学教室』第二〇八号（一九九八Ｂ）。

足立研幾『オタワプロセス―対人地雷禁止レジームの形成』有信堂（二〇〇四）。

石本泰雄『国際法の構造転換』有信堂（一九九八）。

井上忠男『戦争と救済の文明史―赤十字と国際人道法のなりたち』ＰＨＰ研究所（二〇〇三）。

今田克司・黒田かをり「国際ＮＧＯ（非政府組織）の現状と課題―英米の事例から読む」『二一世紀フォーラム第九五号　ＮＧＯ活動をめぐって―世界の潮流と日本の課題』（二〇〇四）。

岩本誠吾「地雷規制の複合的法構造」『国際法外交雑誌』第九七巻五号（一九九八）。

奥脇直也「国際法の法的性質―国際法は法か」奥脇直也・小寺彰編『国際法キーワード』有斐閣（一九九七）。

奥脇直也「現代の国際法過程における国家、私人、国際制度」『ジュリスト』no.1299、有斐閣（二〇〇五）。

長有紀枝『地雷問題ハンドブック』自由国民社（一九九七）。

長有紀枝「地雷禁止条約の弱点を補完するＮＧＯの役割―ＩＣＢＬと「ランドマイン・モニターレポート」を事例に」金敬黙他編『国際協力ＮＧＯのフロンティア』明石書店（二〇〇七）二三七‐二六二頁。

長有紀枝「地雷対策」内海成治・中村安秀・勝間靖編『国際緊急人道支援』ナカニシヤ出版（二〇〇八）。

小寺彰『パラダイム国際法―国際法の基本構成』有斐閣（二〇〇四）。

柴田明穂「国際法制度におけるＮＧＯの機能と現実」『ジュリスト』no.1299、有斐閣（二〇〇五）。

田中忠「武力規制法の基本構造」村瀬信也・奥脇直也・古川照美・田中忠『現代国際法の指標』有斐閣（一九九四）二六四頁。

トレッリ、モーリス（斉藤恵彦訳）『国際人道法』白水社（一九八八）一八‐一九頁。

難民を助ける会「『ＮＧＯ東京地雷会議・九七』資料集　対人地雷全面禁止に向けて　今　私たちにできること」難民を助ける会（一九九七）。

難民を助ける会「『ＮＧＯ東京地雷会議・九八』報告書　ポスト・オタワ　対人地雷全面禁止条約調印後　今　私たちにできること」難民を助ける会（一九九八）。

難民を助ける会「『第三回ＮＧＯ東京地雷会議』報告書」難民を助ける会（一九九九）。

ピクテ、ジャン（井上忠男訳）『国際人道法の発展と諸原則』日本赤十字社（二〇〇〇）。

馬橋憲男「現代国際関係におけるＮＧＯ―国連を中心に」『国際問題』第四四一号（一九九六）。

目加田説子『国境を越える市民ネットワーク―トランスナショナル・シビルソサエティ』東洋経済新報社（二〇〇三）。

最上敏樹「非国家主体と国際法―法秩序原理の転換に関する試論」『国際法外交雑誌』第一〇八巻第二号（二〇〇九）。

百瀬和元「ナイロビ・サミットに思う」『ＪＣＢＬニュースレター』第三二号（二〇〇五）。

Brown, L.David, "Civil Society Legitimacy: A discussion Guide", L.D.Brown ed., *Practice-Research Engagement and Civil Society in a Globalizing World*, CIVICUS World (2001).

Edwards, Michael, *NGO RIGHTS AND RESPONSIBILITIES: A new deal for global governance,* The Foreign Policy Center (2000).

Cameron, Maxwell A., Robert J.Lawson, Brian W.Tomlin eds., *To Walk Without Fear The Global Movement to Ban Landmines*, Oxford University Press (1998).

Charnovitz, Steve, "Nongovernmental Organizations and International Law", *American Journal of International Law*, vol.100, no.2 (2006).

Dupuy, Pierre-Marie, Luisa Vierucci eds. NGOs *in International Law: Efficiency in Flexibility?* , Edward Elgar (2008).

Durand, Andre, *History of the International Committee of the Red Cross-from Sarajevo to Hiroshima*, Henry Dunant Institute (1984).

Geneva Call, "Engaging Non-State Actors in Landmine Ban, a pioneering conference, Geneva, 24-25, March, 2000" (2000).

Gravett, Robert, "Report on the Technical Expert meeting on anti-vehicle mines with sensitive fuses or with sensitive anti-handling devices hosted by the ICRC in Geneva 13-14 March 2001" (2001).

Hiznay, Mark, Stephen Goose, "HUMAN RIGHTS WATCH FACT SHEET for the First Meeting of the Standing Committee of Experts on the General Status and Operation of the Convention 10-11 January 2000", Human Rights Watch (2000).

ICBL (International Campaign to Ban Landmines), "REPORT ON ACTIVITIES, Diplomatic Conference on an International Total Ban on Anti-Personnel Landmines, Oslo Norway September 1-18, 1997" (1997A).

ICBL (International Campaign to Ban Landmines), "REPORT: NGO Forum on Landmines, Oslo Norway September 7-10, 1997" (1997B).

ICBL (International Campaign to Ban Landmines), "Fourth General Meeting of the International Campaign to Ban Landmines :Activities and Outcome 20-21 September 2003 Bangkok, Thailand" (2003).

International Campaign to Ban Landmines Australian Network INC, "The Road to a truly Mine-Free World Government Attitudes to Anti-Vehicle Mines", Justice and International Mission Unit, Uniting Church in Australia (2004).

ICRC (International Committee of the Red Cross), *Anti-Personnel Landmines, Friend or Foe, A Study of the military use and effectiveness of anti-personnel mines*, ICRC (1996).

ICRC (International Committee of the Red Cross), "Information Paper Anti-vehicle mines and anti-handling devices" (1998).

ICRC (International Committee of the Red Cross), *International Humanitarian Law Answers to your Questions*, ICRC (2002),p.4.

Kuchenmeister, Thomas, “WHY ANTIVEHICLE MINES SHOULD ALSO BE BANNED”, German Initiative to Ban Landmines (2000).

Lauterpacht, H., “The problem of the Revision of the Law of War”, *British Year Book of International Law*, vol. 29 (1952).

Lindbrom, Anna-Karin, *Nongovernmental Organizations in International Law, Cambridge* University Press (2005).

Maslen, Stuart, Peter Herby, “An international ban on anti-personnel mines: History and negotiation of the “Ottawa treaty”, *International review of the Red Cross*, no. 325 (1998).

Matthew, Richard A, Bryan McDonald, Kenneth R. Rutherford eds., *Landmines and Human Security: International Politics and War's Hidden Legacy*, State University of New York Press (2004).

Mines Advisory Group, “Definitions and Anti-Handling Devices Discussion Paper” (1997).

Parlow, Anita, “Toward a global ban on landmines”, *International Review of the Red Cross*, no. 307 (1995), pp.391-410.

Slim, Hugo, “By What Authority? The Legitimacy and Accountability of Nongovernmental Organisations”, *The Journal of Humanitarian Assistance*(2002).

Willemin, George, Roger Heacock, *History of International Committee of the Red Cross*, Martinus Nijinghoff Publishers (1984).

第五章

国際関係とＮＧＯ

現代国際社会の変容と課題

遠藤　貢

世界社会フォーラムの目的を示すフラッグ。（http://www.otherworldsarepossible.org/alternatives/defending-global-commons）

一　国際社会におけるＮＧＯ

現代国際社会における非国家、非政府的なるものの諸相

Non-governmental Organizations（ＮＧＯ）という概念は、そもそも積極的に定義されない限り、概念上ある種の「残余」とでも言えるような範疇に容易に流し込めてしまえるところがある。筆者も、この問題とも関わる形で、現代国際関係における非国家あるいは非政府的な存在の多様なあり方を議論するにあたり、一つの問題提起を行ったことがある（遠藤　二〇〇九）。すなわち、通常、国際関係は主権国家を「主体 actor」にして構成される国際社会の営為であると考えられているが、今日の国際関係においては、実は主権を十全に実現できていない非国家あるいは非政府的な、しかも多様な存在がこれに加わり、現代国際関係の影響を受けつつ、同時にさまざまな形で国際社会のありように影響を及ぼしながら、一定の活動を展開している状況が生まれているのではないのか、という問題提起である。

この問題提起において用いたのが、クラズナーの主権に関する議論を援用した概念設定である。クラズナーは、主権を便宜的に「国際法的主権」「ウェストファリア的・ヴァッテル的主権」「国内的主権」の三つ（当初は「相互依存的主権」を含めて四つ）の側面に分けた(1)。その上で、「理想的な主権国家体系」においてはこれらが相互に支

持し合いながら機能すれば国際関係が成立すると論じる一方で、現実の世界においてはとりわけ「国内的主権」が機能不全を引き起こし、他の側面の主権が機能することで、その存立を確保しているような事例があることを指摘した（Krasner 2004）。そこで、本章では仮に、「政府」（括弧つきの政府）をクラズナーの定義における「国内的主権」に関わる、一部「外」側との関係を含みつつも主に「内」側の統治に関わる組織・政体と捉え、「国家」（括弧つきの国家）をクラズナーの定義における「国際法的主権」と「ウェストファリア的・ヴァッテル的主権」に関わる、とくに「外」側との関係をめぐる法と政治に関わる組織・政体と捉えて、便宜的に腑分けることから議論を進めたい。これは、現実レベルでは一般に差異化できにくい主権に関わる問題が、概念上の腑分けという操作によって分析可能となるからである。

図1　「国家」と「政府」、非「国家」と非「政府」から見た類型

	「国家」	非「国家」
「政府」	(A) 主権国家	(B)「事実上の国家」
非「政府」	(C)「崩壊国家」	(D)「非国家主体」

出典：筆者作成。

　この腑分けは同時に、一般的にはほぼ同義として用いられている非「国家」と非「政府」を便宜的に差異化するものでもある。つまり、クラズナーの定義上では、前者＝非「国家」は何らかの理由で「国際法的主権」と「ウェストファリア的・ヴァッテル的主権」を実行できない組織・政体、後者＝非「政府」は何らかの理由で「国内的主権」を実行できない組織・政体ということになる。言い換えれば、非「国家」は他国から国家としての承認を得ることができない組織・政体、あるいは国内の政治的権威が外部主体から自律しておらず、そこから何らかの影響を受けている組織・政体、そして非「政府」は国内の実効的な統治を実現できていない組織・政体ということになる。

　上記の概念整理をもとに作成したのが**図1**である。先述の通り、従来、非「国家」と非「政府」はほぼ相互互換的に用いられてきたが、ここではあえて腑分けしたわけである。国家が政府とほぼ重なりつつも、厳密には区分して考えられる概念だとすれば、理念型としての近代国家（ここでは主権国家としておく）は基本的にここで定義される「国家」と「政府」を同時に実行できると想定されることから、図においては(A)に分類することが可能である。この概念設定のもとでは、「政府」かつ非「国家」は(B)という形で、また「国家」かつ非「政府」は(C)という形で分類上存在しうることがわかる。(B)は、近年の議論で「事実上の国家 de facto state」あるいは「未（非）承認国家 non-recognized state」と呼ばれ、たとえば分離独立を志向しつつも国際的な承認を得られない政体を指し、(C)は、国際的に承認された国家でありながら、実効的な政府を有さない形で極限の擬制として存在している「崩壊国家 collapsed state」を指す。このように非「国家」、非「政府」を定義し直すと、現代国際社会には主権国家だけでは括ることのできないグレーゾーンの政体が存在し、それを含み込む形で国際関係が展開していることになるわけである。

そして、非「国家」かつ非「政府」としての組織（図の(D)）の「非国家主体 non-state actors」となると、その範疇はきわめて広く、主権国家以外の組織（企業等も含む）がほぼここに収まることになるが、本書が主に扱うNGOもまたこの範疇に入りうるのである。まさに、主権という近代世界を構成してきた基本原理に立ち返って概念整理をした場合、そこで「非 non-」と規定される「残余」としてのNGOが定義される形になっているということである。

ただし、言うまでもなく、国家でも政府でもない組織を一括りに非「国家」かつ非「政府」として定義づけたならば、現実には非常に広範囲の組織をその範疇に含めることになり、NGOの定義においてはかなり大雑把に過ぎる。そのことは、従来から「非国家主体」「非政府組織」などの類似概念で括られてきたNGOという概念の指す対象が、実際にはいかに多様な内実を持ちうるかを考えてみれば十分であろう。したがって、NGOをより具体的な文脈で扱うためには、NGOを分析の俎上に乗せるためのさらなる概念設定が必要となる（第一章参照）。

いずれにせよ、現代国際関係において非国家あるいは非政府をめぐる問題領域は非常に広範であり、この領域を考察するための理論的かつ実証的な研究が求められている状況にあると言えよう。

現代国際社会におけるＮＧＯの現状と本章の課題

既述のように、現代世界は、古典的なリアリズムが想定していたような主権国家間の国際関係のみで規定されているわけではなく、実際にはそれ以外の組織・政体によってもそのダイナミズムが生み出されている。そして、現在世界には数多くのＮＧＯが存在し、その生成に関わっていることは言うまでもない。ただし、このような組織が近年になって突然現れたのではないことにも留意する必要がある。ＮＧＯと認識しうる団体や組織の活動は、近代国際社会においてはたとえば一八世紀に起源を持つ奴隷貿易廃止運動に遡ることも可能であろう。また、一九世紀以降においては赤十字国際委員会（ＩＣＲＣ）や労働者インターナショナル、シオニズム運動など、多様な活動があったことも想起することが可能であろう。実際、一九世紀にまでさかのぼり、その国際的な役割を、とくに文化や規範の構築といった観点から考察する研究もなされている（Irie 1997, Boli et al. eds. 1999）。とはいえ、第四章でも見てきたように、ＮＧＯが国際社会の中で制度的に一定の認知を獲得する契機となったのは、国連憲章の第七一条において、経済社会理事会（ＥＣＯＳＯＣ）における協議資格を有する団体としてＮＧＯが位置づけられた第二次世界大戦後のことである。(2) 一九四五年春にサンフランシスコで行われた同憲章の最終起草をめぐる交渉過程においては、アメリカが自国のＮＧＯ（と見なしうる）四二団体にアメリカ代表団のコンサルタントとして参加を呼びかけ、(3) それによって、七二条に加えて人権条項などの重要項目（第一一章第七三条、第七四条など）が追加された経緯もある（功刀　二〇〇六　四頁）。

趨勢的な傾向として、今日、ＮＧＯの数が増大していることに大きな異議が差し挟まれることはおそらくない。ただし、議論の俎上に乗せるべきＮＧＯの数、あるいはその活動の隆盛度を客観的に示す統計データが十分に存在しないことも事実である。これは第一章で触れたように、そもそもＮＧＯの定義に関してはいまだ一定の合意形成が行われていない上に、各国の文脈ごとにその中身が多様であることとも関わっている。こうした制約はあるものの、趨勢的な傾向を検討しようとする際によく用いられる、国際組織連合（ＵＩＡ　Union of International Association）発行の『国際組織年鑑 Yearbook of International Organizations』を参照する研究では、こうした民間組織としての国際NGOが増大するのは第二次世界大戦後のことで、その増大傾向は一九八〇年代から九〇年代にかけて加速化したと分析されている（Keck et al. 1998 p.11）。また、ジョンズ・ホプキンス大学における比較非営利セクター研究プロジェクト（Comparative Nonprofit Sector Project）の二〇〇三年に出版された調査データでは、非営利部門の規模について基本的な数字が国別（二八か国分）で把握されているが、全体としては同部門に関わる人口の約一〜二％にあたる約一三万四〇〇〇人が国際的に活動するNGOに正規雇用として働き、一五万四〇〇〇人がボランティアとして携わっているとされる。とくにヨーロッパの先進諸国では一九九〇年代前半の間に、フランスが約八％、ドイツが約一〇％、イギリスでは三〇％以上の正規雇用の拡大がなされているとも報告されている（Kaldor et al. eds. 2003 Chapter1 p.11）。

したがって、先に述べたように国際社会には主権国家以外のさまざまな主体の存在を想定する必要が出てくるわけであり、現代世界においてその必要性が一層増していることは疑いえない。近代以降、とくに二〇世紀後半における人類社会の大きな変化に伴い、グローバル・イシューと呼ばれ、認識されるようになった問題群が国家だけでは十分に対応しきれない課題として浮かび上がってきた。こうした「新たな」課題と向き合うための多層的・重層的な政治のあり方が、現在の国際社会においては展開していると考えられる。国際政治学上の表現を用いて言い換えれば、「世界政府なき国際社会（アナーキカル・ソサイエティー）」のもとに生起する、グローバル・イシューへの対応様式としてのグローバル・ガバナンスが求められている、と考えることができる。そして、こうしたグローバル・ガバナンスと言われる枠組みを用いたさまざまな研究が、ここ十数年にわたって続けられてきた。[4]

以下であらためて検討するが、一九九〇年代以降の国際関係において、NGOやそのネットワークが一定の影響力を行使してきた分野には、たとえば（包括的ではないが）、安全保障（地域紛争や紛争経済、小型武器管理）、環境（地球温暖化、生物資源管理）、開発（貧困削減、債務削減）、ガバナンス（民主化、人権）などを挙げることができる。こうしたグローバル・イシューには、現代国際関係において現在、そして将来にわたって直面しうる「生（命）」に関わるさまざまな課題が含まれる形になっている。フーコーによる「生政治 biopolitics」の視座をあらためて持ち出すまでもなく、現代国際関係においては人びと（そして人類を超えた生物を含む）の「生（命）」のあり方がさまざまな形で脅威に晒されられているが、それに関わる政策にＮＧＯが盛んに関与しはじめていると見なすことも可能である。

また、単独の国家を超えて、国家間、あるいはグローバルなレベルでなされる、たとえば多国間の条約形成などの意思決定をめぐっては、その決定が人びとに大きな影響をもたらすにもかかわらず、通例は、国内政治で広く行われている民主主義的な手続きを経ずに意思決定されることが多い。こうした場合、重要な意思決定過程への「人びと」の参加が常に閉ざされているという意味で、「民主主義の赤字 democracy deficit が存在している」と表現される議論がしばしばなされてきた。(5) これは、「国際」社会の成り立ちがそもそも「国内」社会とは異なり、「国際」社会を「国内」社会のアナロジーとして想定できないために、結果として、意思決定に関わる制度面において両者は異ならざるをえないという現実を反映するものである。

しかし、冷戦終焉以降、民主主義という価値が普遍化するに伴い、成り立ちが異なる「社会」ではあっても、意思決定における「民意」がなにがしかの形で反映されるべきである、言い換えると、「民主主義の赤字」を埋める何らかのものが必要であるという認識が出てくるようになる。これを受けてグローバルな民主主義の議論が規範的に行われるようになり、国内社会の民主化の議論では通例「市民社会 civil society」として設定される中間団体の存在の重要性が、国際社会の文脈においても見出されるようになってきたのである。

こうした状況認識やそこでの対応において、一定の重要性をもってその役割を期待されるようになったのがＮＧＯである。ここには、グローバル・ガバナンスのあり方に必要な能力や正統性が、国家を超えて分散傾向にあるという、国際社会そのものの変化もある。しかしながら、はたして「民主主義の赤字」を補填する「民意」を代表す

ザンビアでの貧困削減に関わる「市民社会」とその代表性を問うポスター。

る存在として、ＮＧＯという範疇の団体のあり方を、国内社会のアナロジーと同等に国際社会においても想定することができるのか。そういう問題もしばしば議論の俎上に載ってきた。このことは、国内社会では民主主義が制度としてある程度確立されているとしても、そもそも国際社会における民主主義とは何なのかという問題にも関わってくる。さらには、国際社会における意思決定に、はたして民主主義が必要なのかという問題にも関わってくる。

本章は、こうした背景を考慮しながら、変容する現代国際社会において展開する国際政治（グローバル政治）とＮＧＯとの関係について、近年行われてきたさまざまな議論や事例研究を踏まえながら考察し、今後の国際関係におけるＮＧＯの役割や可能性を検討するとともに、その展望を描こうとするものである。

二　先行研究における国際政治（グローバル政治）とＮＧＯへの認識、評価

規範形成の意義

国際社会をどのように捉えるかのイメージについては、（とくにアメリカの国際政治学において）従来からの現実主義（権力）、合理主義、あるいは新自由主義的な制度論（利益の最大化）のアプローチに加え、比較的新しいコンストラクティビズム（社会構成主義。規範やアイディア）などのアプローチが提起されてきた系譜がある。こうしたアプローチにはそれぞれに特徴があるが、ここで主に扱う「国際社会におけるＮＧＯ」という課題をめぐっては、コンストラクティビズムに基づく捉え方が一定の有用性を持ちうる、と考えられる側面がある。それは、本章でも扱う条約形成型のＮＧＯの役割を考察する時に観察される、国際法と国際政治との関係に関しても指摘できるところである。現実主義的なアプローチでは、国際法は現状の政治における権力関係を反映したものと想定し、合理主義的なアプローチでは、国際法は「無政府状態」のもとでの協力・協調問題に対応するためのルールのセットと考えられる。これに対し、コンストラクティビズムに基づくアプローチでは、政治そのものが社会的に構築されたものとされ、たとえば、国際法は国家の行動を規定する規範構造の中心的な機能としてその役割を果たすものと想定される（Reus-Smit 2004 p.15）。コンストラクティビズムに基づくこうした視座に示されるように、規範やアイディアが国際関係を規定する社会構成的な力となり、そうした力を有しているのが現代国際社会の大きな特徴であると見ることも可能なわけである。

そして、まさにこうした形で認識される国際関係の文脈の中で、これまで国家がそのアイデンティティ、利益、戦略を構築してきた国内政治、国際政治双方に関わる規範的な部分を、今後は「規範起業家 norm entrepreneur」として想定されるＮＧＯが担うという可能性に着目した研究も生まれてきたわけである。「規範」という概念自体は

非常にさまざまな定義のもとで議論されうるが、たとえば、フィネモアとシキンクはこの概念を「所与のアイデンティティを有するアクターにとって適切な行動基準」と定義し、一つの規範が一つの行動基準を指示すると想定している（Finnemore et al. 1998）。その上で、「誕生」「伝播」「内在化」の三段階から構成される有名な規範のライフサイクルモデルを提起する。そこでは、NGOは既存の規範に対する変化の引き金を引く主体として、また、ある状況下における新たな規範を提唱する「規範起業家」として想定されることになる。簡潔にまとめれば、第一段階は規範の「開発」、第二段階はさまざまな活動（抗議運動のような社会的影響や、熟議による社会的説得）を通じた規範の「伝播」、そして第三段階は規範の「内在化」あるいは国家の「社会化（socialization）」であり、このサイクルの中で規範の妥当性が自明視され、新たな規範の遵守が習慣化する、という想定である。一〇年以上前に提起されたこのモデルについてはいくつかの限界が指摘されているが[6]、少なくともこのモデルからは、規範形成型の国際政治の出現状況と、その中で一定の影響力を行使しうるNGOの存在が見出され、そこに今日の国際政治に対する認識の変容を見ることができる。

アナーキカル・ソサエティーとしての国際社会

実はこうした国際関係の認識は、英国学派の中心的な論者として知られるブルの議論でも従来から指摘されてきた。そこでの国際政治（グローバル政治）のイメージについてもあらためて確認しておきたい。すでに指摘したように、現代社会を国家のみから構成される社会として措定することは、現実的ではない。英国学派の議論にあるように、世界は主権国家体制としての「国際社会」だけによって構成されているわけではない、という考え方もある（スガナミ　二〇〇一）。それは、ブルが指摘するように、アナーキカル・ソサエティー[7]として国際社会を捉え、主権国家体制のみでは対応できない問題領域においてグローバル・ガバナンスが構築されつつある状況、あるいはそれをイメージする必要性とも関わっているものである。さらにはまた、人類社会という、より広い世界におけるあり

方の方が、国家間の社会のあり方よりも道徳的に優先されるべきであるという考え方にもつながっている。(8)

ブルの議論では、「生（命）」、経済的社会的正義、あるいは環境問題といった、今日グローバル・イシューとして範疇化される問題群についても、主権国家体制下の「国際社会」の枠組みだけでは有効に取り扱いえないとしていた。この指摘は興味深い。まさにこうした問題領域こそ、国際的なＮＧＯが積極的に関わる領域なのである。また、こうした問題領域は、「グローバル市民社会」を理想主義的に論じるアプローチの中では、たとえばワプナーが行っているように（Wapner 二〇〇〇）、多様なＮＧＯがさまざまな国際制度の設立に寄与している点を肯定的に評価することで、そこに「世界市民政治 world civic politics」の可能性を見出す、言い換えれば「民主主義の赤字」を克服する、といった議論の分野を構成することにもつながっている。こうしたアプローチは、主権国家体制によって（平和や安全といった価値の）維持が図られてきた「国際秩序」のあり方を越え、国際秩序をその一部とし、人類（とさらに人類を超えた地球）社会における秩序と公正をも含む「世界秩序」を維持（あるいは、より現実主義的な「市民社会」の観点からすれば、維持だけでなく破壊）するための、政治力学の考察に関する知的な営みを目指すものである。(9)

さらには、ショーのように、「グローバル市民社会」の視点から国内政治のアナロジーを用い、二〇世紀末の状況を、（西洋諸国家が中心の）「グローバル国家」(10)に近い構造の生成が進んでいる段階と見なす議論に発展させ、そこに「グローバル・リスポンシビィティーの政治」(11)を見出そうとする試みも存在している（Shaw 1994, 1999, 2000, ショー 一九九七）。

ＮＧＯが担ってきた役割と「成果」

次に、既存のＮＧＯに関わる研究や議論の中で、ＮＧＯ活動に関してどのような分野の問題が取り上げられ、それがどのように評価・認識されてきたかをあらためて確認しておきたい。

表１　ネットワーク型NGOによる活動の主な成果

1981年	ネスレ社の粉ミルク販売の悪影響に端を発したWHO国際基準設定
1980年代後半	世界銀行は経済発展中心から、環境、社会開発も重視する政策に軌道修正
1992年	リオ地球サミット以来の国連主催会議でのNGOフォーラムの影響
1993年	国際司法裁判所に核兵器使用の違法性につき勧告的意見を求める
1995年	ジェンダー概念と女性エンパワーメントのためのアジェンダ設定
1998年	国際刑事裁判所設立のための長年にわたるキャンペーンが結実
1999年	対人地雷禁止キャンペーンで結実した条約が発効
2000年	累積債務に苦しむ最貧困国の問題に取り組むジュビリー2000のキャンペーンの成功
2000年～2003年	エイズ治療と紛争ダイヤモンドに関するインターネットによる二つのキャンペーンが成果を収める
2004年から現在	貧困削減のための意識向上を目指すホワイトバンドの広範なインパクト

出典：功刀（2006　14頁）。

たとえば、**表１**は、ＮＧＯが一九八〇年代以降において活動領域を示すネットワークを構成して「成果」を上げたと認識されてきた活動の一例である。ここに挙げられている事例は、国連主催の会議におけるフォーラム形成など、ＮＧＯ間で連携（ネットワーク形成）を図っているものが想定されており、理念型として、実働型（人道支援や開発の実務に直接関わることを活動の中心とするＮＧＯ）やアドボカシー型（啓発や政策提言を行うことを活動の中心とするＮＧＯ）と概念上分類されている活動は基本的には含まれていない。また、この事例はあくまでＮＧＯ活動の「氷山の一角」として認識されているものに限られていることも留意する必要がある。しかし、こうした点を考慮したとしても、**表１**においては、ＮＧＯが国際的な問題領域において一定の影響力を行使した事例として、好意的に評価されてきた活動が選ばれていると見なすことができる[12]。

影響力行使の対象圏域

ＮＧＯが、何らかの形でその影響力を行使する場合、そこには一定の方法のほか、何らかの対象、活動の圏域（sphere）、あるいはアリーナとでも言うべき空間が存在している。**表１**に示された事例を見る限りにおいても、その対象となるのは国連機関を中心とした国際機関（ＷＨＯ〔世界保健機関〕、世界銀行など）や、その会議時に並行的に開催されるＮＧＯ会合、国際社会の基本的な構成主体となっている主権国家などである。既述のグローバル・ガバナンスに関する多くの事例研究においても、多国間組織、あるいは多国間の条約制定交渉といった場が基本的に想定されており[13]、そこでのＮＧＯの影響力の行使のあり方に注目する形で研究が進められてきた。ただし、ここで設定しようとする圏域は、必ずしも国家が中心となる組織や交渉の場に限られるものではない。

むしろ、利害の対立を有するさまざまな主体が、紛争や協調といった過程を経て合意形成を行うような政治空間であれば、それはここで問題化しようとする圏域の一つと見なすことができる。しかも、ＮＧＯのさまざまな活動を通じて、新たにこうした圏域を紡ぎ出すことも当然想定されうる。さらには、合意形成そのものは行われないまでも、なにがしかの長期的な影響を及ぼす活動領域をも、こうした圏域と設定して検討することを排除するものでもない。その意味では、想定されている圏域がどのような形で成り立っているかについて検討すること自体が、そこでのＮＧＯの意義を検討する上では重要な研究対象となりうる。実際、マルチセクトラルな形で形成される、企業を含む「グローバル・パブリック・プライベート・ネットワーク[14]」といった自律的な協力形態も、こうした圏域に入ってくると考えられている。しかし、ここで仮に想定している圏域は、そのすべてが研究に際して可視的に観察可能な空間である保証はなく、観察の可能性が著しく限られる不可視的な事例も想定しうる。その意味において、こうした事例に関しては、研究上の制約がかからざるをえないという問題は残ることになる。

影響力行使の政治学

国際関係に関わるこれまでの研究においては、ＮＧＯが一定の影響力を行使する形態について、たとえば、以下のような整理が行われてきた（Keck et al. 1998）。

第一に「情報政治 information politics」、第二に「象徴政治 symbolic politics」、第三に「てこ入れ政治 leverage politics」、第四に「説明責任政治 accountability politics」である。

「情報政治」とは、政治的に有用な情報を素早く的確に産み出すことによって、目的とする方向への影響力を高めようとする戦術である。「象徴政治」とは、象徴や行動をうまく活用して、普通は理解しにくい問題を一般大衆に理解できる形で提起し、動員を図る戦術である。「てこ入れ政治」とは、影響力を行使する上でより「力のある」主体を招き入れ、「弱い」メンバーだけでは影響力の及ばない問題への働きかけを行う戦術である。ここでは、「物質的なてこ入れ」と「道徳的なてこ入れ」の二つが想定されている。そして後者の「道徳的なてこ入れ」としては、「名称の明示化と不名誉の付与 naming and shaming」がある。「説明責任政治」とは、「力のある」主体が、それまでに主張してきた政策や原理を遵守したり、調印した条約の遵守義務を求めたりする戦術である。

また、それぞれにおいて影響力を行使する場合は、交渉などが行われている具体的な場に入って直接影響力を及ぼすような「インサイダー戦略」か、交渉過程そのものに関与しにくい状況があるために何らかの形で外部的な圧力をかけるような「アウトサイダー戦略」かに分かれることになる。前者の場合には、意思決定を行う関係者に対話（dialogue）を通じて直接働きかけを行い、言説レベルで規範変更を実現することが想定されている。後者の場合には、大衆動員を図るデモ（異議申し立てを含む）やインターネットの活用を通じて意思決定関係者に間接的な働きかけを行い、運動レベルで規範変更を実現することが想定されている。どちらの戦略がより有効であるかは一義的に決定できる性格のものではなく、次項で述べる圏域の違いによるところも大きい。ただし、政府への影響力に関しては、「アウトサイダー戦略」よりも、継続的な「インサイダー戦略」を採用している事例の方が「成果」を上げているとの指摘がある（Mendizabal 2006 p.22）。

暫定的な圏域の類型

先に検討の可能性を指摘した圏域について、一九九〇年代以降の国際関係において、ＮＧＯによる関与が比較的顕著に見られた五つの類型を暫定的に提示しておこう。

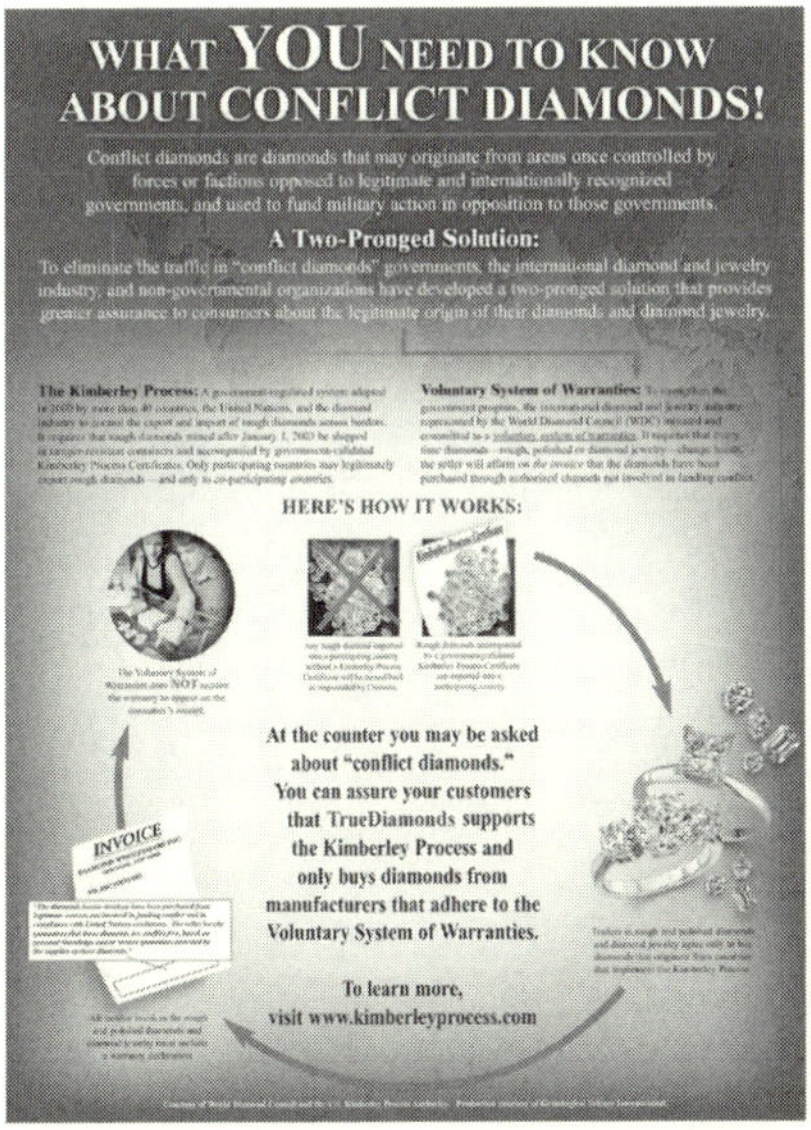

キンバリー・プロセスの狙いに関する広告。
（http://21st-centurynetwork.com/blog/wp-content/uploads/2010/05/Kimberley_Process.jpg）

対人地雷禁止を訴えるポスター。
（http://www.bentdesign.co.uk/banlandmines.html）

第一の類型は、これまで研究の蓄積が最もなされてきたと思われる、条約締結（言い換えるとレジーム形成）指向型とも言える形で影響力を行使してきた活動である。具体的には国連気候変動枠組み条約・京都議定書、対人地雷禁止条約、国際刑事裁判所設立規定、紛争ダイヤモンド（紛争や人権侵害に関わる闇組織が密輸・売買している違法取引ダイヤモンド）の国際的な管理に関わるキンバリー認証枠組み（キンバリー・プロセス）、クラスター弾禁止条約など、これまで比較的多く研究がなされてきた事例を挙げることができる。後に紹介するヘインズの近年の議論でも、国際的に「害悪 harm」を及ぼしているさまざまな問題やその様式のあり方に異議を唱え、国際的な規制や禁止を目指す多国間交渉等の圏域に積極的に関与してきたＮＧＯの活動が、詳細に報告され、評価されている（Heins 2008 Chapter5）。

第二の類型は、条約締結回避指向型とも言える形で影響力を行使してきた活動である。これは、新自由主義的改革への異議申し立てという形に見られるケースであり、その代表的な事例としては、ＮＧＯのネットワーク運動を通じて、経済協力開発機構（ＯＥＣＤ）が準備していた多国間投資協定（ＭＡＩ）の締結を阻止した取り組みが挙げられる。

第三の類型は、多国間交渉に直接的に関与することはしないが、国際機関・各国政府に政策転換を促す試みとして、運動と情報提供という形で影響力を行使してきた活動である。[15] とくに、途上国・途上地域支援の新たな展開の中に、こうした事例を見出すことができる。具体的には、ジュビリー二〇〇〇による債務帳消し運動、フランスのＡＴＴＡＣ（Association for the Taxation of Financial Transactions for the Aid of Citizens, アタック＝市民を支援するために金融取引への課税を求める協会）によるトービン税導入の試み、ロンドンに本部を置き資源の不正管理を行う政府の活動をひろく監視しているグローバル・ウィットネス（Global Witness）による資源管理のモニタリングと告発、ベルリンに本部を置き各国の汚職監視を中心的な活動としているトランスパレンシー・インターナショナル（Transparency International）による汚職指標の設定と監視、ブリュッセルに本部を置き紛争状況の経過報告を主な活動としている国際危機グループ（International Crisis Group）による紛争地域の詳細報告、さらには新自由主義を中核とする現代世界に対して代替案を模索する世界社会フォーラム（World Social Forum）の活動、などがこうした分類の中に含まれる。

第四の類型は、必ずしも政府を含まない「プライベート・レジーム」の形成という形で影響力を行使してきた、国際社会における規律形成を試みる活動である（山本　二〇〇八）。これは、ＮＧＯが主権国家に対して何らかのルールや規範設定を試みるというよりは、ＮＧＯ間の、あるいはＮＧＯと企業間のパートナーシップの形成指向という、比較的新しい動向として今後注目されるものでもあり、先に挙げた「グローバル・パブリック・プライベート・ネットワーク」などの様式も含まれる。とくに、新自由主義経済のもとで進む経済のグローバル化や、そのもとで問われてくる企業の社会的責任（ＣＳＲ）といった新たな発想と結びつく展開として、留意すべき圏域ということができる。また、自己規律コードなどのルール形成に関しては、国際協力ＮＧＯセンター（ＪＡＮＩＣ）、森林管理協議会[16]、海洋管理協議会[17]など、ＮＧＯ内の行動規律の確立を目指す事例や、資源管理に関わる民間との協働を推進する事例も見られる。厳密にはここに含まれるものではないが、国連におけるグローバル・コンパクト（企業が持続的可能性と責任あるビジネスを約束する政策形成のためのプラットホーム）に関しても、国連という多国間機関を介したＮＧＯと企業との連携が重要視されており、ここでの簡易分類の上では、第四の類型に含めておくことができる。

そして、もう一つ忘れてならない圏域として設定すべき第五の類型は、次項で述べるような、特定国の特定の政策に特化した形で影響力を行使してきた、国内政治と国際政治を架橋する領域での活動である。**表1**には明示的に示されていないが、途上国における大規模な開発政策や労働政策において、いわゆるアドボカシー（政策提言活動）あるいはキャンペーン（組織的宣伝活動）といった様式の活動を通じて、主に「アウトサイダー戦略」によって大きな影響力を及ぼしてきた事例である。

アドボカシー、キャンペーンの類型

国内と国際の両文脈にまたがる形で展開されるアドボカシー（政策提言活動）やキャンペーン（組織的宣伝活動）自体は、必ずしもすべてがうまく機能してきたわけではない。それぞれの文脈で展開されるキャンペーンが整合的であったケースがある一方で、必ずしもそうはならなかったケースも存在する。ジョーダンらは、とくに世界銀行の融資に基づく大規模な開発事業の問題点をめぐって展開されたいくつかのキャンペーンを比較検討しながら、それらのキャンペーンの特徴を類型化している（Jordan et al. 2000）。

ジョーダンらは、四つの類型を提示した。第一に協力キャンペーン（Cooperative campaign）、第二に共同キャンペーン（Concurrent campaign）、第三に分離キャンペーン（Disassociated campaign）、第四に競合キャンペーン（Competitive campaign）である。また、これらの類型を評価する際に参照点として提起したのが「政治的説明責任 political

表2　キャンペーンの類型

類型	協力	共同	分離	競合
目的	連結	両立	矛盾	対立
情報	高い頻度、グローバルな流布、アクセスが容易、ただで共有	定期的、複数の局面、やや厳しく管理、ただで共有	まれに、一方的、アクセス困難、制限付き共有	最低限、直接流通なし、アクセス不能、共有なし
戦略	継続的レビュー、協力的運営、最も脆弱な人びとのリスクを考慮	頻繁なレビュー、両者からなる運営、各国のアリーナでのリスク考慮	時々のレビュー、それぞれのNGOの運営とリスク管理に限定	レビューなし、単一のアリーナの運営、リスク認識欠如
政治的説明責任の達成度合い	高	中	低	なし

出典：Jordan et al.（2000　p. 2056）。

accountability」という興味深い概念である。ジョーダンらはこの概念を、「キャンペーンの目的実現に取り組むだけではなく、そのほぼ全過程において民主的な原則に基づいたキャンペーンを展開すること」と定義している。そしてその達成度合いの測り方については、北と南のＮＧＯの関係において、異なった政治アリーナにおける異なった目的がどの程度連結可能だったか、情報共有がどの程度なされていたか、戦略としてリスク・資金がどのように賄われていたかなど、目的、情報、戦略別に検討するという方法を提示している。**表2**は、ジョーダンらのキャンペーンの類型をまとめたものである。

ここで注目すべきは、ジョーダンらの分析手法である。基本的に北と南のキャンペーンの関係が分析対象となっていて、そこではそれぞれのＮＧＯの関係が非常に多様であること、しかもキャンペーン自体の目標などの点で各ＮＧＯの考えが必ずしも一致していないことなどが指摘されている。つまりこれは、後に触れるグローバルな社会正義運動などの分析にも言えることだが、北と南のＮＧＯの関係においては一定の批判的視座に立った分析が必要であることを示唆するものである。

協力型の代表事例として挙げられているのは、インドにおけるナルマダ・ダム（Narmada Dam）の建設を阻止したキャンペーンであり、これは他の学術研究においても取り上げられている事例である（Khagram 2002)。また、世界銀行の融資で進められようとしていたウガンダにおけるブジャガリ・ダム（Bujagali Dam）建設をめぐり、ウガンダの現地ＮＧＯとカリフォルニアを拠点とする国際河川ネットワーク（ＩＲＮ　International Rivers Network）とが展開したキャンペーンも同様の事例である（Majot 2006）。

後続の議論との関係では、「政治的説明責任」を十分に達成できなかったキャンペーンとして、競合型の事例を見ておく必要がある。ジョーダンらが取り上げているのは、エクアドルのファオラニ（Huaorani）の人びととの生活環境がアメリカの石油資本（コノコ）の企業活動のもとで危機に瀕している状況（パイプラインからの油漏れ、火災、暴力や脅し、森林と住民生活の破壊という脅威）に対して、その対応をめぐりＮＧＯ間でさまざまな齟齬が生じたという事例である。とくに具体的なＮＧＯの名称は挙げていないが、この事例では、現地のＮＧＯが人権を重視し、ファオラニの人びととの権利の保全を目標に掲げてキャンペーンを展開したのに対し、アメリカやヨーロッパのＮＧＯはむしろ原生林の維持という環境キャンペーンを優先し、ファオラニの人びととのコンサルテーションを行わなかった。そして、情報共有を行わずに「北」のＮＧＯ主導の交渉を進めていった。この事例についてジョーダンらは、ファオラニの人びとの交渉能力を著しく制約したばかりか、ファオラニの人びとと現地の環境ＮＧＯとの関係をも壊す結果を招いたと見ており、「政治的説明責任」の不在を指摘している（Jordan et al. 2000）。

三　先行研究におけるＮＧＯの影響力行使に基づく多様な概念化

「脱国家アドボカシー・ネットワーク」

国際社会においてＮＧＯはどのような存在なのか。その概念設定の仕方は、問題化しようとする圏域によって、また分析と規範的議論のどちらに軸足を置くかによって、必ずしも同じではない。本節では、先行研究で見られるいくつかを参照しながら、その概念設定の特徴を確認しておきたい。

国際政治におけるＮＧＯ研究の古典にも位置づけられつつあるケックとシキンクの研究では、ＮＧＯを主体（actor）として理解しようとする中に、[18]いくつかの問題領域におけるＮＧＯの活動を「脱国家アドボカシー・ネットワーク（ＴＡＮ　transnational advocacy network）」と位置づけ、[19]国際政治や国内政治との関連とともに検討している（Keck et al. 1998）。このネットワークにおいては、ある問題領域に関わる多様な主体が国内レベルと国際レベルの両方において結びつけられているが、この結びつきはとくに、共有された価値、共通の言説、そして情報・サービスの密な交換によって実現されている。また、個々の国家あるいは国際機関に影響力を行使しようとするこのネットワーク内の主体は、政策そのものに影響力を行使しようとするだけでなく、情報を戦略的に用いて新たなイシューを創出したり、説得や圧力行使を行うために、議論の性格やそこで用いられる言葉を従来とは異なるものに作り変えていくといった方法も採る。言い換えると、新たなイシューの枠付けとしてフレーミング（framing）を行い、国際的な新たなアジェンダを設定したり、あるいは政策論議の中に新たな理念、規範、言説を持ち込み、より受け入れられやすい形で問題を再構築したりするのである。こうした行動の実践によって、「脱国家アドボカシー・ネットワーク」に関わるＮＧＯは、自省的な形でその価値規範の適用拡張に資する主体として位置づけられることになる。

この研究において設定されている中心的な概念の一つに「ブーメラン効果 boomerang effect」がある。ブーメラン効果とは、国内のＮＧＯが直接政府に影響力を行使できない場合、国家を迂回して、脱国家的な領域に形成されているネットワークを用い、「外」から圧力をかけながら、国内の政策や政治状況を変化させていくことを言う。これは、ＮＧＯによる脱国家的な圏域における活動を基本にしながら、最終的には「標的」として設定された特定の国家の国内政策に影響を及ぼしていくことを想定した見方と言える。この枠組みで扱われる問題領域としては、とくに人権分野を挙げることができる。国家を迂回し、国家の政策に影響を及ぼす政治力学が、今日の国際政治、国内政治においては無視しえない形で働いている。このことは、逆に言えば、今日の国際政治、国内政治を考える時には、そうした政治力学が働いていることを十分に考慮しておく必要があるということである。

しかし、先に挙げた**表1**の中で中心的に想定されているのは、個々の国内政策に対して与えうるＮＧＯの影響というよりも、国際社会や国際機関において新たな価値や規範が設定されていく過程や、国際的に一定の拘束力を伴う条約が成立していく過程で果たしうるＮＧＯの役割である。ここでは国際的な公共政策を形成していく政治領域が、ＮＧＯの活動圏域として設定されている。あるいは、必ずしも明確な政策目標として設定されているわけではないが、とりわけ新自由主義的傾向のもとに進められるグローバル化への対抗あるいは抵抗、さらには代替案の模索といった活動がＮＧＯの圏域として設定されている。これは、ＮＧＯの活動圏域が国際社会ではさまざまな形で設定されうるという状況を示すものであり、これにＮＧＯがどう対応するかによって、ＮＧＯの活動に対する認識が、以下で見ていくようにさまざまな呼称の形をとって表出していると見ることもできる。

複合的な多元的国際統治とグローバルな社会運動

グローバルなレベルで自由主義的な経済政策に関わってきた世界銀行、国際通貨基金（ＩＭＦ）、世界貿易機関（ＷＴＯ）。これら国際機関とＮＧＯとの関係に、新たな関心が持たれるようになっている。たとえば、一九九九年一一月末のシアトルのＷＴＯ閣僚会議にみられた混迷状況は、経済のグローバル化に抗するＮＧＯとの関係の問題として顕在化したものである。この点に関する考察については、多国間経済組織（ＭＥＩ　Multilateral Economic Institutions）とＮＧＯとの関係を新たな視点から読み解こうとする学問的な作業が行われている。オブライエンらによる、新たな、そして複合的な多元的国際統治[20]（complex multilateralism）という考え方がそれである。そこでは、国際社会における新たなグローバル・ガバナンスの様式の形成、という着想が提示されている（O'Brien et al. 2000 Chapter6）。その上で、オブライエンらはＮＧＯを含む国境を越えた非国家主体を、グローバルな社会運動（ＧＳＭ　Global Social Movement）と範疇化し、議論を展開する。本章が設定しているＮＧＯ活動の対象圏域との関係では、特定国家の国内政治に対してよりも、国際政治を牽引する国際機関に対して政策変更を促す活動についての議論であり、また、キャンペーンといった「アウトサイダー戦略」というよりも、国際機関との間で一定の協力関係を築く「インサイダー戦略」によって互いの組織内部のあり方に変更を加えていく活動についての議論と言える。

オブライエンらの議論の焦点は、MEIとGSMの関係における、ここ二〇年ほどの間に現れてきた大きな変化である。それは、国家のみが関わるこれまでの多国間主義に対して、GSMもこれに積極的に関わる新たな多元的な国際統治（new multilateralism）が生成し、この新旧二つのマルチラテラリズムの融合形態としての、グローバル・ガバナンスの一様式とも言える「複合的な多元的国際統治」が出現しつつあるということである。ここでは依然として国家が最も重要なアクターであると見なされていることに変化はないものの、従来の国家中心の国際制度の議論においてはあまり考慮されてこなかったGSMに一定の意義を認めている点で、新たな視点を含ませていると見ることができる。しかし同時に、GSMの中にも現実には大きな亀裂があり、GSMによる政策決定への参加が制度的に保障されるような、新たな多元的な国際統治が実現される段階にまでは至っていないとしている。こうした融合形態においてGSMはどのような役割を果たしていると考えられるのか、議論の要点をまとめておく（O'Brien et al. 2000 Chapter6）。

オブライエンらは、女性、労働、環境といった分野のGSMがそれぞれのMEIに与えた影響を五つのポイントに分けて考察している。第一に、WTOとIMFに対してGSMが与えた影響力はいまだ非常に限定的であるが、世界銀行に対してはある程度影響力を持ち、若干の制度変更にもつながる成果を上げていることである。たとえば、世界銀行と女性運動の場合を見ると、世界銀行はGSMあるいはNGOとの間に三つのレベルで接触を持っている。一つは作業段階における協調、すなわち世界銀行のプロジェクトの立案と実施に際して行われるNGOの関与である。もう一つは世界銀行による経済分野別の広範な調査・分析におけるNGOとの協力関係である。三つ目は世界銀行の開発戦略全般に関するNGOとの政策対話である。この三つ目については、一九八二年に設立されたNG

O‐世界銀行委員会（NGO-World Bank Committee）を通じて行われてきたものである。制度変更に関わる動きを見ると、ジェンダーに関する分野では、七七年に「開発と女性」担当官が着任して以降、八七年に「ジェンダー・ユニット」が、また世界女性会議（北京）開催年の九五年には「対外的なジェンダー問題協議グループ（External Gender Consultative Group）」が、さらに九七年には「ジェンダー部門委員会（Gender Sector Board）」がそれぞれ設立されている。

第二の影響は、MEIが新自由主義、市場主義的な政策の遂行を優先するのに対し、GSMはこれらの政策に変更を促す場合が多く、政策上ではほとんどのケースで対立せざるをえない状況にあるということである。しかし、世界銀行の場合、GSMが干渉の余地を持つ具体的なプロジェクトを運営することが多いため、プロジェクト実施のレベルではGMSとの間に対立だけでなく、協力関係も形成しやすくなる。(21) その結果、世界銀行はIMF、(22) WTOに比べ、GSMからより積極的な対応を求められることになる。

第三の影響は、MEI‐GSM間の目標が対立しているため、融合形態としての「複合的な多元的国際統治」においては、いまだ限定的な成果しか上げえていないことである。今後、この統治形態が有効に機能するためには、MEIとGSM双方が政策上の修正を行うこと、そして双方ともに現行の組織を改善し、対話の機会をより増やすこと、この二つのレベルの変化が求められることになる。

第四に、「複合的な多元的国際統治」は、国家に対して従来とは異った影響を与えていることである。この統治形態のもとでは、GSMが政策決定に一定の関与をすることが想定されるため、主権国家のみがある領域の利益を一元的に代表するという主張が、従来ほどの力を持ちえなくなる。とくにMEIにコンディショナリティーをつけられている途上国政府の場合は、GSMによるグローバル・ガバナンスへの参加が国内のNGOなどの影響力をMEIの政策へと結びつけるチャネルを開き、その影響力がさらにコンディショナリティーを強めるという危惧を生むことから、これを歓迎しないことが多い。他方、アメリカのような大国の政府の場合は、GSMによるそれへの参加は議会への影響力を持つ国内の各種団体がＭＥＩに対して影響力を直接行使することから、国家の主張を補強する手段としてこれを利用することもありうる。

第五の影響は、経済自由化政策を進める場合にも、その社会的問題領域を考慮する形でアジェンダを変更するといったことが、ＧＳＭの活動を通じて実現されてきていることである。これは長期的に見ると、そうした変更に対応してＭＥＩの政策変更が促されるという点で、一定の意味を持っている。

以上、オブライエンらの議論に見られるように、「複合的な多元的国際統治」、とりわけ世界銀行との関係においては、機構改革を実現する、あるいはアジェンダの変更を促す、などの点でＮＧＯは影響力を行使して一定の成果を上げつつあり、グローバル・ガバナンスの主体を形成しつつあるということは言える。ただし、これらは、ＮＧＯ間の対立や、ＩＭＦ、ＷＴＯの場合には非常にその影響が限られるといった大きな制約の中でかろうじて達成することのできた成果であり、新たな多元的な国際統治という観点からみた場合には、ようやくその入り口に入った段階にすぎないというのが現状である。またそれゆえに、ＮＧＯにおいては「インサイダー戦略」ではなく「アウトサイダー戦略」として、前節で述べたようなキャンペーンやアドボカシーの形態で影響力を行使しようとする傾向が強いとも言える。

実際、ＷＴＯや主要国首脳会議（Ｇ８）などＮＧＯの関与が限定的な経済領域においては、暴力的な抗議行動をその活動の中に含み込むこともある「グローバル・ジャスティス運動（global justice movement）」や「反グローバル化運動（Anti-Globalization (Anti-Globalism) Movement）」といった形態の活動が活発化している。これは、経済の主流となっている新自由主義的な「覇権 hegemony」への対抗戦術と見なされる事例であり、近年ではこの問題に関しても「下からのグローバル化」といった観点から、さまざまな理論・事例分析が行われるようになっている（Eschle et al. eds. 2005, Della Porta et al. 2006, Gautney 2010）。こうした問題意識の系譜には、世界社会フォーラムに関する調査研究も含まれており、ＮＧＯをはじめ経済領域における運動体の新たな挑戦が課題化していることを窺わせる。また、この領域の問題は、「市民社会」を主権国家や市場への対抗領域として意味づけている議論においては、「グローバル市民社会」という概念化とも結びつきうるものである（Lipschutz 2005）。

「トランスナショナル市民社会」

国境を越えて活動する国際的なＮＧＯの活動を、「トランスナショナル」な関係として捉えようとする考え方がある。これ自体は従来から存在するものであるが、「トランスナショナル市民社会」といった形の概念化にはいくつかの説明が加えられる場合がある。ここでは目加田の議論を紹介しておこう（目加田　二〇〇三　三‐五頁）。目加田の議論には「トランスナショナル市民社会」概念の妥当性（と他の概念との差異化の論理）について大きく四つの論点が示されている。第一に国境を越えたＮＧＯ活動の多様性、第二に「グローバル」性と現実の齟齬、第三にボーダーレス化、第四に社会運動としての性格の欠如、である。

第一の論点は、ケックとシキンクの議論で知られる「トランスナショナル・アドボカシー・ネットワーク」との差異化を図ろうとするものである（keck et al. 1998）。つまり、国境を越えたＮＧＯの活動は、必ずしもアドボカシー（政策提言活動）に限定されたものではなく、政策提言に至る過程で蓄積された経験や知識にも重要性を見出す必要があるという点で、より広範な概念化を必要とするという見方である。第二の論点は、「グローバル市民社会」との差異化を意図したものであるが、これは、ＮＧＯのネットワーク形成には地域的な偏りが見られる場合が多いため、「グローバル」という形での概念化には留保が必要であるという考え方に伴うものである。つまり、国境を越えたＮＧＯの活動には地域的に限定されたものが多く、中東やサハラ以南のアフリカ諸国のＮＧＯが含まれない場合があるほか、途上国における問題では当該地域の地元のＮＧＯが中心的な形を取る場合も多く、こうした活動にまで「グローバル」という形容詞をつけることは困難であるという判断に拠るものである。第三の論点は「インターナショナル市民社会[23]」といった概念化との差異化を目指すものである。つまり、近年のＮＧＯの関係構築は主権国家の枠組みを超えた実態を示すようになっており、国家の枠組みを前提とした意識に基づかない概念化が必要とされているが、このことを念頭に置いた議論である。そして、第四の論点は、社会運動が一定の明確な会員制度ならびに国際事務局を伴った運動体を指す概念であるのに対して、ＮＧＯは組織的にはより緩やかな実態を持っていることから、そうしたＮＧＯの側面を強調しようとする狙いに基づくものである。

こうした理解を踏まえ、目加田の議論では「非政府性・非営利性」「多様な活動・組織形態」「国境を越えた（ただし、必ずしも地球規模ではない関係をも含む）連帯」「（特定の国・地域の利益を越えた）地球規模の問題意識」という四点が「トランスナショナル市民社会」という概念を構成する主要な特徴としてまとめられる。

「グローバル市民社会[24]」概念と現実の齟齬

「グローバル市民社会」という概念を用いる当の論者の議論の中にも、この概念がどの程度実態を反映しているかについて懐疑的な見方を示しているものがある。たとえば、現実の生成過程に関する実証と評価を行ったクラークらの研究（Clark et al. 1998）では、「グローバル市民社会」概念を「グローバル global」「市民 civil」「社会 society」に解体して、それぞれに以下のような意味を与え、それらが世界会議の場でどの程度実現されているかを検証している。

すなわち、「グローバル」とは「世界において地理的に多様で、バランスの取れた非国家主体の代表が存在すること」であり、代表の数と地理的な均衡を意味する。また「市民」とは「グローバル・ガバナンスにおいてＮＧＯによる定期的な参加が認められていること」であり、政策決定手続きへのアクセスを意味する。そして「社会」とは「ＮＧＯ間において相互に共有される理解が存在すること」であり、協調性を意味する。以上を総合すると、「グローバル市民社会」の定義はかなり限定的となるが、クラーラらはこれを、次のような問いを立てて検証する。国連関係の世界会議にはどの程度の数のＮＧＯが参加しているのか。その参加によってＮＧＯはどの程度活動の余地を確保しているのか。そこでNGOはどのような貢献をしているのか。これに参加する多様なNGOの間にはどの程度理解が共有され、そのための新たなネットワークがどの程度形成されているのか。そして各国政府の行動のパターンに変更を加えるためにどのような影響力をどの程度行使しているのか。

検証の結果、評価できる側面として挙げられたのは次の三点である。「地球サミット」以降、南のNGOの関与が増大するなど、南北格差是正への動きが見られた（「グローバル」要素の改善）。国連におけるNGOの制度的な関与が増加した（「市民」要素の前進）。そして、一九九〇年代の一連の世界会議におけるNGOの経験、とりわけ九五年の世界女性会議の際には、メディアや政府代表団との接触機会を増やして有効なロビー活動を展開するなど、問題を捉えるフレームの形成においても、限界はあるものの、一定の成果が見られた（「社会」要素の改善）。

その一方で問題点も明らかになった。依然としてNGO間（とくに北と南のNGO間）には政府間と同様の亀裂があり、場合によってはそれが共通の枠組み形成の障害になっていること、各国政府のNGOへの評価も大きく異なるため、NGOの行使しうる影響力に制約が課されていること、などである。これによりクラークらは、「グローバル市民社会」は確かに形成過程にはあるものの、国家主権の制約のもとで完全にはまだ形成されていないとの結論を導いている。

「グローバル市民社会」という概念化の意味

「グローバル市民社会」という概念は、研究史的には一九九〇年代以降、主に規範的な国際関係理論を展開する研究者らによって提起されてきたものである。したがって、より実証志向の強い研究者の間では、先にも述べたように、「グローバル市民社会」という概念への留保の姿勢がみられるし、「グローバル市民社会」を用いる当の論者の間でも、「トランスナショナル市民社会」という概念の方が実態を考慮する上で一定の妥当性を持っていることを認めている。その上で、「グローバル市民社会」という概念をあえて用いることに込められる意味について、カルドーらは以下のような三つの見方を示している（Kaldor et al. 2001 pp.16-17）。

第一に、「トランスナショナル」と評価できるＮＧＯの活動は少なくとも過去二〇〇年にわたり継続して行われてきたことであるが、「トランスナショナル市民社会」としてはまだ捕捉できていない現象を捉えるためには、「グローバル」という新たな概念化が必要であること。そこには情報技術、移動手段の急速な発展とともに、社会のあり方がより開かれていくという傾向が生じているからである。第二に、「グローバル市民社会」という概念だけが、いわゆるグローバル化に対置しうる唯一の概念として位置づけられること。とくに、グローバルなレベルで進行する政治、経済、文化の多様な活動が一定の規律のもとで展開しうることを保障するものとして、この概念は位置づけられる。第三に、「グローバル市民社会」は非常に規範的な志向性を持つ概念であり、「グローバルな問題意識」のもとで行動する「グローバル市民」の登場を可能とする、強い志向性を含意するものであること。ここにはグローバルなレベルでの民主主義を実現させ、世界秩序を構築する試みへの期待が含まれている。

こうした見方を示した上で、カルドーらは「グローバル市民社会」の定義として、「家族、国家、市場の間に位置し、社会、政治、経済それぞれについて国家の制約を超えたところで作用している、アイディア、価値、制度、組織、ネットワーク、そして個人から構成される空間」という意味づけを暫定的に与えているが、これ自体の実現のあり方については継続的に問われるべきであるという実践的な方向性をも同時に示している。

「グローバル市民社会」概念の課題

「トランスナショナル市民社会」の概念化の背景や、「グローバル市民社会」の概念と現実との齟齬について述べたこれらの議論からもわかるように、この二つの「市民社会」概念をめぐっては、「グローバル」という概念がどれほど実態としての体をなしているか、ということが問題化されてきた。ショーも「グローバル市民社会」に関する論文、とりわけ「代表」に関する議論の中でこれを問題にしている（Shaw 1999）。ショーはここで、非西欧諸国の集団が「グローバル市民社会」に関与することの意味を次のように見ている。すなわち、西欧の「市民社会」との関係を構築し、世界政治の核にある西欧国家への影響力を確保すること、そして、非西欧諸国の集団が「グローバル市民社会」において代表的地位を向上させること、の二つである。その上で、こうした非西欧諸国の「市民社会」の「声」をどのように聞き取っていくべきかについて問いを立てている。

「地球サミット」以降、一九九〇年代における「メガ・コンフェランス」のような場においては、従来よりも非西欧諸国のＮＧＯの関与が増大することで、格差是正への動きが見られるといった変化は部分的に観察されている（Van Rooy 1997）。しかしこの点に関しては、今後もさらなる実証研究が必要とされている。西欧諸国に偏った代表の不均衡が十分に克服されていない状況下においては、「グローバル市民社会」という領域が西欧的価値観に支配され、多元的な価値のあり方を許容しないために、むしろ社会的な不公正を固定化する装置として機能してしまう危険性をはらんでいるからである。こうした警告は真摯に受け止める必要があろう。[25] 実際、西欧の市民団体が途上国支援において「自分たちは公共の利益を代弁している」と言う場合、その「公共性」の内容がとくに世界の企業や銀行のエリートの間で疑われ、その正統性が疑問視される傾向も強まっている。したがって、「グローバル市民社会」という概念化については、実証的な観点からのさらなる検証が重要性を持ってくると考えられる。

国際政治（グローバル政治）におけるＮＧＯ概念の再設定

このように、ＮＧＯという組織はこれまでさまざまな概念化のもとでその活用が分析され、評価されてきた。しかし、それらの概念化は、国際社会の状況とそこでのＮＧＯの役割との関係を考慮する形で行われるものであった。

近年、ＮＧＯという概念をより積極的に定義し、分析に供する試みが行われている。その一つとして、ここではヘインズの議論[26]を参照しておくことにしたい（Heins 2008）。はじめにも述べたように、ＮＧＯという概念自体は「残余」の範疇として定義される可能性があり、実際これまで見てきたＮＧＯをめぐる概念化の作業においても、

ＮＧＯそのものを何らかの形で積極的に定義するというよりは、ＮＧＯの非国家あるいは非政府組織としての側面やそのネットワークとしての活動領域のあり方を定義しようとするものが多かった。それに対して、ヘインズは、「国際政治の中でのＮＧＯ」という、通常は明確な定義を与えられにくい概念を積極的に定義し、検討するために、以下のような三つの構成要素によって規定される組織を指して、基本的にはＮＧＯと考えることを提起している。その意味でこの定義は、ヘインズ自身も言及している通り、非常に規範的なものとなっている。三つの構成要素とは、第一に（通常の）政治との隔絶（aloofness from conventional politics）、第二に利他的指向性（the prevalence of other-regarding orientation）、第三に非領域性（non-territoriality）である。とくに第三については、国内文脈などでの妥当性において大きな問題を有している点もあるが、一つの参照点となりうるものである。

このようにＮＧＯを定義した場合、自己利益の実現をも射程に置く旧来型の社会運動はここから排除されることになる。以上を整理してヘインズが提起しているのが**表３**である。ここでは、まさにはじめに指摘した「残余」としての概念設定を反転・逆転させる形で、ＮＧＯを中心に置く新たな概念関係が提起されている。

表 3　NGO の理念型

NGO の理念型の特徴	初期的、複合的形態	非 NGOs
政治的独立と隔絶	ミュータント NGOs[i] マッシュルーム NGOs[ii] GONGOs[iii] QUANGO[iv]	政府、企業
利他志向的アドボカシー、並びに非アドボカシー活動	人的なサービス提供者	利己的利益集団 社会運動
脱国家的連携	国内での公的利益の結社	国内における国家中心組織

注：ⅰ）NGO を名乗り、利他的な活動をしているように振る舞いながら、自己利益やスポンサーの利益のための活動を行う詐称団体。
ⅱ）外国からの資金の受け皿としてにわかに結成され、瞬く間に消え去る団体。
ⅲ）政府によって設立された官製 NGO。
ⅳ）政治からは独立しながらも、一定の政府資金によって活動するとともに、法的あるいは公的機能を果たす団体。ヘインズは代表事例として、赤十字国際委員会を挙げている。

出典：Heins（2008　pp. 25-26）。

国際的なＮＧＯを捉える視座の修正

国際関係の文脈において、国家とＮＧＯの関係はどのように考えられるだろうか。両者の関係に関しては、既述したように、カルドーらにも代表される一部の「グローバル市民社会」論による、NGOをグローバル化への対立ないし対抗勢力と位置づける視座のほか、本論では取り上げていないが、大きな話題となった著作『帝国』でよく知られているハートおよびネグリらによる、NGOを超大国アメリカの従属的存在と位置づける議論など、さまざまな見方が示されてきた（Hardt et al. 2000）。

ヘインズは、とくに「グローバル市民社会」論に対して、先に指摘した問題点と類似した課題を提起している。たとえば、「グローバル市民社会」論の論者は「市民社会」という概念をめぐり、「国内社会における市民社会」と「グローバル市民社会」をアナロジーとして捉え、グローバルなレベルに存在しうる倫理（global ethics）を、国内社会における倫理の作用と同様に機能する傾向を強く持ったものとして想定しているが、ヘインズにおいてはこの点が批判の対象となる。言い換えるとそれは、「グローバル化に対抗するための価値や規範が民主主義的な価値を回復する」、といった論理を暗黙の前提としている「グローバル市民社会」論に対する批判である。これは、変容する国際社会においてNGOがどのような役割を果たしうるか、といった根本問題にも関わる批判である。

これに対し、ヘインズが提起している視座は、前に参照したブルらの議論に代表される国際政治学の英国学派と、ドイツのフランクフルト学派（における、とくに「承認の闘争 struggles over recognition」[27]に関する議論）を折衷しながら、新たなNGO論の地平を開こうとするものである。そこでは、良性の寄生者（benign parasites）としてのNGO、という見方が示される（Heins 2008）。ここでイメージされているのは、国家が独占的に占有している主権を制約しようとする指向性だけでなく、寄生主としての国家の存在を前提としながら、国家だけでは対応困難な領域において、相補的な役割を果たそうとする指向性を持った、活動者としてのNGOである。ヘインズによれば、こうしたNGOのイメージは、「ネットワークを連結し変形させる役割を担うと同時に、情報を積極的に受容し、選択的に伝達する」（Heins 2008 p.41）存在として、NGO概念に一定の規範性を持たせつつも分析上はその規範性を薄めさせる認識につながるものである。

おそらくこうしたＮＧＯの概念化は、従来のＮＧＯと国家の関係性をよりしなやかに捉える枠組みとして援用できる可能性を持つ。ヘインズは、実際の分析を進めていく中で、ＮＧＯの活動は国家の主権に対抗し、これを弱めるという形よりも、時に国家主権を「飼い慣らし taming」、これを強化するように作用している事例も観察されることを指摘する。(28) これは、積極的にＮＧＯを再定義し、規範性から一定の距離を置いた等身大のＮＧＯの活動を検証する試みであり、換言すれば、ある意味で「現実主義」的とも言える方法論のもとで、国際社会におけるＮＧＯを再評価しようとする試みである。

四　国際関係におけるＮＧＯ再考

南北間のＮＧＯの「亀裂」とその後――ジュビリー二〇〇〇の事例

本節では、とくにＮＧＯの南北間の関係や、国際政治（グローバル政治）の文脈における代表制、正統性、民主主義などの理論を含む問題群を考察しておくことにしたい。

すでに先行研究でも見たように、国際関係においてＮＧＯがアドボカシーやキャンペーンなどの戦略を用いてさまざまな影響力を行使しようとする場合、そこでは常に整合的な対応が図られていたわけではない。実際にはその間にさまざまなずれが生じ、ジョーダンらの「政治的説明責任」が十分には実現できなかった事例も多々存在している（本書二五九頁参照）。また、そのずれは、とくに先進国と途上国間の、いわゆる南北間の問題として現れることが多かった。前述したエクアドルの事例でこの問題に短く触れたが、通常はＮＧＯのネットワーク活動の成果として評価されることの多い、累積債務問題に焦点を絞ってその帳消しに取り組んだジュビリー二〇〇〇の活動においても、こうした問題を有していた。そこで、ここでは一つの事例として、ジュビリー二〇〇〇の抱えていた問題に焦点を当て、この点を確認しておこう（Grenier 2003, Donnelly 2002, Collins et al. 2001）。

ジュビリー二〇〇〇における亀裂

ジュビリー二〇〇〇の活動が展開された背景には、途上国における累積債務問題が途上国の「発展」を阻害する問題として認識されてきたことがあったが、イギリスを起点として始まったこの活動が国際的な広がりを見せる過程では、直接の債務国（南の諸国）からなる同様の運動組織との間に、新たな緊張を生むことにもなった。

ジュビリー二〇〇〇の活動上の戦略の一つに、「大衆動員を図る」というものがある。その趣旨に基本的に賛同する組織がアフリカ、中南米諸国等の債務国内においても形成され、それらが後にジュビリー・サウス[29]というジュビリー二〇〇〇内の途上国グループを形成するに至った。北のグループと南のグループ（この時点では両者合わせて三八）が債務帳消しの問題をめぐるはじめての会合を開催したのは、一九九八年一一月（ローマ）である。ここにおいて、北のグループと南のグループの間でアプローチの手法をめぐる対立が顕在化した。北のグループは、既存の制度枠組みを前提として北と南の間の関係を改革する姿勢（改革主義）を示した。これに対して南のグループが、ＩＭＦ、世界銀行の廃止を含むラディカルなビジョンを示したため、両者の路線対立が鮮明化したのである。また、ジュビリー二〇〇〇自体が国際的には緩やかなネットワークであったことから、その意思決定過程においては非常に不明確な部分が目立つという弱点を有していた。さらに、このネットワークにおける主導権は基本的にイギリス・ジュビリー二〇〇〇連合によって掌握されていたことから、「ジュビリー二〇〇〇は北の中産階級の主導で作られたもの」とする認識も存在していた。これらの問題が重なって、内部的には大きな対立を抱え込むことになったのである。

南の姿勢を代弁するジュビリー・サウスは、債務問題に対してラディカルな姿勢を取ると同時に[30]、ジュビリー二〇〇〇が設定していた時限を超える活動の必要性をも主張した。こうした北と南の対立に由来する問題は、ジュビリー・サウスによる主張の内容が正当かつ南を「代表」しているという点で、北においてもその支持を拡大してきたことから、国際的な社会運動における新たな、かつ複雑な問題を提起することになった。すなわちそれは、「グ

債務帳消しを訴える「ジュビリー2000」運動。
（http : / / www. aidoh. dk / phpdocs / photo / showPhoto. php ? photoID=227&quality=good）

ローバル」な運動に内在化されている、非対称な北と南の対立の問題、あるいは問題に対する主張の正当性の所在といった問題である。さらに問題はここにとどまらず、南を「代弁」しているとされるジュビリー・サウスが、はたして、どの程度南の、とりわけ「草の根」と位置づけられる人びとを「代表」しているのか、といったところまで広がった[31]。これらはNGOの「代表性」にも関わる問題群、言い換えると、NGOネットワークとしての内部における、意思決定の民主制にも関わる問題であった。

ジュビリー二〇〇〇は、債務帳消しに関しては国際的なネットワークとして一定の成果を上げつつも、この運動の組織的な特徴によって生じた問題については十分な解決を見ることなく、自ら設定した時限によってその活動に終止符を打つことになる。

ポスト・ジュビリー二〇〇〇

ジュビリー二〇〇〇の活動が終了した直後、イギリスでは三つの後継組織、ネットワークが立ち上げられた。第一はドロップ・ザ・デット（Drop the Debt）というNGOで、二〇〇一年のジェノバ・サミットでの働きかけを目的に半年間の時限組織として立ち上げられたもの。第二は二〇〇一年に設立された「ジュビリー債務キャンペーン Jubilee Debt Campaign」で、これは「債務危機ネットワーク[32]（DCN）」の後継にあたるもの。第三は同じく二〇〇一年に設立されたジュビリー・プラス（Jubilee Plus）で、二〇〇二年に名称をジュビリー・リサーチ（Jubilee Research[33]）と変更し活動しているもの。グローバル化の中で経済的正義をいかに実現するかという大きな課題に取り組むジュビリー・リサーチでは、国際ネットワークであるジュビリー・ムーブメント・インターナショナルのウェッブサイトも置いており、政策分析や債務問題のモニタリングを継続的に実施している。これらはジュビリー二〇〇〇の活動における一つの成果と言えよう。

ジュビリー二〇〇〇のもう一つの成果は、北と南の対立を生みつつも、一方では、債務問題や債務帳消し後の課題（貧困削減戦略文書〔ＰＲＳＰｓ〕の作成とそのモニタリングなど）に新たに関わる南のＮＧＯを生み出していった点である。これは「草の根教育」としても評価できる面を有している。たとえば、筆者の調査地であるザンビアの事例では、一九九八年にカトリック系の教会組織の一つである「神学的省察のためのイエズス会センター Jesuit Centre for Theological Reflection」[34]がジュビリー・ザンビアとして債務帳消しのキャンペーンに積極的に参加をはじめ、現在もこれらの問題を含む社会正義分野でさまざまな活動を展開している。同様に、この活動の延長線上には、二〇〇〇年九月に「貧困削減に向けての『市民社会』“Civil Society” for Poverty Reduction」というネットワークが設立され、ＰＲＳＰｓ作成に影響力を行使したほか、現在もイギリスやドイツのドナーの支援を受けながらモニタリング活動を継続的に実施し、一定の成果を上げている。

こうして経過を観察してくると、はたして国際的なＮＧＯのネットワークをどの段階でどのように評価するのが妥当かという点については、実はそれほど一義的には論じえないことがわかる。

ＮＧＯ活動の評価をめぐって

ＮＧＯの役割とその「成果」を検討・評価する際、これまでの研究ではたとえば既述のように、「規範起業家」といった形でＮＧＯを捉え、特定の問題領域（イシュー）をめぐる「規範」の変容に焦点を当てるやり方が数多く採用されてきた。それに対し、ヘインズの議論では、ＮＧＯを「規範起業家」と評価するのは過大評価であるとし、ＮＧＯを「現実主義」的な角度から捉え直すという視座を提起している。ここでは、ＮＧＯが一定の「成果」を上げる上で重要になるのは次の二つの要素であるとする。すなわち、あるイシューを形成するための「的確な情報」の提供、そして大衆感情の動員の二つである。これらの要素を実現することがNGO活動の成功の秘訣になるという見方である。

まず、情報提供についてである。ヘインズは、対人地雷禁止運動の事例において、NGOが意思決定者に対して重視したのは、「対人地雷が無差別に民間人に被害を与えることは社会的倫理に反する」といった規範的な主張ではなく、「対人地雷が無差別に民間人に被害を与えている」という生身の情報そのものであったとの見方を採っている（Haines 2008 p.141）。しかも、情報提供の仕方に関しては、あらゆる情報を提供するのではなく、政治目的に即して一定の加工を施し提供するといった工夫を重視したと見ている。この点で、ヘインズの視点は、規範に着目するコンストラクティビズム（社会構成主義）とは相違がある。次に、大衆感情の動員であるが、これは社会運動論の分野でも従来から論じられてきた、フレーミングを通じた大衆動員の手法である。また、すでに述べてきたNGOの戦術の一つ、キャンペーン活動の方法とも関連する事柄である。ヘインズはこれら二つの要素をうまく用いる形で一定の成功を収めた事例として、先に触れた、紛争ダイヤモンドの管理・規制を目指すキンバリープロセス（認証枠組みの制定）の取り組みを挙げている（Haines 2008 pp.147-148）。

ヘインズはまた、現実的な政治の問題に関わるものとして、NGOが成果を上げようとする時に生じうる制約や、成果そのものの評価に関する基準についても議論している。

まず、制約については、内的なものと外的なものとに分けて論じている。内的な制約については、あるイシューを形成するためにはその問題をめぐって善と悪（evil）の分極化ができるか否かという点が問題になってくるという。これは、NGOが成功裏にキャンペーンを行うためには被害者（victims）とともに加害者（perpetrators）を設定する必要があるということでもある。ここでヘインズは、一つの事例として、小型武器管理がこれまで十分に成果を上げてこなかったことに言及する。イシューとして形成されてはいるものの、小型武器へのアクセスが存在していることそれ自体がはたして善なのか悪なのか、それに関する大衆感情を十分に動員しえないできたことや、小型武器に反対する論拠がはたして説得的な情報に基づいていたのかどうか、それに関するてこ入れに失敗してきたことが、この議論の中では内的な制約要因として示されている（Haines 2008 p.149）。

外的な制約については、シキンクらが提起した戦術とも関連するが、キャンペーンを展開する上では「道徳的なてこ」としての「不名誉の付与 shaming」が（善と悪の設定とも連関する形で）有用な戦術になりうるとしながらも、それによって実際に標的に不名誉を付与することができるか（shameability）は一義的には決まらない可能性があると指摘する。それはたとえば、強権的な体制下にある国家に対しては人権状況の改善を十分には求めきれないという、いわば主権の壁といった問題においても顕在化している事柄である（Haines 2008 pp.150-152）。また、構造的には、資源と人材の欠如という問題も活動の制約条件となりうるとしており、この点については類似の問題を検討しているショルテの議論とも整合的である（Scholte 2004）。

次に、成果の評価基準については、ＮＧＯが自分たちの追求する目標を達成しても、それが常に望ましい「成果」として評価されるとは必ずしも限らないという観点から、あらためて問題提起を行っている。つまり、ＮＧＯ自身が追求する「成果」とは別の基準を設定しうる、「批判精神を持った大衆メンバー members of the critical public」の存在がここでは重視される。その上で、マクス・ウェーバーの提起した、「信条倫理」（ＮＧＯの構成員が善と考えることを実現する観点）を基準として評価するあり方と、「責任倫理」（ＮＧＯの活動を通して実現したことが生み出す、その後の「結果」を精査する観点）を基準として評価するあり方の二つを想定し、両方の観点から評価を行う必要があるとする。しかし、ここでは評価の内容をめぐり、対立状況が作り出される可能性もあるとしている（Haines 2008 p.157）。

以上、ヘインズの議論を見てきたが、ここでもＮＧＯは、さまざまな圏域において、さまざまな戦術によって「成果」を上げようとする、国際社会を構成する一主体として位置づけられていることがわかる。では、はじめに問題提起したように、「民主主義の赤字」を解消しうる勢力という面では、ＮＧＯはどのように位置づけることができるのか。次項ではこの点に関してあらためて検討しておきたい。

国際政治（グローバル政治）における民主主義へ？

グローバル化への対抗様式のあり方として「グローバル市民社会」を論じているカルドーは、「グローバル市民社会」の役割について次のように述べている。

たしかに、伝統的な代表民主主義は、グローバル市民社会を一部とするグローバリゼーションの過程において掘り崩されている。というのは、人びとの生活に影響を及ぼす決定が非常に多いので、国家だけでは引き受けることができず、地方の、地域の、そしてグローバルな広範なフォーラムでも引き受けられているからである。政治の場は、公式的な国家制度から地方の境界を横断する新しい空間に移行しており、これは大部分がグローバル市民社会の活動の帰結なのである。（中略）グローバル市民社会は、まさに旧来の民主主義を補完する方法を提供する。グローバル市民社会は、個人が原則的にグローバルな公的議論に参加しうる媒体であり、グローバリゼーションの犠牲者が投票でなくとも発言を聞いてもらえる可能性を提供する。そして、それは、現代世界の複雑な問題をめぐる討議のための新しいフォーラムを作り出し、その中で議論を行うさまざまな党派は国益のみを代表しているわけではないのである」。（カルドー　二〇〇七　二〇九頁）

カルドーの議論は、国際政治（グローバル政治）における民主主義をめぐる一つの視座を提供するものである。つまり、「グローバル市民社会」として括られる領域そのものが、（フォーラムのような形で）通常の政治過程とは異なる様式で国境を越えて形成され、そこに参加するさまざまな主体が討議や意見交換を行うことによって、補完的な民主主義を実現する、という視座である（第一類型）。ここには政治理論家のドライゼクらが提起してきた「熟議民主主義 deliberative democracy」の考え方を反映している部分がある（Dryzek 2000）。

これに対して、「グローバル市民社会」を内部に閉じただけの形として認識するのではなく、国際社会における交渉や意思決定の場など、従来「外交」の領域とされてきた圏域にも参加しうる主体として重視し、国際政治（グローバル政治）をより民主主義的な方向に変容させていこうとする視座もある（第二類型）。これは、単に「グローバル市民社会」とされる領域内での活動ではなく、「グローバル市民社会」が国家（ならびに国際機関）との関係において一定の説明責任、代表制などを実現していく道筋を射程に置いたものと言える。

しかし、もう一方には、「グローバル市民社会」は国際政治（グローバル政治）における民主主義を実現するものではない、という懐疑論も存在する（第三類型）。これは、そもそも「グローバル市民社会」それ自体を民主的な存在として措定することができるのか、さらには、十分な代表資格を有する主体として措定することができるのか、といった問題提起とも関わっている。

前節で取り上げたクラークらの研究は、こうした三類型からなるグローバルなレベルでの民主主義の可能性に関わる問題意識を示すものだが、国連の世界会議の事例群に焦点を当ててこれをさらに発展させたのが同じ研究者らによる二〇〇五年の著作である（Friedman et al. 2005）。この著作での議論を参照しつつ、以下ではNGOの国際政治（グローバル政治）における民主主義の実現可能性の現状と課題について若干の検討を加えておくことにしたい。

クラークらの先の研究では、「グローバル市民社会」概念を「グローバル」「市民」「社会」に分解し、「グローバル市民社会」は形成過程にあるものの、国家主権の制約のもとで、まだ完全な形には形成されていないとの結論を導いていた。それは、これまでの議論との関係で言えば、少なくとも国連主催の世界会議の場では、参加するNGOの地理的多様性が認められ、欧米偏重の見方への異議申し立てがなされるなど、この圏域における「南」の声が一定程度反映される形にはなってきた一方で、問題領域（会議）によっては、個々の主権国家がそれぞれの国益を再検討する中で、ＮＧＯの圏域や影響力の行使のあり方とは異なる対応を取るといった動きが見られ、国家の対応次第でＮＧＯの関与のあり方が大きく左右されているということでもある（Friedman et al. 2005 p.162）。

こうした検討を踏まえ、フリードマンらは、国際レベル（脱国家レベル）の国家とＮＧＯの関係においては確かに新たなロビー勢力が台頭していることを認めながらも、国連主催の世界会議では民主的な圏域が十分に形成されているとは言えないとしている。そして、ヘインズの議論とも重なるが、国家の中にはこうした新たな関係のもとでＮＧＯから影響を受ける事例が見られはじめてはいるものの、あくまでそれは限られた圏域においてのみ可能な状況にすぎないとしている。国際政治（グローバル政治）は、来たるべき変容の限界にはいまだ達していないのであろう（Friedman et al. 2005 p.163）[35]。

したがって、二一世紀の国際政治（グローバル政治）における、ＮＧＯのあるべき姿を構想していくには、今後もさまざまな圏域において行使されるＮＧＯの役割と影響力を検討することが重要な作業となるのであり、そこでは引き続き、グローバルな文脈における民主主義の実現との連関や、主権国家の役割との関係などが問われるべき課題として残ることになる。

五　むすびにかえて――グローバル・ガバナンスへ？　グローバルな「協治」「共治」の課題

本章の第二節で示したように、一九九〇年代以降のＮＧＯの関与のあり方を見てくると、ＮＧＯにはたとえば認識共同体、「規範起業家」といった役割を通じて特定分野の政策枠組みの形成や政策変更に資する活動を行い、「成果」を上げてきたという側面が確かにある。また、こうした解釈とは別に、第四節で取り上げたヘインズの議論に見られたように、ＮＧＯは「規範」というよりも「情報提供」と「大衆動員」による両面からのアプローチによってその「成果」を生み出してきたとする見方もある。

しかし、たとえば安全保障という分野をめぐっては、より根本的な問題が立ちはだかっている。確かにこの分野では、対人地雷禁止条約、国際刑事裁判所設立規定、キンバリー認証枠組み、クラスター弾禁止条約などのように、NGOが大きな影響力を持って条約形成に関わり、これを実現したという「成果」はあったものの、本来的にはレジームやグローバル・ガバナンスの外（ノンレジーム、あるいはノングローバル・ガバナンス）にこそ大きな問題領域が存在しているとも言えるのではないか。核兵器や先の小型武器管理などの領域もその一つである。つまり、山本が指摘するように、安全保障分野におけるグローバル・ガバナンスは「薄い」、言い換えれば、この分野ではNGOの参加による十分な「協治」「共治」が行われておらず、いまだ国家間関係による従来型の国際関係が支配的になっているということである（山本　二〇〇八）。これは従来から指摘されてきたように、NGOが関与できるのは人道的配慮が持ち込める領域、善悪の判断が容易な領域に限られているという問題にもつながる事柄である。

もちろん、「善悪の判断」自体がNGOの戦略の中で構築されうるものであるからには、そもそも対象となる問題領域をいかに形成し、そこでどの程度影響力を行使し、「成果」を上げるかについては、NGO自身による問題設定や戦略次第であると言えなくもない。しかし、本章での議論との関係で言えば、これらについても実際には主権国家や国際機関といった外在的な要因が複合的に絡み合う形で、「協治」「共治」の余地が決まってくるとも言える。

安全保障という概念は、今日、「人間の安全保障」という言葉によって、開発、環境、人権など「生（命）」に関わる非常に広範な領域をも含む規範（「複合規範」）として再構成されている（栗栖　二〇〇五）。言い換えれば、この概念は、今日におけるグローバル・ガバナンスそのものの対象となる包括的な領域として再定義されている。したがって、「生（命）」に関わるこの領域の問題は当然均質ではなく、内部的には葛藤を胚胎する領域の問題ともなりうる。それゆえ、たとえば、一時期はNGOの「成果」として評価された「国連気候変動枠組み条約」の締結についても、その後の南北対立の構図の中で、これに関する国際的な政策が有効に機能しないという状況が続くことになった。これはまさに、本章で取り扱った「成果」の評価基準に関わる問題である。また、国連の世界会議の事例群として一定の改善が見られた「グローバル」な「代表制」に関しても、あるいはジュビリー二〇〇〇に見られた「亀裂を伴う南北連携」に関しても、その「成果」を「検証」するための視座は必ずしも一義的ではない。つまり、ある段階やある視点で「成果」と見なされたものでも、一定の時間を経た後で、あるいは異なる視点から見直しを迫られる場合も少なくないということである。したがって、国際政治（グローバル政治）における「民主主義の赤字」を補填する主体としてNGOの役割が期待される場合には、非常に多層的な関係性の中にこの「成果」の問題を位置づける必要がある。NGOは誰の、どのような「声」に耳を傾けるべきか。情報と倫理の両方にまたがるこの問題系の中に、NGOの「成果」を位置づけなければならないのである。

最後に、今後の国際政治（グローバル政治）におけるNGOの展望を述べて本章を締めくくることとしたい。

本来的に主権国家とは、設定された国境に基づく厳密な空間的領域と、そこに居住する領民の安全とを管理すべく、近代世界の中に組織された統治体、という特徴を備えている。しかし、とくにグローバル化という新たな文脈において人びとの脅威となりうる問題の源泉は、国境で定められた領域だけでなく、容易に「越境」する脱国家的な領域の中にも存在する。したがって、こうした脱国家的な問題に対応するには国際機関による一定の役割が期待されるわけだが、当の国際機関も基本的には主権国家を主たる構成員とする組織であるからには、その活動においては構成国に由来する主権の制約から逃れることはできない。これが、非領域性というへインズの特徴を有するNGOの活動に、一定の意味が付与される理由である。その意味において、NGOというアクターは、今後の国際政治（グローバル政治）の中で、自分たちの圏域をさらに広げていく可能性がある。

ただし、その圏域を取り巻く条件あるいは具体的な戦略については本章で検討を加えたいくつかの変数に依存するところがあり、「求められる（期待される）成果」を実際に上げうるか否かは、それらの変数による影響が強いと考えられる。したがって、当面は、「存在しうる（形成されうる）圏域」に応じてNGOの関与の濃淡が異なるという、いわば「まだら模様」としての「不完全な」グローバル・ガバナンスの状況が続いていくとイメージされる。ＮＧＯの「正統性」「代表性」を十分に担保し、グローバル・イシューに対応しうる（あるいはその意思決定に参加しうる）十全たるグローバル・ガバナンスを成立させるには、いまだに多くのハードルが存在していると言わざるをえない。

注

（1）「国内的主権」は国家内の権威の構造と国家の支配のあり方に関わるものであり、国境内のさまざまな活動をコントロールし、平和、人権の保護、法の支配などの保障の実現がその理念型である。「国際法的主権」は国家承認のルールに関わる。国家として承認された政体は協定や条約の締結を自由に行うことが可能となる。そして「ウェストファリア的／ヴァッテル的主権」は、他の国家の内政への介入を自重すること、言い換えれば内政不干渉原則に関わる。

（2）国連におけるＮＧＯの地位の経緯等に関しては、馬橋（二〇〇〇）を参照。

（3）アメリカがＮＧＯへのコンサルテーションを行った背景には、第一次世界大戦後に作られた国際連盟規約に対して、アメリカ議会上院が承認拒否を行ったことを繰り返さないための措置として、ルーズベルト大統領がＮＧＯの参加を呼びかけた経緯がある（功刀　二〇〇六　四頁）。

（4）ある事象がそもそも「問題」と認識される上で、「認識共同体 epistemic community」が一定の役割を果たしてきた点についてはハースの議論がよく知られている（Haas 1992）。

（5）ショルテも、グローバル・ガバナンスにおいて制度面を含め、民主的説明責任が欠如してきた点を指摘している（Scholte 2004 p.211）。

（6）たとえば、三浦（二〇〇五）。

（7）世界は、主権国家体制としての「国際社会」だけで構成されているわけではないという見方。

（8）ただし、英国学派の議論においてはこうした人類社会の機能等に関する議論がなく、その点では不十分であったことがスガナミ（二〇〇一）で紹介されている。

（9）国際秩序と世界秩序概念の関係については、Bull（1977 pp.19-21）＝ブル（二〇〇〇　二一-二四頁）。

(10) ショーは、「グローバル国家」の具体的な構成要素として、アメリカ、イギリス、フランスに加え、ドイツ、日本のほか、他の西ヨーロッパ諸国、カナダ、オーストラリア、国連システムを挙げている(Shaw 1999 pp.217-218)。
(11)「グローバル・リスポンシビィティーの政治」とは、「より発展した政治、すべての問題に取り組む政治であって」「市民社会と国家の緊張関係、一国かつグローバルなレベルの国家制度の内部にある緊張関係の中で、より複雑な方法で問題の解決の可能性を探」る政治を指す(ショー　一九九七　二五六 - 二五七頁)。
(12) 功刀(二〇〇六　一三 - 一四頁)では、ここに含まれていない事例として、地球規模ではない、メキシコのチアパスにおける少数民族弾圧に関わる問題の存在が指摘されているほか、後にも検討する、いわゆる「反グローバリズム」に関わるNGOの動向も挙げられているが、その「成果」に関しては、留保がつけられている。
(13) たとえば、邦文でも目加田(二〇〇三)は、対人地雷禁止条約、国際刑事裁判所設立規定などの多国間条約形成過程を基本的な圏域として設定している。
(14) この点については、三浦(二〇〇三)において詳細に論じられている。
(15) 情報提供に関するNGOの役割に関する指摘は、以下でも紹介するへインズの議論(Hains 2009)のほか、ロス(二〇〇九)も参照のこと。
(16) 森林管理協議会(Forest Stewardship Council)とは、国際的な森林管理の認証を行う協議会。一九九三年一〇月にカナダで創設されたNGO。生産される森林、製品、流通過程の評価・認定・監督を行う。機関の構成員は、世界各国の環境保護団体、林業経営者、木材業者、先住民族、森林組合など。現在の国際本部はドイツのボンにある。
(17) 海洋管理協議会(Marine Stewardship Council)は、「持続可能な漁業」を行う漁業者を認証する制度の運営機関。ロンドンに本部を置く。
(18) ケックらは、国際オリンピック委員会(IOC)とアムネスティ・インターナショナル(AI)を同列に論じることに対して疑念を示している(Keck et al. 1998 p.33)。
(19) このネットワークに含まれるさまざまな主体として、ケックらは国内・国際的なNGO、ローカルな社会運動、財団、メディア、教会、労働組合、消費者団体などのほか、政府間国際組織の一部、行政府・議会の一部とかなり広く主体を想定しているが、この中でNGOの果たす役割に中心的な意義を認めている。
(20) ここではmultilateralismを多国間主義とは訳せない。それは、国家以外のアクターの参加をも視野に入れているためである。本章では「複合的な多元的国際統治」と訳出する。また、この概念はより広い意味で用いているグローバル・ガバナンスの一類型をなすものである。

(21) ここから類推すると、IMFやWTOの場合はこうした具体的なプロジェクトというレベルでの接触がきわめて限られているために、年次会議の場が具体性のある接触の場として選択され、デモ、暴動の対象になるということが考えられる。

(22) IMFと「市民社会組織(CSO)」の関係を長く調査したショルテによれば、IMFは『市民社会ニュースレター *Civil Society Newsletter*』という季刊誌を発刊している(Scholte 2004 p.215)。

(23)「国際市民社会 international civil society」という概念化は、「市民社会」が基本的に、国際社会の基本的な構成主体としての主権国家と緊密に結びついて存在するにとどまっているという認識に基づく概念化である(Colas 2002)。

(24)「市民社会」概念のグローバルな適用をめぐる課題については、遠藤(二〇〇一)を参照。

(25) この問題は、対象は微妙に異なるものの、ブルが国際社会の未来を論じた際に述べた次の点と共鳴する問題系でもある。「今日、芽生えつつある世界市民文化は、それが支えとして役立つとされる国際社会と同様に、西欧の支配的な文化に有利に組織・構成されていることも認めねばならない。世界的国際社会と同じように、それが依拠する世界市民文化が、もし普遍的なものとなり、普遍的国際社会の基礎となるには、ますますいっそう大規模に、非西洋的な要素を取り入れる必要があろう」(ブル 二〇〇〇 三七八-三七九頁)。

(26)「NGOは自発的結社であり、政府の権力追及を行わないし、政府や国家からその存在や活動の対価としての権限を有することもない。NGOは自分たちのために立ち上がり発言するのではなく、無垢で抑圧、略奪、看過され、十分に代表されず忘却された他者のためにそうした活動を行う。他者のための活動は、国境を越える形で体系的に結びつけられた連帯活動として行われ、少なくとも多くの場合、普遍的な理念に触発されて実施される」。原文は以下の通りである。「NGOs *are voluntary associations that neither struggle for a share of governmental power nor have a mandate from the government or the state for their existence and activities. They stand up and speak out not for themselves, but for others who are symbolically represented as innocent, oppressed, deprived, neglected, underrepresented, and forgotten. The activity on behalf of others is clearly intertwined with systemically cultivating alliances across international borders and is, at least to a large extent, inspired by universalistic ideals.*」(Heins 2008 p.19).

(27) ここでは、何らかの「害 harm」が存在する状況を認定し、それを防ぐような活動を展開することが含意されている(Hains

2008 pp.27-32)。

（28）ここでの議論はホルスティによるものでもある（Holsti 2004）。

（29）一九九九年一一月に開かれた南アフリカでの会議において正式な組織として発足した。

（30）たとえば、中南米のジュビリー二〇〇〇の活動家は一九九九年一月にホンジュラスで会合を持ち、北のグループに対して、南のグループが主張する譲歩内容以上に債権者に譲歩してはならないことを求めるテグシガルパ宣言を採択している。また、この対立は、アメリカ議会において提出されたリーチ法案（Leach Bill）をめぐりさらに深刻化する様相を示すが、その詳細は Grenier (2003) を参照。

（31）ウガンダの事例を用いた分析に関しては Collins et al. (2001) を参照。

（32）一九八〇年代より、累積債務問題に関する活動の調整や情報収集を行ってきたイギリスのＮＧＯネットワーク。

（33）http://www.jubilee2000uk.org/ を参照のこと。

（34）http://www.jctr.org.zm を参照のこと。

（35）こうした評価は、オブライエンらが概念化した複合的な多元的国際統治にも相通じる認識と考えられる。つまり、ＮＧＯがグローバル・ガバナンスにおける十分なる資格を持ち、意思決定に対してより民主的な形で関わっているという形態には、いまだ至っていないとする現状認識である。また、国際機関を中心としたグローバル・ガバナンスにおける、より民主的なガバナンスの実現に向けたＮＧＯの役割と課題を検証しているショルテは、その役割として透明性の確保、政策モニタリング、不正の追及、正式な説明責任メカニズムの構築を挙げ、課題としては、資源（資金や人的資源）、ネットワーク、国際機関側のスタッフの態度、メディアを通じた問題の広報、主権国家内部に関わる「政治文化」（これは国際会合の開催地における影響力にも連動する問題）、そして「市民社会組織（ＣＳＯ）」内部の民主主義を挙げている（Scholte 2004）。

参考文献

入江昭（篠原初枝訳）『権力政治を超えて―文化国際主義と世界秩序』岩波書店（一九九八）。

馬橋憲男『国連とＮＧＯ―市民参加の歴史と課題』有信堂（一九九九）。

遠藤貢「『市民社会』論―グローバルな適用の可能性と問題」『国際問題』四八四号（二〇〇〇）。

遠藤貢「ＮＧＯのグローバルな展開と国際社会の変動」小倉充夫・梶田孝道編『国際社会　五　グローバル化と社会変動』東京

大学出版会（二〇〇二）。

遠藤貢「ＮＧＯとグローバル市民社会」梶田孝道編『新・国際社会学』名古屋大学出版会（二〇〇五）。

遠藤貢「アフリカと国際政治—国家変容とそのフロンティア」国分良成・酒井啓子・遠藤貢編『日本の国際政治学　三　地域から見た国際政治』有斐閣（二〇〇九）。

カルドー、メアリー（山本武彦他訳）『グローバル市民社会論—戦争へのひとつの回答』法政大学出版会（二〇〇七）。

功刀達朗「ＮＧＯと地球市民社会の黎明」功刀達朗・毛利勝彦編『国際ＮＧＯが世界を変える—地球市民社会の黎明』東信堂（二〇〇六）。

栗栖薫子「人間安全保障『規範』の形成とグローバル・ガヴァナンス」『国際政治』一四三号（二〇〇五）。

ショー、マーティン（高屋定國・松尾眞訳）『グローバル社会と国際政治』ミネルヴァ書房（一九九七）。

スガナミ、Ｈ「英国学派とヘドリー・ブル」『国際政治』一二六号（二〇〇〇）。

ブル、ヘドリー（臼杵英一訳）『国際社会論　アナーキカル・ソサイエティー』岩波書店（二〇〇〇）。

三浦聡「ヘテラーキカル・ソサエティ：世界政治におけるネットワークと権威」『国際政治』一三二号（二〇〇三）。

三浦聡「複合規範の分散革新」『国際政治』一四三号（二〇〇五）。

目加田説子『国境を越える市民ネットワーク—トランスナショナル・シビルソサエティ』東洋経済新報社（二〇〇三）。

目加田説子『行動する市民が世界を変えた—クラスター爆弾禁止運動とグローバルＮＧＯパワー』毎日新聞社（二〇〇九）。

山本吉宣『国際レジームとガバナンス』有斐閣（二〇〇八）。

ロス、カーン（北村陽子訳）『独立外交官—国際政治の闇を知り尽くした男の挑戦』英治出版（二〇〇九）。

Atkinson, Jeffrey, Martin Scurrah, *Globalizing Social Justice: The role of Nongovernmental Organizations in Bringing about Social Change*, Palgrave-Macmillan (2009).

Boli, John, George Thomas eds., *Constructing World Culture: International Nongovernmental Organizations since 1875*, Stanford University Press (1999).

Bull, Hedley, *The Anarchical Society: A Study of Order in World Politics*, Macmillan (1977).

Clark, Ann Marie, Elizabeth J. Friedman, Kathryn Hochstetler, "The Sovereign Limits of Global Civil Society: A Comparison of NGO Participation in UN World Conference on the Environment, Human Rights, and Women," *World Politics*, vol.51, no.1 (1998), pp.1-35.

Colas, Alejandro, *International Civil Society*, Polity (2002).

Collins, Carole J.L., Zie Gariyo, Tony Burdon, "Jubilee 2000: Citizen Action Across the North-South Divide," in Michael Edwards, John Gaventa eds., *Global Citizen Action*, Lynne Rienner (2001), pp.135-148.

Cumming, Gordon D., *French NGOs in the Global Era: A Distinctive Role in International Development*, Palgrave (2009).

Della Porta, Donatella et al., *Globalization from Below: Transnational Activists and protest Networks*, University of Minnesota Press (2006).

Donnelly, Elizabeth A., "Proclaiming Jubilee: The Debt and Structural Adjustment Network," in Sanjeev Khagram, James V. Riker, Kathryn Sikkink eds., *Restructuring World Politics* (2002), pp.155-180.

Dryzek, John, *Deliberative Democracy and Beyond: Liberals, Critics, Contestation*, Oxford University Press (2000).

Eschle, Catherine, Bice Maiguashca eds., *Critical Theories, International Relations and 'the Anti-Globalization Movement': The Politics of Global Resistance, Routeldge* (2005).

Finnemore, Martha, Kathryn Sikkink, "International Norm Dynamics and Political Change," *International Organization*, vol.52, no.4 (1998), pp.887-917.

Friedman, Elisabeth Jay, Kathryn Hochstetler, Ann Marie Clark, *Sovereignty, Democracy, and Global Civil Society: State-Society Relations at UN World Conferences*, State University of New York press (2005).

Gautney, Heather, *Protest and Organization in the Alternative Globalization Era: NGOs, Social Movements, and Political Parties*, Palgrave (2010).

Grenier, Paola, "Jubilee 2000: Laying the Foundations for a Social Movement," in John D. Clark ed., *Globalizing Civic Engagement: Civil Society and Transnational Action*, Earthscan (2003), pp.86-108.

Haas, Peter M., "Epistemic Communities and International Policy Coordination," *International Organization*, vol.46, no.1 (1992), pp.1-35.

Hardt, Michael, Antonio Negri, *Empire*, Harvard University Press (2000).

Heins, Volker, *Nongovernmental Organizations in International Society: Struggle over Recognition*, Palgrave (2008).

Holsti, K.J., *Taming the Sovereigns: Institutional Change in International Politics*, Cambridge University press (2004).

Hudson, A., "NGO's transnational advocacy network: from legitimacy to political responsibility ?," *Global Network*, vol.1, no.4 (2001), pp.331-352.

Irie, Akira, *Cultural Internationalism and World Order*, Johns Hopkins University Press (1997).

Jordan, Lisa, Peter van Tuijl, "Political Responsibility in Transnational NGO Advocacy," *World Development*, vol.28, no.12 (2000), pp.2051-2065.

Kaldor, Mary, *Global Civil Society: An Answer to War*, Polity (2003).

Kaldor, Mary et al. eds., *Global Civil Society* 2001, Oxford University Press (2001).

Kaldor, Mary et al. eds., *Global Civil Society* 2003, Oxford University Press (2003).

Keck, Margaret E., Kathryn Sikkink, *Activists Beyond Borders: Advocacy Networks in International Politics*, Cornell University Press (1998).

Khagram, Sanjeev, "Restructuring Global Politics of Development: The Case of India's Narmada Valley Dams," in Sanjeev Khagram, James V. Riker, Kathryn Sikkink, eds., *Restructuring World Politics* (2002), pp.206-230.

Khagram, Sanjeev, James V. Riker, Kathryn Sikkink eds., *Restructuring World Politics: Transnational Social Movements, Networks, and Norm*, Minnesota University Press (2002).

Krasner, S. D., *Sovereignty: Organized Hypocrisy*, Princeton, Princeton University Press (1999).

Krasner, S. D.,"Sharing Sovereignty: New Institutions for Collapsed and Failing States", *International Security*, vol.29, no.2 (2004), pp.85-120.

Lipschutz, Ronnie D.,"Global Civil Society and Global Governmentality: or, the Search for Politics and the State amidst the Capillaries of Social Power", in Michael Barnett, Raymond Duvall eds., *Power in Global Governance*, Cambridge University Press (2005), pp.229-248.

Majot, J., "On trying to do well: practicing participatory democracy through international advocacy campaigns," in L Jordan, P. van Tuijl, eds., NGO *Accountability: Politics, Principles and Innovations*, Earthscan (2006), pp.211-228.

Mendizabal, E., *Good news for Troubled Contexts: Lessons Learned from Case Studies on How Civil Society Organizations Influence Policy Process*, ODI (2006).

O'Brien, Robert et al., *Contesting Global Governance: Multilateral Economic Institutions and Global Social Movements*, Cambridge University Press (2000).

Reus-Smit, Christian, *The Politics of International Law*, Cambridge University Press (2004).

Scholte, Jan Aart, "Global Civil Society," in Ngaire Woods ed., *The Political Economy of Globalization*, Macmillan (2000), pp.173-201.

Scholte, Jan Aart, "Civil Society and Democratically Accountable Global Governance," *Government and Opposition*, vol.39, no.2 (2004), pp.211-233.

Shaw, Martin, *Global Society and International Relations: Sociological Concepts and Political Perspectives, Polity* (1994).

Shaw, Martin, "Global Voices: Civil Society and Media in Global Crisis," Tim Dunne, Nicholas J. Wheeler eds., *Human Rights in Global Politics*, Cambridge University Press (1999), pp.214-232.

Shaw, Martin, *Theory of the Global State: Globality as an Unfinished Revolution,* Cambridge University Press (2000).

Tarrow, Sidney, "Transnational Politics: Contention and Institutions in International Politics," *Annual Review of Political Science*, vol.4 (2001), pp.1-20.

Tarrow, Sidney, *The New Transnational Activism*, Cambridge University Press (2006).

Van Rooy, Alison, "The Frontiers of Influence: NGO Lobbying at the 1974 World Food Conference, The 1992 Earth Summit and Beyond," *World Development*, vol.25, no.1 (1997), pp.93-114.

Wapner, Paul, "The Normative Promise of Nonstate Actors: A Theoretical Account of Global Civil Society," in Paul Wapner, L.E.J. Ruiz eds., *Principled World Politics: The Challenge of Normative International Relations*, Rowman & Littlefields Publishers (2000), pp.261-274.

あとがき

キヤノングローバル戦略研究所が最初に取り組んだプロジェクトの一つが「非国家主体と国際関係」の研究である。冷戦が終了して以降国際関係には根本的と言って過言でない大きな変化が生じ、いわゆる市民社会が強調される傾向が現れている。このプロジェクトが、このような変化に注目し、問題点を明らかにし、また、新しい可能性を探求する必要性を感じて始めたことであるのは、あらためて説明するまでもないかもしれない。

第一年目にはそのプロジェクトの一環として「グローバリゼーションとＮＧＯ」を取り上げ、五人の研究者（大橋正明、高橋華生子、金敬黙、長有紀枝および遠藤貢）のご協力を得て、研究会を組織した。また、研究を進めるかたわら、シンポジウムを開催し、それまでの研究成果を広く一般の方にご叱正いただく機会も設けた。そして研究の成果としてご報告いただいた結果が本書である。内容はＮＧＯに関するものであるが、それは同時に国家や国際関係を見直すものであり、したがって、本研究はＮＧＯ論であると同時に国家論であり、また、国際関係論である。

ＮＧＯについてはすでに多くの書が刊行されているが、本研究が採用した五つの視点からの考察がＮＧＯ、国家および国際関係のさらなる研究に一助となることを切望している。最後に、これを実現していただいた研究者の先生方に厚く感謝申し上げる。

二〇一一年五月

編者

マ行

ヤ行

ラ行

ワ行

ナ行

ハ行

タ行

サ行

ア行

カ行

総 索 引

＊頻出する以下の項目は除外した。(NGO、NPO、国際社会、途上国、環境、開発、貧困)

略号

執筆者略歴（各章順）

大橋正明（おおはし・まさあき）　国際協力NGOセンター（JANIC）理事長／恵泉女学園大学教授。1980～87年「シャプラニール＝市民による海外協力の会」バングラデシュ駐在員および事務局長。90～93年、国際赤十字・赤新月社連盟兼日本赤十字社のバングラデシュ駐在員。93年より現職の恵泉女学園大学及び大学院平和学研究科教員（国際開発学、南アジア地域研究)。日本NPOセンター副代表理事、シャプラニール副代表理事、サマンバヤの会副代表、アーユス仏教国際協力ネットワーク理事などを務める。著書：『進化する国際協力NPO―アジア、市民、エンパワーメント』（共編著、明石書店、2006）他。

高橋華生子（たかはし・かおこ）　早稲田大学アジア太平洋研究センター特別研究員。ハワイ大学マノア校大学院修士課程修了、シンガポール国立大学院修士課程修了（アジア地域の都市計画論)。一橋大学大学院社会学研究科博士課程単位修得満期退学。論文：「フィリピンの脱集権化と都市開発行政の分断―地方分権と広域計画の両立に向けて」(『ソシオロゴス』2008年９月)、"Assessing NGO Empowerment in Housing Development Frameworks: Discourse and Practice in the Philippines"(*International Journal of Japanese Sociology*, 2009年11月)、訳書：サスキア・サッセン『グローバル・シティ』（共訳、筑摩書房、2008）他。

金　敬黙（きむ・ぎょんむく）　中京大学国際教養学部准教授（「平和論」「地球市民社会論」等担当)。東京大学大学院総合文化研究科博士課程修了。博士（学術：東京大学、2006年)。1999～2002年に日本国際ボランティアセンター（JVC）で調査研究を担当。2005～2006年、中京大学教養部専任講師を経て現職。2008年から日本国際ボランティアセンター理事を務める。著書：『越境するNGOネットワーク』(明石書店、2008)、『国際協力NGOのフロンティア』(共編著、明石書店、2007)、『NGOの源流をたずねて』(編著、めこん、2011）他多数。

長　有紀枝（おさ・ゆきえ）　立教大学社会学部教授・同大学院21世紀社会デザイン研究科教授、認定NPO法人 難民を助ける会理事長。早稲田大学政治経済学部政治学科卒業、同大学院政治学研究科修士課程修了。東京大学大学院総合文化研究科「人間の安全保障」プログラム博士課程修了。博士（学術)。外資系企業勤務を経て、1991年より2003年まで難民を助ける会に勤務。緊急人道支援、障害者支援、地雷対策、地雷禁止条約策定交渉などに携わる。2008年より同会理事長。著書：『スレブレニツァ―あるジェノサイドをめぐる考察』(東信堂、2009)、『地雷問題ハンドブック』(自由国民社、1997）他。共著・論文多数。

遠藤　貢（えんどう・みつぎ）　東京大学教授（大学院総合文化研究科)。東京大学教養学部教養学科第三国際関係論分科卒業（教養学士)、同大学大学院総合文化研究科修士課程国際関係論専攻修了（学術修士）後、1990～93年に英ヨーク大学大学院博士課程留学（97年博士号取得)。93年東京大学助手、98年同助教授を経て、2007年４月から現職。研究分野は、現代アフリカ政治、比較政治、国際政治と非国家主体。著書：『地域から見た国際政治』（共編著、有斐閣、2009)、論文：「内と外の論理からみたアフリカ国家とその変容」(『アフリカ研究』71号、2007）他。NGO関連の業績としては、「『市民社会』論―グローバルな適用の可能性と問題」(『国際問題』484号、2000)、「NGOとグローバル市民社会」(共著『新・国際社会学』名古屋大学出版会、2005）等。

編者紹介

美根慶樹（みね・よしき）
キヤノングローバル戦略研究所研究主幹／東京大学教養学部非常勤講師。1968年、東京大学法学部を卒業し外務省入省。ハーバード大学にて修士号（地域研究）。72年、日中国交正常化交渉に参加。86年から在中国大使館参事官（政治部長）、94年、内閣審議官として戦後処理問題などを手掛ける。99年から２年間防衛庁で国際担当参事官、2001年、在ユーゴスラビア連邦共和国（現在はセルビアとモンテネグロに分かれている）特命全権大使、2003年、地球環境問題担当大使、2004年、在軍縮代表部特命全権大使、2006年、アフガニスタン支援調整担当大使、2007年、日朝国交正常化交渉日本政府代表を命じられ、同年９月にウランバートルで日朝交渉。2009年４月、外務省を退官。５月から現職。著書：『スイス　歴史が生んだ異色の憲法』（ミネルヴァ書房、2003）、『国連と軍縮』（国際書院、2010）他。

グローバル化・変革主体・ＮＧＯ
世界におけるＮＧＯの行動と理論　（検印廃止）

2011年６月25日　初版第１刷発行

編　者　美根慶樹
発行者　武市一幸

発行所　株式会社　新評論

〒169－0051　東京都新宿区西早稲田３－16－28
http://www.shinhyoron.co.jp
TEL 03（3202）7391
FAX 03（3202）5832
振替 00160-1-113487

定価はカバーに表示してあります
落丁・乱丁はお取替えします

装　幀　山田英春
印　刷　フォレスト
製　本　河上製本

ISBN978-4-7948-0855-4